agenda Frieden 28

Johan Galtung

Die andere Globalisierung

Perspektiven für eine zivilisierte Weltgesellschaft im 21. Jahrhundert

Herausgegeben und mit einer Einführung versehen
von Hajo Schmidt

agenda Frieden 28

Johan Galtung

Die andere Globalisierung

Perspektiven für eine zivilisierte Weltgesellschaft
im 21. Jahrhundert

Herausgegeben und mit einer Einführung versehen
von Hajo Schmidt

a

agenda Verlag
Münster
1998

Die Deutsche Bibliothek – CIP-Einheitsaufnahme

Galtung, Johan :
Die andere Globalisierung : Perspektiven für eine zivilisierte Welt-
gesellschaft im 21. Jahrhundert / Johan Galtung. Hrsg. und mit einer
Einf. versehen von Hajo Schmidt. [Übers.: Matthias Eickhoff ;
Theresia Jünemann]. – Münster : Agenda-Verl., 1998
  (Agenda Frieden; 28)
  ISBN 3-89688-025-X

© 1998 Thomas Dominikowski
agenda Verlag Münster
Hammer Str. 223, D-48153 Münster
Tel. 0251–79 96 10, Fax 0251–79 95 19
E-mail: agenda-verlag@t-online.de
Übersetzung: Matthias Eickhoff, Theresia Jünemann
Druck und Bindung: Koninklijke Wöhrmann B.V., Zutphen/NL
Alle Rechte vorbehalten
ISBN 3-89688-025-X

Inhalt

Vorwort des Autors

Das vorliegende Buch *Die andere Globalisierung – Perspektiven für eine zivilisierte Weltgesellschaft im 21. Jahrhundert* besteht aus einer Essay-Sammlung, mit der einige Themen vertieft werden sollen, die ich bereits in meinem Buch *Frieden mit friedlichen Mitteln* unter den vier Überschriften *Frieden, Konflikt, Entwicklung* und *Kultur* diskutiert habe. Die Hauptaussage jenes Buches ist, daß ungelöste Konflikte die wichtigste Quelle für Gewalt darstellen, insbesondere dann, wenn es um grundsätzliche Ziele geht und die Konflikte nicht angepackt werden. Dies gilt um so mehr, wenn die Gewalt in politischen und ökonomischen Strukturen als strukturelle Gewalt verankert ist und zudem durch kulturelle Verhaltensmuster als kulturelle Gewalt legitimiert wird.

»Die andere Globalisierung« ist nach denselben vier Kategorien gegliedert und enthält darüber hinaus einen autobiographischen Essay als Anhang. Das liegt daran, daß ich oft mehr Fragen zu meinem »kleinen Ich« bekomme als zum »großen Frieden«. Hier finden sich also einige autorisierte Antworten.

Der eigentliche Zweck der Friedensforschung ist natürlich nicht die Forschung, sondern der Frieden. Es geht hierbei um Macht und um die sanfte Anwendung derselben. Frieden kann man nicht erkaufen, und eine »militärische Lösung« ist aufgrund der negativen Folgewirkungen ein *Widerspruch in sich*, weil sie unter anderem zu Revanchismus, Triumphalismus, einer allgemeinen Kultur der Gewalt sowie autoritären Strukturen führen kann. Nur ein Waffenstillstand läßt sich erkaufen und/oder erzwingen. Bei Politik geht es ebenfalls um Macht, also ist Frieden Politik.

In diesem Geiste dreht sich das erste Kapitel unter der Abschnittsüberschrift *Frieden* um die »Politik der Friedensarbeit«. Das Kapitel handelt von meinen persönlichen Anstrengungen und Erfahrungen und sollte den Lesern die Möglichkeit bieten, die Theorie im Lichte der Praxis eines Theoretikers zu sehen. Ich möchte hier nur hinzufügen, daß sehr viele Menschen für den Frieden arbeiten können, wenn sie nicht mehr daran glauben, daß Diplomaten und Staatsmänner über eine Art von Monopol und versteckter Weisheit verfügen.

Ich bin seit 1958, also seit 40 Jahren, aktiv als Friedens- und Konfliktarbeiter tätig. Für mich war und ist dies keine Nebenbeschäftigung, sondern meine Haupttätigkeit. Eine meiner ersten Formulierungen für eine »Friedensforschung II« findet sich im zweiten Kapitel: »Friedensforschung: erst Diagnose, dann Prognose – und jetzt Therapie«. Kapitel 2 basiert im wesentlichen auf den im ersten Kapitel beschriebenen persönlichen Erfahrungen: Aktion, nicht nur Forschung und Lehre.

Dieser Abschnitt wird dann durch zwei Kapitel zum »Militär im Umbruch« und zur NATO-Osterweiterung vertieft. Auf der einen Seite war der Einfluß der Friedensbewegung auf das Militär beträchtlich. Viele Militärs haben sich ideologisch von Clausewitz zu Sun Tzu gewendet, also weg von der Kriegsführung für politische Zwecke und hin zu einer Rolle des Militärs als Autorität, die nur unter sehr besonderen Umständen eingesetzt wird. Auf führende Politiker des Westens und insbesondere auf die außenpolitische Elite der USA hatte die Friedensbewegung hingegen keinen oder nur einen minimalen Einfluß. Meine eigene skeptische Sichtweise dessen, was in Europa passiert, wird durch die Politik in und zu Jugoslawien sowie die gegenwärtigen Bestrebungen zur NATO-Erweiterung mehr als bestätigt. Letztere Entscheidung läßt den Versailler Vertrag von 1919 vergleichsweise brillant erscheinen. Diese Entscheidung wird zu einer Vertiefung des Grabens zwischen Rußland und dem Westen führen. Das läßt sich bereits jetzt erkennen.

Es folgt eine Zukunftsvision für das Militär, wie ich sie vor verschiedenen Militärakademien in Europa vorgetragen habe. Ich kann hier nur anfügen, daß sich das Militär verändert hat, und zwar grundlegend, und dies zum Teil schon während des Kalten Krieges. Könnte es sein, daß die Militärs über mehr Einsicht verfügen als die Top-Politiker?

Der Abschnitt über *Konflikt* versucht, zukünftige Konflikte in ihrer sozialen und globalen Dimension zu erfassen. Dabei sollen die Beziehungen zwischen Staat, Kapital, der Zivilgesellschaft und den Medien im sozialen Raum und die Entwicklung von Agenden nach dem Kalten Krieg im globalen Raum beleuchtet werden. Die Konflikte werden nicht detailliert dargestellt, aber einige von ihnen sind schon jetzt erkennbar. Konflikte werden durch soziale, also strukturelle und kulturelle Prozesse hervorgerufen. Diese Prozesse müssen angegangen werden, falls es so etwas wie eine präventive Diplomatie zur Gewaltvermeidung geben soll.

Der Abschnitt über *Entwicklung* beginnt mit einem normativen Bild, was »Entwicklung« sein könnte. Dabei werden einige Ansätze untersucht, um dieses schwer faßbare Ziel zu verwirklichen. Es folgt ein eher nüchternes Kapitel, welches uns in die 90er Jahre bringt, das Jahrzehnt der Globalisierung und Privatisierung. Es wird dabei herausgearbeitet, wie kontraproduktiv diese Vorhaben sein können, wenn man sich die negativen Externalitäten anschaut, die sich bereits auftürmen.

Der Abschnitt über *Kultur* soll wie in *Frieden mit friedlichen Mitteln* versuchen, mehr in die Tiefe zu gehen, um herauszufinden, welche Codes der Kriegs- und Friedenspolitik zugrunde liegen. Das Kapitel zum kulturellen Frieden greift die drei leitenden Konzepte auf, die hinter der Politik der Friedensarbeit (Kapitel 1) stehen: Gewaltfreiheit, Kreativität und Empathie. Es wird dabei die Frage aufgeworfen, wofür diese drei Konzepte als Beispiele stehen. Was ist das *genus,* der jeweilige Gattungsbegriff hinter diesen drei *spezifischen Eigenschaften,* oder anders ausgedrückt: Worauf können wir eigentlich zurückgreifen? Dieser Punkt wird in dem Kapitel über Religion konkretisiert, in dem festgestellt wird, daß keine Religion vollständig kulturellen Frieden oder kulturellen Krieg bedeutet. Es gibt sanfte und harte Elemente und Aspekte in jeder Religion.

Bei dem letzten Aufsatz handelt es sich um eine erste Annäherung an ein Thema, das sicherlich anti-kantianisch gesehen werden kann. Es geht hierbei um Fragen der Umkehrbarkeit, die schon mehrfach in anderen Essays angeschnitten worden sind. Es soll als eine Warnung auch an mich selbst dienen: Sei dir niemals zu sicher... – du könntest auch falsch liegen. Versuche niemals etwas zu tun, was nicht wieder rückgängig gemacht werden kann. Das schließt natürlich die Anwendung von Gewalt aus, aber auch eine Reihe von anderen Handlungsweisen, und umfaßt einige sehr konkrete Perspektiven bezüglich der Kräfte und Prinzipien, mit denen sich Frieden schaffen läßt.

Es gibt keine Schlußbemerkung in dem Bemühen, Frieden zu schaffen. Alles ist ein Prozeß, wobei der Dialog ein Ausdruck desselben ist. Und es gibt sicherlich auch für die Friedensforschung kein Schlußwort. Auch hier ist alles ein Prozeß, und der Dialog ist ein Ausdruck desselben. Der Leser und die Leserin sind hierzu eingeladen.

Manassas, März 1998

HAJO SCHMIDT

Einführung

Eine andere Globalisierung? Friedens- und Konfliktforschung in neuem Licht

Wer zu diesem Buch des norwegischen Friedens-, Konflikt- und Zukunfts-
forschers Johan Galtung greift, darf mit einer Fülle wichtiger Einsichten,
produktiver Auseinandersetzungen und bedenkenswerter Anregungen
rechnen. Der durchgehend auf Verständlichkeit angelegte, »angelsächsi-
sche« Schreibstil Galtungs, der Redecharakter und die Anschaulichkeit der
hier abgedruckten Beiträge vermitteln den Leserinnen und Lesern auf
leichte und angenehme Weise, was für den Autor doch Ergebnis intensiver
wissenschaftlicher und politischer Bemühungen und Selbstverständigungs-
prozesse ist. In der Galtung eigenen Einstellung, gegenüber den düsteren
und gewaltbehafteten Seiten der politischen Realität nicht deren Entwick-
lungspotential und Transzendierungschancen zu vergessen, oder anders:
die analytisch-empirischen Leistungen der Sozialwissenschaften immer mit
ihren kritisch-konstruktiven Aufgaben zu konfrontieren, behandeln die
einzelnen Kapitel des Buches zentrale Probleme des zeitgenössischen politischen und Friedensdiskurses, analysieren diese, beziehen Stellung, entwickeln Alternativen.

So könnte *Die andere Globalisierung* von dreifachem Interesse sein.
Zunächst und zuvörderst stellen sich die abgedruckten Beiträge dar als teils
grundsätzlichere, teils konkretere, immer aber aktuelle Interventionen in
den allgegenwärtigen Globalisierungsdiskurs – in einen Diskurs, dessen
ökonomistische Verengung und fatalistische Tönung Galtung explizit wie
implizit zur Debatte stellt: Globalisierung ist ein Projekt, kein Schicksal!

Sofort aber stellt sich für den professionellen Friedens- und Entwick-
lungsforscher nicht weniger als für den politisch Interessierten allgemein
die Frage nach den wissenschaftlichen und normativen Grundlagen, die die
Galtungschen Interventionen tragen. Diese Grundlagen zusammengeführt
und grundrißartig entwickelt zu haben, charakterisiert Galtungs neues
Hauptwerk *Frieden mit friedlichen Mitteln*[1], dessen Grundstruktur sich

---

[1]   Opladen: Leske + Budrich 1998.

widerspiegelt in der Systematik, also den Abschnittsüberschriften dieses Bandes: Frieden, Konflikt, Entwicklung, Kultur. Ob man nun den besonderen Nutzen dieses Buches in Rücksicht auf die weiterentwickelte Friedenstheorie Galtungs eher darin sehen will, daß es zu den Fragestellungen und Positionen von *Frieden mit friedlichen Mitteln* hinführt und diese erläutert, oder aber darin, daß es diese konkretisiert, überprüft und vertieft, dürfte zuletzt von den jeweiligen Vorkenntnissen der Leserinnen und Leser abhängen.

Zumindest der erste wie der letzte Beitrag aber gehen über *Frieden mit friedlichen Mitteln* ersichtlich hinaus, indem sie der subjektiven Dimension des Galtungschen Unternehmens Gehör verschaffen. Als Vermittlung von Leben und Werk dienen sie zwar auch der Explikation und Begründung des letzteren; als Fragmente einer intellektuellen Biographie und Zwischenbilanz des Forschers und politischen Aktivisten aber erfüllen sie ein häufig artikuliertes, jedoch kaum einmal befriedigtes Leserbedürfnis nach autobiographischer Präsentation dieses ›Wanderers zwischen den Kulturen‹.

✳✳✳

Johan Galtung – Gründer des Internationalen Friedensforschungsinstituts in Oslo (PRIO – 1959) und des bekannten »Journal of Peace Research« (1964), Verfasser von nahezu 50 Monographien und weit über tausend Aufsätzen und Beiträgen zur Konflikt-, Friedens-, Entwicklungs- und Zukunftsforschung sowie zur Theorie und Methodik der Sozialwissenschaften, Berater zahlreicher UNO-Agenturen und 1987 Träger des Alternativen Nobelpreises »Right Livelihood Award« – hat wie kein zweiter seit Ende der 60er Jahre die Entwicklung der deutschsprachigen Friedens- und Konfliktforschung beeinflußt. Bestimmte seiner Festlegungen wirkten quasi schulbildend (»Kritische Friedensforschung«), einige sind auch für die internationale Diskussion kanonisch geworden: die Unterscheidung eines »positiven« von einem »negativen« Friedensbegriff, von »direkter« und »struktureller Gewalt«, die Postulierung eines konstitutiven Zusammenhangs von Friedens- und Entwicklungsstudien, die Dreiteilung der Friedens- als angewandter Sozialwissenschaft in Empirie, Kritik und Konstruktion, der Primat der Praxis als Friedensarbeit/Konfliktbearbeitung, die Analogisierung von Friedens- und Gesundheitsstudien im DPT-(Diagnose/Prognose/Therapie-) Schema.

Wir brauchen uns mit dem Nachweis nicht lange aufzuhalten, daß weder *Frieden mit friedlichen Mitteln* noch *Die andere Globalisierung* an diesen Positionen gerüttelt haben, daß diese weiterhin im Zentrum beider Untersuchungen stehen. Gleichwohl läßt sich nicht bestreiten, daß Galtungs erfahrungsgesättigte Überprüfung der Grundlagen des Friedens- und Konfliktwissens, seine Ausarbeitung zumal einer Theorie (tiefen-)kultureller Gewalt und einer originären Entwicklungs- und Ökonomietheorie, zur Tieferlegung der Fundamente des Gesamtgebäudes, zur Erweiterung dessen Grundrisses sowie zu einer z. T. nicht unwesentlichen Neugewichtung und -ausgestaltung der o. g. Theoreme geführt haben.

Soll der vorliegende Band als companion reader, als Kommentar, konkretisierende Anwendung und Vertiefung zu *Frieden mit friedlichen Mitteln* dienen können, dann müssen sich ihm auch gewichtige Themen und Erkenntnisse entnehmen lassen, mit denen Galtung erneut die (nicht nur deutschsprachige) einschlägige Diskussion herausfordert. Hier scheinen nun einige kurze Anmerkungen zu Inhalt und Anlage von *Frieden mit friedlichen Mitteln* wie zum Verhältnis der vorliegenden zur Grundlagenschrift angezeigt. Nähern wir uns dieser Aufgabe über die Nachzeichnung der für Galtung so typischen Binnendifferenzierung im Gewaltbegriff.

Galtungs früher Geniestreich bestand bekanntlich darin, Frieden nicht durch die Abwesenheit nur von Krieg, sondern von destruktiver Gewalt zu definieren. Als destruktiv galt und gilt eine Gewalt, die grundlegende menschliche Bedürfnisse – des Überlebens und Wohlergehens, der Freiheit und der Identität – verletzt und/oder unter das Maß ihrer historisch realisierbaren Befriedigung herabdrückt. Die seinerzeit vorgenommene, friedenswissenschaftlich wie friedenspolitisch so folgenreiche Unterscheidung direkter (personal zurechenbarer und intendierter) und struktureller (indirekter, in die Sozialstruktur eingebauter) Gewalt, welch letztere sich manifestiert als politische Repression und sozial-ökonomische Ausbeutung, wirft weiterhin ein helles Licht auf unterschiedliche Systeme gesellschaftlicher und politischer Reproduktion. Die Allgegenwärtigkeit direkter und struktureller Gewaltphänomene aber führte Galtung zur Anerkennung eines dritten Typs von Gewalt, »kultureller Gewalt« nämlich.

Deren soziale Funktion besteht zunächst darin, direkte wie strukturelle Gewalt zu rechtfertigen. Diese Rechtfertigung erfolgt symbolisch, in Alltagsargumentationen wie in wissenschaftlichen Systemen, in religiösen Konstruktionen wie in der politischen Rhetorik. In dieser Rechtfertigungsfunktion erschöpft sich kulturelle Gewalt gleichwohl nicht. Als letztlich verwurzelt in der Kosmologie oder Tiefenkultur als kollektivem Unterbewußtsein einer Zivilisation oder Gesellschaft scheint kulturelle Gewalt – versteht sich: in je nach Zivilisation unterschiedlichem Ausmaß – von Anfang an beteiligt beim Aufbau von Lebens-, Arbeits- und Herrschaftswelten, von kognitiven, normativen und institutionellen Mustern, in denen

Akte direkter und Verhältnisse struktureller Gewalt wie selbstverständlich ihre Rolle spielen.

Da die Tiefenkultur einer Gesellschaft oder Zivilisation sich aber in deren Vorstellungen über Frieden und Konflikt ebenso wie in denen über Entwicklung und soziale Gerechtigkeit zur Geltung und in deren Taten und Institutionen zum Ausdruck bringt, erweist sich nunmehr »die Untersuchung von Zivilisationscodes, von Kosmologien ... (als) der zentrale Punkt von Friedensforschung« (S. 250)[2] und prägt entsprechend die Anlage auch von Galtungs erneuerter Friedenstheorie. In *Frieden mit friedlichen Mitteln* zerlegt sich diese formal in vier locker miteinander verbundene Theoriebereiche.

Die *Friedenstheorie* i. e. S. skizziert zum einen wissenschaftstheoretische Grundlagen und Paradigmen der Friedensforschung; zugleich aber geht es ihr um die Überprüfung dreier zentraler Wege zu friedlicheren Verhältnissen: durch die Pazifizierung patriarchaler Geschlechtsgewalt, durch die Ausweitung und Perfektionierung demokratischer Verhältnisse sowie durch eine überzeugendere Organisation des Weltstaatensystems.

Die *Konflikttheorie* geht aus von der zerstörerisch-schöpferischen Doppelnatur des Konfliktes, sie klärt Grundbegriffe und entwickelt praktisch bedeutsame Typologien möglicher Konflikttransformationen und gewaltloser Konfliktinterventionen. Die *Entwicklungstheorie* erforscht ökonomische Formen struktureller Gewalt und entwickelt Prinzipien eines alternativen Entwicklungsverständnisses wie auch Perspektiven einer gerechteren, nachhaltigen Ökonomie und Wirtschaftstheorie. Die *Zivilisationstheorie* schließlich entfaltet das angesprochene Konzept kultureller Gewalt in seinen beiden friedenswissenschaftlich bedeutsamen Dimensionen, der Oberflächen- und der Tiefenkultur.

***

Frieden mit friedlichen Mitteln betonte die Notwendigkeit, das statische Friedensverständnis – Frieden als Abwesenheit/Reduktion von Gewalt – mit einer dynamischeren Auffassung – Frieden als »gewaltfreie und kreative Konflikttransformation« (1998: 31) – zu verbinden. Hier erscheint der Friede als Rahmen einer bestimmten Konfliktentwicklung, und das Wissen von Konflikten und deren nicht gewalttätiger Transformierung tritt in den Mittelpunkt der Friedenstheorie. So wird verständlich, warum die Gren-

---

2   Seitenzahlen in Klammern beziehen sich hier und im folgenden auf den vorliegenden Band, bei vorgesetzter Jahreszahl (1998) auf Galtungs *Frieden mit friedlichen Mitteln.*

zen zwischen Friedens- und Konflikttheorie fließend sein müssen und warum eine analytisch konzentrierte Übersicht der Kriege und Konflikte, an deren Bearbeitung Galtung aktiv sich beteiligte, den Band eröffnet.

Die in dieser Konfliktarbeit gewonnenen und erprobten Prinzipien bzw. Eigenschaften der Gewaltfreiheit, Kreativität und Empathie erhalten durch die Aufbereitung der Konflikte im DPT-Schema eine Anschaulichkeit und Überzeugungskraft, die ihnen als Frucht vorwiegend theoretischer Bemühungen gewiß abgegangen wäre. Verstärkt gilt dieses noch für die von Galtung propagierten, zuweilen anekdotenhaft illustrierten Tugenden der Friedensarbeiterinnen und Friedensarbeiter, die deren Handeln tragen sollen und auf Dauer stellen können: Wissen, Vorstellungsvermögen bzw. Phantasie, Mitgefühl und Beharrlichkeit.

Kap. 2 demonstriert die Anwendungsmöglichkeiten dieser Tugenden und Vermögen. Die Erkenntnis, daß echte Konflikte nicht eigentlich gelöst, aber doch so transformiert werden können, daß sie sich als nachhaltige, allen Konfliktbeteiligten akzeptable Zustände darbieten, verlangt ein differenziertes Konflikt- und Konfliktbearbeitungswissen. Dieses – situativ zu ergänzende und zu modifizierende – Wissen muß dann, getragen von Mitgefühl und, wenn möglich, mit Phantasie, beharrlich seine Umsetzung suchen. In 17 Vorschlägen und Kommentaren präsentiert Galtung seine Version dieser Form praktischen Wissens und macht uns gleichsam en passant vertraut noch mit Grundlagen seiner Konflikttheorie.

Wie aber stellt sich nun ein solches Friedens- und Konfliktdenken zu den staatlichen Veranstaltungen der Friedenswahrung und Konfliktbearbeitung? Konkret: Wie steht es zum Militär? Diese Frage gilt weithin, für Friedensforschung und Friedensbewegung, als Schibboleth, zumindest dann, wenn die Alternative lautet: Militär abschaffen oder Gewalt und Krieg verewigen! Galtung argumentiert differenzierter, verbindet in Kap. 4 normativ wie pragmatisch Utopie und Realität: Grundsätzlich können staatliche Gewaltmittel keinen Frieden, kann militärischer Zwang keine wechselseitige Anerkennung und verläßliche Kooperation herbeiführen. Gleichwohl bleiben dem Militär im politischen Programm *Frieden mit friedlichen Mitteln* zwei Aufgaben resp. Funktionen: die Organisation einer defensiven, nicht-provokativen Verteidigung sowie die Erweiterung und Stärkung friedensbewahrender Kräfte.

Genau die gegenteilige Einstellung zu Militär und militärischen Gewaltmitteln aber bringen die Mitgliedsstaaten der westlichen Allianz in der sog. NATO-Osterweiterung zum Ausdruck. Galtungs Diagnose, mit dem Madrider NATO-Gipfel im Juli 1987 habe »der Zweite Kalte Krieg begonnen« (S. 80), mag viele Leserinnen und Leser erschrecken; aber läßt sie sich vernünftig bestreiten? Die Überlegenheit der in Kap. 3 vorgelegten

Analyse gegenüber den zahlreichen, auch kritischen, vergleichbaren Versuchen liegt in ihrer systematisch-ganzheitlichen Anlage; liegt also darin, daß Galtung die Sichtweisen und Motive aller wichtigen Beteiligten und Betroffenen – der USA, Westeuropas, Osteuropas und Rußlands – kriterial (politisch, militärisch, ökonomisch und kulturell) differenziert und in Beziehung setzt.

So beeindruckt Kap. 3 nicht allein durch die Offenlegung wichtiger ›Details‹, wenn Galtung etwa die NATO-Osterweiterung als Bestandteil einer umfassenden, politisch koordinierten militärischen »Zangenbewegung ... auf Rußland und China hin« vorstellt (S. 68f) oder mit divergierenden Interessen der NATO-Partner im Euro-Poker zusammenbringt. Der Essay wirkt insgesamt als ein Lehrstück für Galtungs holistischen Ansatz in der Friedens- und Kriegsursachenanalyse, der bis in die »Tiefe des kollektiven Unterbewußtseins des Westens« (S. 80) vorzudringen sucht.

Vieles spricht dafür, daß die NATO-Osterweiterung im Rahmen der militärischen Zangenbewegung der USA auf die eurasische Landmasse hin Ausfluß eines »Agendavakuums« des Westens, der US-amerikanischen und westeuropäischen politischen Eliten ist. Galtungs souveräne Bilanz in Kap. 7 dient dem Nachweis, daß die politische Klasse weltweit ein aktuelles Agendavakuum mit den nicht abgearbeiteten Agenden der Vergangenheit füllt. (S. 143) Aus diesem Versagen resultiert allerdings Gewaltiges – und Bedrohliches: eine siebenpolige Welt von Hegemonialmächten, in der der Hegemon der Hegemonen, die USA, sein Koordinierungsvermögen ausspielen dürfte, ohne doch (so wenig wie die UNO) die massiven intra- und interhegemonialen Probleme und Konflikte kontrollieren zu können. Das Beste, was sich von diesem Zukunftsszenarium sagen läßt, ist, daß die hier prognostizierte – in Tiefenkulturen verwurzelte und zudem nuklear abgestützte – Gewalt- und Konflikthaftigkeit der politischen und sozialen Verhältnisse die Nachfrage nach ernsthaften Friedensagenden verstärken dürfte.

Träger dieser Nachfrage und Medien deren Befriedigung eruieren die beiden weiteren Kapitel des Konfliktabschnitts, die ihr Thema auf den subglobalen Ebenen der Region (Europa) und des Einzelstaates diskutieren. So entwickelt Kap. 5 das Gewalt- und Konfliktpotential der großen okzidentalen Religionen – Judentum, Christentum, Islam – wie der säkularen Nachfahren Gottes. Denn im Namen von Staat und Nation, des freien Marktes und der Wissenschaft wird nicht weniger getötet als im Namen Gottes, und dieses bis zur Gegenwart um so leichter, als eine überkommene Krieger- und Aristokratenkultur der Außenpolitik der europäischen Staaten fast ungehindert ihren Stempel aufdrückt.

Glücklicherweise hat die zusammenbrechende mittelalterliche Welt nicht nur das unfriedliche Staatensystem, sondern auch friedensgeneigte Gegenkräfte freigesetzt, heute also »die Kultur der Städte, Organisationen (z.B. NGOs) und neue Akteure auf der politischen Bühne – darunter besonders die Frauen.« (S. 103) Und zuletzt: die zentrale politische Institution des Dialogs, viel zu wenig genutzt und doch unersetzbar, da er vom wechselseitigen Respekt der Beteiligten lebt und von der Voraussetzung ausgeht, daß in ihm alle Seiten etwas zu lernen und beizutragen haben.

An dieser überragenden Relevanz des Dialogs knüpft das kommunikationstheoretisch fundierte Plädoyer für Demokratie in Kap. 6 an, deren »Essenz« sich Galtung darstellt als »ein transparenter Dialog als Auftakt zur sozialen Transformation« (S. 124) – im nationalen, im inter- und im supranationalen Rahmen übrigens. Zweifellos kann in modernen, auf den drei Pfeilern Zivilgesellschaft, Staat und Kapital ruhenden demokratischen Gesellschaften des Westens die Forderung nach Transparenz und Öffentlichkeit als trivial gelten, kaum aber Galtungs folgenreiche Perspektiverweiterung zwecks Stärkung der Demokratie und Konfliktkultur: Warum sollten Transparenz und Öffentlichkeit allein im Kommunikationskanal zwischen Zivilgesellschaft und Staat institutionalisiert werden bzw. bleiben, wo doch zwei weitere, denselben anspruchsvollen Qualitätskriterien (thematisch offen, zweiseitig-dialogisch etc.) zu unterwerfende Kommunikationskanäle, zwischen Staat und Kapital sowie zwischen Zivilgesellschaft und Kapital nämlich, fruchtbare Konfliktbereinigung und produktive Zusammenarbeit versprechen?

Als ›Dauerbrenner‹ künftiger Dialoge zwischen Kapital und Zivilgesellschaft könnte das Problem der ökonomischen Externalitäten fungieren. Externalitäten sind Nebenwirkungen und -bedingungen ökonomischer Prozesse, die normalerweise in der ökonomischen Theorie und Praxis keine Berücksichtigung finden, obgleich sie, im Positiven wie vor allem im Negativen, erhebliche Auswirkungen auf Entwicklungsprozesse aller Art haben: in der Natur (als Umweltverschmutzung, Raubbau etwa), beim Menschen (Nichtbefriedigung spiritueller Bedürfnisse, Verringerung der Lebensqualität), in der Gesellschaft (Atomie und Anomie) usw. Gegen die das Zeitalter der Globalisierung und Privatisierung charakterisierende Tendenz, Ökonomie und Wirtschaftswachstum zum Definiens und Motor von Entwicklung zu machen, votiert Kap. 9 nicht allein mit dem Reduktionismus dieser Auffassung, sondern zugleich unter Verweis auf das ungeheure Ausmaß und die katastrophale Vielfalt entwicklungsschädigender negativer Externalitäten.

Wenn einer voll durchstartenden Wirtschaft(swissenschaft) also die Definition von Entwicklung nicht länger überlassen werden darf – was soll dann unter Entwicklung verstanden werden? Hierauf gibt Kap. 8 eine Antwort, die fünf Modelle von Entwicklung (kapitalistisch, sozialistisch, sozialdemokratisch, ›japanistisch‹, grün) und vier Bereiche von Entwicklung (Natur, Mensch, Gesellschaft, Welt) unterscheidet, um dann die Auswirkungen der jeweiligen Entwicklungsmodelle auf die ausgewählten Entwicklungsräume vergleichend zu untersuchen und zu bewerten. In der Auseinandersetzung mit den gängigen Entwicklungsmodellen entwirft dieser Beitrag über Entwicklungsziele und -prozesse ein differenziertes Konzept von Entwicklung, das in der ökonomietheoretisch gestützten Entwicklungstheorie von *Frieden mit friedlichen Mitteln* weiter entfaltet und begründet wird.

Kommen wir zu den Beiträgen des letzten Abschnitts: Frieden. Ohne die Theorie der Tiefenkultur(en) hier eigens zu entfalten, machen Kap. 10 bis 12 deutlich, welch eminente Bedeutung kulturellen Einstellungen und Überzeugungen bei der Produktion von Krieg und Frieden zukommt. Dabei greift Kap. 10 auf die anfangs promovierten Prinzipien einer Politik der Friedensarbeit: Gewaltfreiheit, Kreativität und Empathie, zurück, um diese auf mögliche tieferliegende kulturelle Verwurzelungen zu befragen. Daß Galtung diese Voraussetzungen am ehesten in der buddhistischen Kultur ortet, wird nur den völlig überraschen, der die bisherigen Zurückweisungen okzidentaler, oft christlich inspirierter Vorstellungen bezüglich Krieg und Konflikt, Entwicklung und Frieden überlesen hat. Dennoch verzichtet Galtung offensichtlich darauf, Paxogene (Friedenskeime) nur der buddhistischen und Bellogene (Keime des Krieges) speziell der okzidentalen Kultur zuzusprechen: »orientalische und okzidentale Ansätze könnten und sollten kombiniert werden.« (S. 202)

Jede uns bekannte Makro-Kultur enthält Züge kultureller Gewalt wie kulturellen Friedens, keine kann einfach als eine ›Kultur der Gewalt‹ klassifiziert werden. Bestätigt wird diese generelle Auffassung Galtungs durch eine vergleichende Analyse des Friedenspotentials – also der Bereitschaft, direkte und strukturelle Gewalt abzulehnen – der großen Religionen. Wenngleich auch hier dem Buddhismus eine friedensförderliche Sonderstellung zukommt, ist die entscheidende, durch einen bedenkenswerten religionsphilosophischen Exkurs erläuterte Erkenntnis Galtungs die, daß alle Religionen »harte« (gewaltfördernde) und »sanfte« (friedensfördernde) Elemente beinhalten, ja, »daß es wahrscheinlich größere Unterschiede zwischen dem Harten und dem Sanften in einer Religion geben wird als zwischen den Religionen«! So lautet denn eine entscheidende Schlußfolgerung des 11. Kapitels, die in die gegenwärtigen Diskussionen über die Notwendigkeit eines Weltethos und eines Dialogs der Religionen unbedingt Eingang finden sollte: »Der zentrale theologische Dialog zwischen hart und sanft muß innerhalb jeder Religion geführt werden.« (S. 222)

Kap. 12 demonstriert, daß Galtungs kritische Distanz zur westlichen Kultur auch philosophische Implikationen hat – mit gewichtigen praktischen Konsequenzen! Galtungs dem westlichen »prometheischen« Veränderungsdrang im allgemeinen, der kantischen Universalisierungsethik im besonderen konfrontierte »Ethik der Umkehrbarkeit« bleibt dennoch nicht ohne Anschlußmöglichkeiten an westliche Konzepte und Institutionen. Ein normativ gehaltvoller Begriff von Demokratie (wenn auch nicht die Praxis der Demokratien) verlangt geradezu nach einer politischen Ethik der Umkehrbarkeit, weil nur so die friedliche Unterwerfung einer Minderheit, die irgendwann dann Mehrheit werden könnte, unter Mehrheitsbeschlüsse erwartet und gefordert werden kann.

✳✳✳

Eine gedrängte Übersicht über einen thematisch so weit gespannten Band wie den vorliegenden erweckt notwendigerweise den Eindruck einer wenig befriedigenden *tour de force*. Stellte Max Weber selbstironisierend einst fest, das Wichtigste seiner Ausführungen fände sich immer in den Anmerkungen, so dürften auch viele Leser in Galtungs Ausführungen das für sie Neue und Wesentliche jenseits des roten Fadens finden, der hier gesponnen wurde. Da diese Einführung aber eine Einführung und kein Resümee zu sein beansprucht und da sie den inneren Zusammenhang, nicht aber den argumentativen Reichtum der einzelnen Essays verzeichnen will, dürften Leserinnen und Leser nun doch genauer wissen, was sie im Folgenden erwartet, welchen Einstieg sie suchen und welche Schwerpunkte sie setzen sollen; denn in der Tat erlaubt dieser Band eine ganz individuelle Zusammenstellung der Lektüresequenzen. Zwei kurze Bemerkungen, zum Titel wie zur autobiographischen Einfärbung des Bandes, mögen der abschließenden Charakterisierung von Inhalt und Intention desselben dienen.

Der Titel *Die andere Globalisierung* indiziert, daß Globalisierung nicht unbedingt etwas Schlechtes sein muß, ja, daß sie in verschiedenen Bereichen, der Entwicklungs- oder Friedenspolitik etwa, eine unabweisbar sinnvolle Tendenz darstellen könnte. Was das Bessere bzw. Andere an Globalisierungsprozessen aber sein könnte und/oder sollte, erarbeitet Galtung hier durchgehend nicht in der Auseinandersetzung mit einer mittlerweile überbordenden Globalisierungsliteratur[3], sondern mit meist wenig Hoff-

---

3   Die eine beeindruckende Fülle diskussionswürdiger Vorstellungen von Globalisierung offenbart (vgl. exemplarisch Ulrich Beck: *Was ist Globalisierung? Irrtümer des*

nung erweckenden realgeschichtlichen Prozessen ökonomischer, sozialer und technologischer, politischer und militärischer, nicht zuletzt auch kultureller Provenienz. Westliche Vorstellungen und Institutionen dominieren zuletzt fast alle diese Prozesse, zumeist ohne den dabei auftretenden Verwerfungen und Konfliktlagen anders als verbal Rechnung zu tragen oder einen Ausgleich unterschiedlicher Entwicklungsperspektiven in der Weltgesellschaft auch nur in Erwägung zu ziehen.

Galtungs begründete Vorbehalte gegen die gewaltträchtige Geschichte und (Tiefen-)Kultur des Okzidents erweisen seine Positionen und Ausführungen als sperrig gegenüber der in der deutschsprachigen Friedenswissenschaft vorherrschenden Zivilisierungsdiskussion[4], ja, könnten uns den ganzen Band als implizite Kritik am Rahmen und an den Grundlagen des dort in Anspruch genommenen normativen Zivilisierungsparadigmas lesen lassen. Der kreative und gewaltfreie Umgang mit Konflikten, die Empathie noch mit den Gegnern, die Demokratisierung nach innen wie nach außen, die Institutionalisierung des Dialogs auf allen Ebenen der Staaten wie der Gesellschaften als der entscheidenden Entwicklungsressource humaner Sozialverhältnisse – das sind Merkposten einer Friedenspolitik bzw. einer sich zivilisierenden Gesellschaft, die in der okzidentalen Kultur doch eher Dissidenten, Opponenten und Außenseitergruppen vertreten haben.

Lenkt aber, um zum Schluß zu kommen, die Aufnahme autobiographisch angelegter Beiträge nicht eher ab vom Blick auf eine andere Weltgesellschaft? Wird hier nicht ein zweifellos legitimes und angemeldetes Desiderat am falschen Platz befriedigt? Antworten wir mit einer Gegenfrage: Was könnte überzeugender als die Übersicht und Auswertung von Galtungs Konfliktbearbeitungsbemühungen im ersten Beitrag demonstrieren, daß die von ihm empfohlene Friedensarbeitstrias Gewaltfreiheit, Kreativität und Empathie nicht Produkt persönlicher Idiosynkrasien oder kulturel-

---

Globalismus – Antworten auf Globalisierung, Frankfurt/M. 1997), aber an der Konstatierung massiver konzeptioneller und empirischer Defizite der bisherigen Globalisierungsdiskussion nicht vorbeikommt (exemplarisch: Marianne Beisheim/Gregor Walter: »›Globalisierung‹ – Kinderkrankheiten eines Konzeptes«, in: *Zeitschrift für Internationale Beziehungen*, 4. Jg. (1997) Heft 1, S. 153-180.

[4] Einen Schwerpunkt dieser Debatte bilden weiterhin die Auseinandersetzungen um Dieter Senghaas' zivilisatorisches Hexagon; für eine Nachzeichnung und Bewertung unterschiedlicher zivilisierungstheoretischer Ansätze (vom Standpunkt einer »kritisch-reflexiven Theorie der Zivilisierung«) s. Wolfgang R. Vogt: »Zivilisierung und Frieden – Entwurf einer kritisch-reflexiven Friedenstheorie«, in: Österreichisches Studienzentrum für Frieden und Konfliktlösung (Hg.): *Frieden durch Zivilisierung? Probleme – Ansätze – Perspektiven*, Münster 1996, S. 91–135, bes. S. 91–111.

ler Voreingenommenheit, sondern Ergebnis ihrer (›globalen‹) Erprobung in und mit ganz unterschiedlichen Kulturen und Weltregionen ist?

Aber auch der letzte Beitrag dieses Bandes, der persönlichste gewiß und überdies von ganz eigener literarischer Qualität, bleibt inhaltlich dem Thema dieses Buches durchaus verhaftet. Es ist offensichtlich, wie sehr die Invasion der Nationalsozialisten in Norwegen, wie sehr der Aufenthalt im Gefängnis, die Auseinandersetzung mit Gandhi und die Arbeit in Lateinamerika, wie sehr schließlich die Begegnung mit Japan und die Heirat mit Fumiko Nishimura Denken und Fühlen des Autors geprägt haben; wie der Blick von unten auf die Herkunfts- und die Weltgesellschaft und wie der Blick von außen auf die eigene und die anderen Kulturen den Boden bereitet haben für Galtungs ingeniöse Aufarbeitung der Gewalt- und Friedensproblematik.

Johan Galtung, und das scheint mir entscheidend, gehört zu jener raren Sorte politisch inspirierter Gelehrter, die die Welt (und nicht nur Norwegen oder Europa) im Wortsinne er-fahren haben und deren theoretischen Entwürfe und wissenschaftliche Arbeit dieser Welt-er-fahrung durchgehend verhaftet und verpflichtet bleiben. Was sollten wir daher vom Autor hier anderes erwarten als einen gewichtigen Kontrapunkt – im Konzert der großen zeitgenössischen Friedensforscher nicht weniger als im vielstimmigen Chor der Globalisierungstheoretiker im Schlepptau des Marktes, der Macht und der Militärs.

***

Bis auf den Essay zur NATO-Osterweiterung sowie eine stark gekürzte Version des (neu übersetzten) Anhangs erscheinen alle Beiträge hier erstmalig in deutscher Sprache, die meisten sind auch anderweitig noch nicht publiziert. Einige wenige Stellen dieser ausnahmslos in den neunziger Jahren entstandenen Beiträge wurden behutsam und in Absprache mit dem Autor aktualisiert.

Mein Dank geht an Robert Schäfer, Inge Bußler und Frank Dierdorf für mehrfache Korrektur sowie die technische Erstellung des Textes, an Johan Galtung und an Michael Alfs vom agenda Verlag für eine schöne Zusammenarbeit.

Teil I: Frieden

Die Politik der Friedensarbeit:
Gewaltfreiheit, Kreativität und Empathie

1. Eine grundlegende Frage, zwei grundlegende Probleme und drei Antworten

Als wir im Jahre 1958 in Oslo das erste Friedensinstitut aufbauten (eröffnet im Januar 1959), welches sich der Forschung, der Lehre wie auch der Praxis widmen sollte, bestand das prinzipielle Problem nicht in der Forschung und der Lehre. Beide Bereiche decken das ab, was Forscher ohnehin tun sollten, insbesondere wenn sie an Universitäten oder anderen unabhängigen Instituten arbeiten.

Das grundlegende Problem bestand darin, sich Friedensarbeit vorzustellen. Vielleicht kann man die Situation vor 40 Jahren heute nicht mehr so einfach nachvollziehen: Wir befanden uns in einer frühen Phase des Kalten Krieges. Auf diesem stark ideologisierten Gebiet gab es nur eine grundlegende Frage: *Auf welcher Seite stehst du?* Auf diesem Gebiet zu forschen und zu erziehen kann schon problematisch genug sein. Darüber hinaus nach Wegen der konkreten Umsetzung zu suchen, schien eine Katastrophe zu garantieren.

Ich kann mich daran erinnern, auf einer Tafel ein sehr einfaches Gesellschaftsbild aufgezeichnet zu haben, wobei die Forscher zwischen zwei Schichten, den »Eliten« und dem »Volk«, eingekeilt waren. Konkreter gesagt haben wir die Außen- und Verteidigungsministerien, die dazugehörigen Parlamentsausschüsse und ihre Internationalisierung in den Allianzen oft als die »Eliten« bezeichnet. Die unabhängigen Friedensorganisationen haben wir als das »Volk« bezeichnet. Aber wir haben dieses Konzept manchmal auch auf andere Organisationen angewandt, wenn sie nicht in der einen oder anderen Allianz von den Eliten dirigiert wurden. Und dann: *wir.*

Es gab zwei klare Möglichkeiten: Wir konnten unsere Erkenntnisse, was immer sie auch wert waren, entweder nach oben den Eliten vermitteln oder nach unten dem Volk. Ich hatte nichts dagegen, stellte jedoch eine Bedingung: Es mußte öffentlich geschehen. Forschung ist öffentlich. Wenn sie heimlich geschieht, dann ist sie weder öffentlich noch Forschung und meistens schlecht.

Wenn man integer bleiben will, sollte man sich von der vom Staatssystem so geliebten Geheimniskrämerei fernhalten. Ich erinnere mich da an ein großes Projekt des Europarates im Jahre 1967. Mit den Direktoren der politischen Abteilungen aus 19 Außenministerien, von Moskau bis Washington und von Oslo bis Athen, wurden verschiedene Muster für friedliche Kooperation im Ost-West-Konflikt besprochen. Zum Schluß wurde ein Bericht erarbeitet, der dem Europarat vorgestellt wurde. Am Ende hatte ich einen enttäuschten Generalsekretär vor mir, der angenommen hatte, daß ich ihm die wirklichen Highlights für ein nicht-öffentliches Treffen reserviert hatte. Ich konnte ihm jedoch nichts Zusätzliches anbieten.

Eine Schlußfolgerung daraus war, Erkenntnisse in alle Richtungen zu vermitteln, nicht nur den Eliten und dem Volk, sondern auch dem Osten, dem Westen und den Blockfreien. Und es sollte immer die gleiche Version wie die veröffentlichte sein.[1]

Aber es gab noch eine weitere Schlußfolgerung: Der Friedensforscher sollte mit dem Friedensaktivisten so kombiniert werden, daß eine Art von gut informiertem Friedens- und Konfliktarbeiter entstehen kann. Dieses Programm steckt immer noch in seinen Kinderschuhen, auch wenn es nach dem Ende des Kalten Krieges ein nahezu explosives Wachstum gegeben hat. Das Gebiet ist nicht mehr so polarisiert, der Einstieg ist nicht mehr so riskant, und die Nachfrage ist deutlicher erkennbar.

Gedacht war an einen Friedensprofi, der jenseits der universitären Anforderungen von Forschung und Lehre in die Praxis einsteigt, indem er mit mindestens einer der Parteien in einem Konflikt arbeitet. Es war nicht beabsichtigt, daß er sich darauf beschränken sollte, »die Parteien an einen Tisch zu bekommen« und sich selbst die Position einer »dritten Partei« zu reservieren.

Der Tisch könnte in einem späteren Stadium kommen. Aber ein Tisch ist zu symmetrisch für die starken Asymmetrien vieler Konflikte. Sich nur zwei Parteien in einem Konflikt vorzustellen ist naiv. Eine der Hauptaufgaben besteht darin, die Parteien diesem Tisch *näherzubringen*. Die

---

[1] Bei einem Treffen im schwedischen Lund hielt ich im Jahre 1974 verschiedene Vorträge über China – ein Land, das ich das Jahr zuvor besucht hatte. Es entstand auch gerade ein Buch mit Fumiko Nishimura: *Learning from the Chinese people*. Ich hielt einen Vortrag abends vor einer maoistischen Gruppe und am nächsten Tag für einen schwedischen Multi als Teil seiner Geburtstagsfeierlichkeiten. Einige der maoistischen Studenten kamen auch zu diesem Treffen, und sie sagten mir auch warum: »Wir wollen prüfen, ob Sie denen genau dasselbe erzählen wie uns.« Sie bestätigten meine Glaubwürdigkeit.

grundlegende Frage lautet: *Wie können Parteien auf Konflikttransformation vorbereitet werden?*

Heute kann ich die Aufgabe deutlicher und sicherlich einfacher formulieren, als ich dies in jenen Anfangsjahren hätte tun können. Zwei weitere spezifische Probleme und drei Antworten haben sich herausgeschält. Die Probleme beziehen sich ganz eindeutig auf die zweischneidige Natur von Konflikten: *Konflikte als Zerstörer* und *Konflikte als Schöpfer*; Konflikte als Gefahr der Gewalt sowie Konflikte als Chance für Wandel und sogar Fortschritt in dem Sinne, daß das Leben von vielen Menschen verbessert wird.

Die Antwort auf *Konflikte als Zerstörer* war klar: mit den Konfliktparteien diskutieren, *wie die eigenen Ziele gewaltfrei verfolgt werden können.* Ich habe eine Vielzahl von Konflikten aus der Nähe kennengelernt. Eine Erfahrung daraus ist, daß alle Konfliktparteien irgendwo in ihrem tiefsten Innern ein Ziel mit einer gewissen Allgemeingültigkeit verfolgen.[2] Das Kriterium für die Gültigkeit mag auf Kant oder auf Kohlberg fußen, doch irgendwie gibt es eine universelle Gültigkeit für das angestrebte Ziel. Es geht nicht allein um »ich, mir, mein«.

Das schafft jedoch Probleme: In einer begrenzten Welt werden materielle Ziele, die weltweit von jedermann verfolgt werden, zur Zerstörung der Welt führen. An diesem Punkt kommt Gewaltfreiheit voll ins Spiel. Gewaltfreiheit bezieht sich auf die Ziele, nicht nur auf die Mittel: Verfolge nur solche Ziele, deren Verwirklichung nicht auf Kosten anderer mit Gewalt erreicht werden kann.

Und nun die Antwort auf das zweite Problem, *Konflikt als Schöpfer:* mit den Parteien diskutieren, *wie anscheinend unvereinbare Zielsetzungen miteinander in Einklang gebracht werden können.* Wie kann Unvereinbarkeit transzendiert werden?[3] Das ist leichter gesagt als getan: durch *Kreativität.* Genau wie bei der Gewaltfreiheit muß dieses Potential angeregt werden. Der Dialog mit einem Konflikt-/Friedensarbeiter kann dabei ein Ansatz sein.

---

[2] So wie ein Hitler: Auch wenn seine drei Kriege (gegen die Slawen, den Westen und gegen die Juden) vollkommen inakzeptabel waren, so besaß sein Ziel, den hochgradig ungerechten Versailler Vertrag zu revidieren, doch ein allgemein akzeptables Element. Das Problem liegt darin, durch die Rhetorik, das Verhalten, die »Verpackung« und die inakzeptablen Ziele hindurch zu jenem Kern vorzudringen, auf dem sich aufbauen läßt. Was dann passiert, ist eine andere Frage.

[3] Basierend auf solchen Erfahrungen, bauen einige von uns nunmehr eine Organisation für kreative Konflikttransformation auf. Das Motto lautet: »Frieden mit friedlichen Mitteln«. Name: TRANSCEND.

Das bringt uns zu der dritten Antwort: *Beide Dialoge müssen mit einem hohen Grad an Empathie für die Konfliktparteien geführt werden.* Das geht so weit, daß man ihre Konfliktlogik nachvollzieht, wenn man sie schon nicht akzeptiert.

Selbst wenn *Gewaltfreiheit*, *Kreativität* und *Empathie* als Richtlinien über die Jahre viel deutlicher geworden sind, so waren sie in einer embryonalen Form schon immer vorhanden. Die konkreten Erfahrungen waren der Boden, auf dem sie wachsen konnten. Die Forschungsaufgabe ist von der konkreten Berührung mit der Realität zu weit entfernt. Ich habe sogar meine ernsten Zweifel, ob Sozialwissenschaftler, deren Realitätskontakt auf den Universitätscampus und dessen Bibliothek begrenzt ist, jemals die Forschung bereichern können. Daß sie gut aus Büchern unterrichten können, steht außer Frage. Aber das Leben im Campus-Konferenz-Kreislauf macht sie denjenigen Naturwissenschaftlern zu ähnlich, die keinen Zugang zur Natur oder einem Labor haben.

Die konkrete Friedensarbeit sollte aber auch nicht mit einem Verlassen des Campus und der akademischen Sphäre verwechselt werden, um den öffentlichen Raum zu betreten und solch ehrwürdige Rollen eines öffentlichen Intellektuellen zu übernehmen, wie die eines Publizisten oder die eines Referenten bei öffentlichen Vorträgen. Diese Aktivitäten sollen nicht herabgewürdigt werden. Die Gesundheit einer Gesellschaft hängt auch davon ab, bis zu welchem Grad kreative und couragierte Intellektuelle die Barrieren zwischen Stadt und Hochschule durchbrechen, indem sie das Unighetto verlassen und den öffentlichen Raum betreten, um an der öffentlichen Debatte teilzunehmen. Dabei werden sie von anderen als ihren Kollegen herausgefordert. Aber eine Debatte ist nicht dasselbe wie ein Dialog.

Auch sollte konkrete Friedensarbeit nicht mit Friedensaktivismus im weiteren Sinne von Demonstration und Konfrontation verwechselt werden. Der Streikposten, die Mahnwache und die Demonstration sind wichtige Mittel, um Raum und Zeit zu markieren sowie in die Zukunft zu weisen. Sie sind unersetzlich, wenn normale Worte nicht durchdringen. Sie können mehr oder weniger sinnträchtig und pädagogisch sein. Hat Greenpeace vielleicht einen Weltpreis von allen Lehreinrichtungen verdient? Und die Frauen von Greenham Common gegen die Pershing/Cruise Missiles einen für Durchhaltevermögen? Aber es handelt sich keinesfalls um einen Dialog mit den Konfliktparteien.[4]

---

[4] Obwohl im Kalten Krieg die Friedensbewegung eine bedeutende Partei war (ebenso wie die Dissidentenbewegung). In Greenham Common befand sich ein bedeutender Teil der Friedensbewegung im Dialog mit sich selbst. Aber Friedensarbeit impliziert

Es folgt nun eine Einladung, einige dieser Erfahrungen bis zu einem gewissen Grad zu teilen. In einem anderen Kontext[5] habe ich beschrieben, wie ich mich durch Kriegserfahrungen im besetzten Norwegen und den Einfluß von Gandhi in Richtung Gewaltfreiheit, Kreativität und Empathie entwickelt habe. In jenem Essay habe ich mich bemüht darzulegen, wie ich durch meine Erfahrungen geformt wurde und bis zu einem gewissen Grade sie selbst geformt habe. Dieser Aufsatz dreht sich um das, was folgte – bis jetzt; ein Aufsatz über die Jugend und einer über das mittlere Alter. Hoffentlich wird es eines Tages einen dritten Aufsatz geben, der vielleicht etwas reflektierender wird.

Um diese Erfahrungen zu vermitteln, habe ich ein Format gewählt, welches ich als Friedensarbeiter sinnvoll gefunden habe. Ich versuche nämlich, die auf den Konflikt bezogene grundlegende Diagnose (D), Prognose (P) und Therapie (T) aus der Sicht des Konfliktarbeiters in einer Zeile darzustellen. Das findet sich am Anfang jeder Geschichte, um dann im Text ausgeführt zu werden.

Schon das DPT ist kontrovers. Viele Leute auf diesem Gebiet mögen vor der Aufgabe oder Verantwortung, ihre Ansichten klar auszudrücken, zurückschrecken. Ich benötige es, um einen großen Fehler zu vermeiden: die Konfliktparteien zu manipulieren, indem ich meine eigenen Annahmen verstecke. Für sie ist der Konflikt *ernst*. Vielleicht ist es sogar der ernsteste Aspekt ihres bisherigen Lebens. Natürlich werden die DPT-Formulierungen mit den Parteien zusammen entwickelt. Ein Konsens ist vielleicht nicht möglich, ja vielleicht nicht einmal wünschenswert. Er kann womöglich auch vorgetäuscht sein. Aber der Friedens- und Konfliktarbeiter muß mit offenen Karten in den Konflikt einsteigen, zumindest nachdem er sich ein wenig mit der Materie vertraut gemacht hat. Also, meine Karten liegen auf dem Tisch: Gewaltfreiheit und Kreativität sowie die Anwendung von Empathie, um zu analysieren, Prognosen zu geben und konkrete Heilungsverfahren vorzuschlagen, die ohne geheime Zielsetzungen sind, soweit dies menschenmöglich ist.

Dialog mit anderen, indem sich die Friedensarbeiter einfühlsam als außenstehende Parteien auf den Konflikt einlassen. Für eine Analyse des Prozesses, der mit dem Verschwinden des Kalten Krieges endete, siehe Johan Galtung: »Eastern Europe Fall 1989 – What Happened And Why?«, in: *Research in Social Movements, Conflicts and Change*, Vol. 14, S. 75–97. Greenwich, CT/USA 1992.

5   Vgl. den Abschlußessay dieses Bandes »Wie Zukunft Gestalt annimmt«.

2. Sechzehn Konflikterfahrungen 1952–1993

1) Friedensdienst für Kriegsdienstverweigerer, 1952–1964

D: Zeitverschwendung für eine steigende Anzahl von friedensorientierten Jugendlichen

P: Zunehmende Polarisierung und Marginalisierung seitens der Regierung

T: Alternativer, gewaltfreier Friedensdienst als ein Menschenrecht

1951 wurde ich zum Kriegsdienstverweigerer und begann den 18monatigen Dienst (6 Monate länger als der Militärdienst) 1952, absolvierte 12 Monate und verweigerte dann die restlichen 6 Monate. Ich argumentierte, daß der gesamte Dienst, der vom Justizministerium organisiert wurde für junge Männer, die bereit waren, gewaltfrei für die Sache die Friedens zu arbeiten (wie die Trockenlegung von Sümpfen), eine reine Zeitverschwendung sei. Wenn die 6 Monate zudem eine Bestrafung sein sollten, dann sollte das von mir aus so sein. Das Gericht stimmte dem zu; es sollte so sein: Im Winter 1954/55 verbrachte ich 6 Monate in Einzelhaft im Hauptgefängnis meiner Stadt Oslo. Ich war weder der erste noch der letzte. Andere Pazifisten haben dasselbe aus Verzweiflung und Protest gegen den Zivildienst getan. Die Standardkriterien für Gewaltfreiheit waren erfüllt: Der Mißstand war klar, die Alternative war klar, der Protest war gewaltfrei, und es war ein Preis zu entrichten.

Rund 10 Jahre vergingen, und es sah so aus, als sei alles ein Kampf gegen Windmühlen gewesen. Doch eines Tages, als ich Direktor des Friedensforschungsinstituts in Oslo (PRIO) war, klingelte das Telefon. Die Anruferin war die konservative Justizministerin, und sie fragte mich, ob ich immer noch Kriegsdienstverweigerer für Friedensarbeit, in diesem Fall Friedensforschung, suchen würde, und wenn ja, wie viele, wann und für welche Tätigkeiten. Wir wurden uns sehr schnell über die Anzahl und die Aufgaben einig, und das war's. Gewaltfreiheit hatte sich für die Kriegsdienstverweigerer bezahlt gemacht (»wenn er bereit ist, so viel aufs Spiel zu setzen, dann ist er entweder verrückt, oder an der Sache ist was dran, oder beides«). Das Muster verbreitete sich in ganz Europa und darüber hinaus, und es existiert immer noch. (Es muß jedoch hinzugefügt werden, daß die Mutter der Ministerin und meine, die beide derselben sozialen Schicht in Oslo angehörten, regelmäßig zusammen Bridge spielten.)

2) »Ost-West«-Konflikt: der Kalte Krieg, 1953–1989

D: Reduzierung auf einen (2,1)-Konflikt[6]; Stalinismus, Nuklearismus

P: Verschleppung – Kriege in der Dritten Welt – nuklearer Krieg/beidseitiger Genozid

T: KSZE[7], GRIT[8]/defensive Verteidigung, Volksdiplomatie, Gewaltfreiheit

Meine Generation wurde durch den Kalten Krieg geprägt. Drei Wochen in der Sowjetunion zur Zeit von Stalins Tod 1953 führten zu einer Schlußfolgerung: Der Stalinismus ist genauso schrecklich, wie gesagt wird. Doch diese Menschen wollten und wollen keinen Krieg. In mehr als 35 Jahren Konfliktbeteiligung passierte mir vieles: zum Beispiel die zweimalige Festnahme in der Sowjetunion; das Verteilen von Flugblättern über nicht-militärische Verteidigung in Prag, kurz nach dem Einmarsch der Warschauer Vertragsorganisation; oder das gewaltsame Entfernen von einem Podium in der DDR, hinein in einen schwarzen Wagen Richtung Flughafen.[9] Und dann jenes bereits erwähnte Projekt für den Europarat.

Bei den langen und intensiven Gesprächen mit Direktoren der politischen Abteilung der Außenministerien beeindruckte mich, um wieviel kenntnisreicher, charmanter und kreativer sie von Angesicht zu Angesicht waren im Vergleich zu öffentlichen Auftritten, besonders wenn »die andere Seite« anwesend war. Das prägte ohne Zweifel meine Vorliebe für Gespräche mit den Parteien anstelle von Verhandlungen zwischen den Parteien. Aus diesen Gesprächen entstand eine Idee, die sich heute trivial ausnimmt: Die beteiligten Parteien des Ost-West-Konfliktes könnten sich in einer UN-Sicherheitskommission für Europa treffen, ähnlich der UN-Wirtschaftskommission für Europa. Dabei könnten alle Parteien nicht nur ein Thema (wie Rüstungskontrolle), sondern alle Themen gleichzeitig besprechen, anstatt nukleare Massenvernichtungsmittel aufeinander zu richten.

---

[6] (2,1): zwei Parteien, ein Thema; im Gegensatz zu einem realistischeren Bild, (m, n): m Parteien, n Themen.

[7] Konferenz für Sicherheit und Zusammenarbeit in Europa.

[8] »Gradual Reciprocated Initiatives in Tension-reduction« (schrittweise, gegenseitige Initiativen zum Spannungsabbau). Vorgeschlagen von Charles Osgood in seinem Buch *An Alternative to War and Surrender*, Urbana, ILL/USA 1967. Vielleicht ist dies die bedeutendste Idee, die in den US-amerikanischen Friedensstudien während des Kalten Krieges entwickelt wurde.

[9] Bezüglich Details siehe mein Buch *Nach dem kalten Kriege. Gespräch mit Erwin Koller*, Zürich 1993.

Im Herbst 1967 wurde diese Idee in ganz Europa vorgestellt,[10] zumeist auf Treffen, die von außenpolitischen Instituten veranstaltet wurden. Die allgemeine Reaktion war positiv, vor allem in Osteuropa, welches sich unabhängiger von Moskau anhörte als Westeuropa von Washington. Aber: »Die Zeit ist noch nicht reif«. Ich fühlte, daß sie überreif war.

In Prag hörte ein junger Mann zu. Als Dissident wurde er nach der sowjetischen Invasion im August 1968 aufs Land geschickt und wurde nach der Implosion des Kommunismus die Nr. 2 im Außenministerium. Sie wollten die sowjetische Armee heraushaben aus dem Land. Und die Formel, die dafür vorgeschlagen wurde, war der »Galtung-Plan«; die Zeit war jetzt »reif« dafür. Schewardnadse[11] reagierte positiv, auch wenn er zunächst eine Modernisierung der WVO[12] wünschte. Er benötigte einen Nachfolger für das System des Kalten Krieges; eine beständigere KSZE war einer dieser Ansätze.[13] Also schlug er genau wie viele andere vor, nicht nur die Armee abzuziehen, sondern auch eine derartige Organisation, gemäß dem Pariser Vertrag vom Herbst 1990, zum Stützpfeiler für das Friedenssystem in Europa werden zu lassen. Und genauso geschah es.

Vielleicht lassen sich drei Dinge aus diesem Beispiel ableiten.

Säe Samenkörner. Man sollte sich nicht von denjenigen abschrecken lassen, die behaupten, daß Ideen zu idealistisch und nicht realistisch genug seien. Wenn sie »realistisch« gewesen wären, dann wären sie schon ganz normal von den Eliten diskutiert worden; die Eliten sind nicht dumm. Solche Ideen wären schon aufgegriffen worden. Wenn der Konflikt nicht nachläßt, dann liegt es daran, daß »realistische« Ideen oftmals nicht realistisch sind. Hieraus läßt sich nicht ableiten, daß alle Ideen der Eliten dumm sind und alle guten Ideen gegen den Trend laufen. Aber für Eliten ist Überwindung nicht so leicht. In der Atmosphäre der späten 60er, nach dem brutalen Einmarsch in die Tschechoslowakei, war der Vorschlag uto-

---

[10] Ein aufmerksamer Beobachter meiner Aktivitäten war die Schweizer Geheimpolizei. In ihrem Bericht über mich war Anfang der 70er meine Tätigkeit für »etwas«, das KSZE »genannt« wurde, ein wesentlicher Punkt. Im nachhinein scheint dies lächerlich zu sein, aber nicht zu der Zeit für rechte Extremisten wie die Schweizer Polizei und ihre Spione.

[11] Der damalige Außenminister der Sowjetunion.

[12] Die Warschauer Vertragsorganisation, im Westen normalerweise als der »Warschauer Pakt« bezeichnet.

[13] Natürlich hatten zu jener Zeit viele Leute solche Ideen, und letztlich wurde die KSZE in die Organisation für Sicherheit und Zusammenarbeit in Europa, OSZE, umgewandelt. Aber zu jener Zeit waren die westeuropäischen Eliten sehr stark mit ihrem Lieblingsprojekt beschäftigt, der Europäischen Union, welche graduell die Gestalt einer Supermacht annahm.

pisch, daß sich Ost und West als Gleichberechtigte mit gleichen Interessen an einen Tisch setzen sollten. *Die Wege des Herrn sind unerforschlich.*

Säe Samenkörner, doch wo sie gedeihen, läßt sich nicht so leicht vorhersagen. In den Jahren 1981 bis 1985 hielt ich über 500 Vorträge in ganz Europa über diese Idee und viele andere: defensive, nicht-provokative Verteidigung als Militärdoktrin; Gewaltfreiheit in Osteuropa gegen den (Post-)Stalinismus; Volksdiplomatie; asymmetrische Abrüstung, wie in Charles Osgoods GRIT.[14] Ich dachte daran, daß die Adressaten wahrscheinlich kleine, demokratische, ja sogar sozialdemokratische Länder in Nordwesteuropa seien. Mittlerweile kann ich besser nachvollziehen, warum sie keine Initiativen ergriffen: Sie waren sowohl von der USA politisch abhängig wie auch gesättigte Status quo-Länder, ganz im Gegensatz zu unsicheren osteuropäischen Ländern, die eine gewisse Anerkennung aus dem Westen suchten (und es immer noch tun).

Beharrlichkeit: Alles braucht seine Zeit. Ein Saatkorn wurde 1967 gepflanzt. Ein Assistent, der Botschafter wurde, trug die Saat mit sich, und sie ging Anfang 1990 auf. Ich hörte davon auf einer Konferenz in Luxemburg im Februar 1993, mehr als 25 Jahre, nachdem sie ausgesät worden war. Viele werden niemals etwas hören, und eigentlich sollte das auch nichts ausmachen. Aber es tat gut!

Wie ich jedoch schon erwähnt habe, war dies nicht alles, was ich wie viele andere in verschiedenen Zweigen der Friedensbewegung während des Kalten Krieges versucht habe zu verfechten. Irgendwie ist es typisch, daß es institutionelle Vorschläge sind, die vorzugsweise vom Staatensystem aufgegriffen werden.

Unsere Sorgen, und nicht nur unsere, wurden oben unter zwei Überschriften ausgedrückt: Stalinismus in der Bedeutung von Repression und allgemeiner Verletzung von zivilen und politischen Menschenrechten sowie Nuklearismus in der Bedeutung einer realistischen Bedrohung durch einen Nuklearkrieg und exzessiver Geheimnistuerei. Der Osten im allgemeinen und die Sowjetunion im besonderen waren von beiden Befunden betroffen; der Westen im allgemeinen und die USA im besonderen waren vom zweiten Befund betroffen; die NB (die Neutralen und Blockfreien) von keinem der beiden Befunde.

Als Antwort auf die Repression wurde im Osten gewaltfreier Kampf empfohlen. Viel Zeit ging damit drauf, in Osteuropa und vor allem in Polen, der DDR und der Tschechoslowakei über Formen des Zivilen Ungehorsams, der Non-Kooperation und der konstruktiven Aktion zu infor-

---

[14] S. Anmerkung 8.

mieren. Andere taten mit einem gewissen Effekt in allen drei Ländern dasselbe.[15]

Als Antwort auf den Nuklearismus wurde alternative Verteidigung empfohlen: ein Mix aus defensiver militärischer Verteidigung, Miliz und nicht-militärischer Verteidigung.[16] Andere verfolgten dieselbe Richtung, was möglicherweise eine Auswirkung auf Gorbatschows Denken über ausreichende Verteidigung hatte.[17]

Eine Kurzgeschichte über Kommunikation im Kalten Krieg als kleines Drama in drei Akten:

Akt I: Vom Beginn im Jahre 1959 an wurden vom späteren Friedensforschungsinstitut Oslo (PRIO) und dem Lehrstuhl für Konflikt- und Friedensforschung Forschungspapiere verbreitet, die sich mit Friedenspolitik durch friedliche Mittel beschäftigten. Zu den Adressaten gehörte unter anderem IMEMO in Moskau, ein bedeutender Think-Tank für sowjetische Politik. Es gab keinerlei Reaktion, keine Antwort, keinen Kommentar, keine Gegenseitigkeit. Wir bezeichneten IMEMO spaßeshalber als das »Schwarze Loch im Universum«, schickten aber weiterhin Papiere nach Moskau.

Akt II: Dann gab es 1982 eine Konferenz bei IMEMO, auf der ich das Manuskript eines bald erscheinenden Buches vorstellte.[18] Nach dem Mittagessen wurde ich vom Bibliothekar eingeladen, das Allerheiligste der Bibliothek zu besichtigen. Und da waren sie, alle jene Publikationen, die wir versandt hatten. Es war eine bessere Sammlung als meine eigene, unterstrichen, markiert und mit Notizen versehen! Das »Schwarze Loch im Universum« war lokalisiert worden. Es zog Materie an, vielleicht sogar Energie, aufnehmend, nicht abgebend.

Akt III: 1991 erzählte mir der stellvertretende sowjetische Außenminister[19] bei einem Treffen in Oslo, wie eine Studiengruppe junger Assisten-

---

[15] Vgl. das exzellente Buch von Erich Loest, *Nikolaikirche* (Leipzig 1995), über die entscheidenden gewaltfreien Demonstrationen in Leipzig, vor allem am 9. Oktober 1989.

[16] Detailliert erläutert in: *Es gibt Alternativen!*, Opladen 1984. Das Buch liegt auch in Englisch, Italienisch, Spanisch, Norwegisch, Schwedisch und Niederländisch vor. Es wurde seinerzeit in die Sowjetunion geschmuggelt.

[17] Ich möchte besonders den verstorbenen Horst Afheldt sowie Anders Boserup, Dietrich Fischer und Robert Neild erwähnen.

[18] *Environment, Development and Military Activity: Towards Alternative Security Doctrines*, Oslo 1982.

[19] Wladimir Petrowsky, der später Generaldirektor der Vereinten Nationen in Genf wurde.

ten diese und andere Materialien als Grundlage für das benutzt hatte, was später als Gorbatschows »Neues Denken« bekannt wurde. Er war voll des Lobes für Leute, welche die Kommunikation aufrechterhielten, obwohl es keine Antwort gab, und dies trotz der westlichen Doktrinen des »Boykottiert die Sowjetunion«.

3) Aufhebung der Rassentrennung in Charlottesville, VA, USA, 1958–1960

D: Mangel an Transparenz unter den drei Konfliktparteien
P: Überzogene Wahrnehmungen könnten zur Gewalt führen
T: Soziologische Erkenntnisse werden an alle vermittelt, Deeskalation

Ich war Assistenz-Professor am Fachbereich für Soziologie an der Columbia University, New York. Ich erhielt einige kleine Stipendien und fuhr mit einigen Studenten nach Charlottesville, Virginia. Einer meiner Gurus, der inzwischen verstorbene Professor Otto Klineberg, hatte mich empfohlen. Das Forschungsprojekt bestand aus einer Gruppenstudie über Eliten in der Stadt sowie den Hauptorganisationen der Rassentrennungsbefürworter (Weiße Bürgerräte), der Rassentrennungsgegner (Räte für zwischenmenschliche Beziehungen) und der Schwarzen (NAACP[20]). Zusätzlich wurde eine Studie zu den Ansichten einer Zufallsgruppe der Bevölkerung im Landkreis durchgeführt.

Alles sah sehr vielversprechend aus: Es sollte ein Buch über eine Gemeinschaft entstehen, die in einen Konflikt verstrickt war, der sich nicht mit dem Selbstbild vertrug, daß sie nicht nur friedvoll, sondern sogar das Zentrum des Jeffersonschen Humanismus sei. Aber das Buch wurde niemals geschrieben, obwohl es exzellente Daten gab. Es geschah etwas Wichtigeres als eine weitere Publikation.

Die Bevölkerung war nervös. Ein Kreuz des Ku-Klux-Klan war verbrannt worden. Es lag Gewalt in der Luft. Und dennoch wußte ich, daß sie alle die Gefahr übertrieben. Die Kommunikation war zusammengebrochen, und ich wußte mehr als der Bürgermeister und der Sheriff. Was war meine Aufgabe?

Ich mußte die Situation für die Teilnehmer bei Treffen und in den Medien durchschaubar machen, indem ich ihnen ihre Situation erklärte. Zudem mußte ich den Teilnehmern zeigen, wie sie in diese festgefahrene Lage geraten waren und welche möglichen Auswege es gab. Obwohl ich gegen die Rassentrennung war, nahm ich alle geäußerten Standpunkte ernst. Es

---

[20] »Nationalvereinigung für den Fortschritt der Farbigen«; d. Ü.

funktionierte: geduldige Erklärung ihrer eigenen Prozesse aus einem allgemeinen sozialwissenschaftlichen Blickwinkel, die Entmythologisierung
des Konflikts. Und ich bekam meine Belohnung, nämlich einen Brief, der
besagte, daß sie teilweise dank meiner Arbeit die Rassentrennung friedlich
beendet hatten. Eine Rolle nahm Gestalt an.

4) Kuba-USA, 1960–

D: »Manifest destiny«-Anspruch Amerikas in Frage gestellt; Kalter
Krieg-Interessen

P: Endlose Destabilisierungsanstrengungen, inklusive Krieg, »Tyrannenmord«

T: Kubanische Eigenständigkeit (self-reliance), US-Modell eines politischen Pluralismus

Die kubanische Revolution brachte 1958/59 den Sozialismus und den
Kalten Krieg in die westliche Hemisphäre. Als Teilzeitjournalist der norwegischen Fernsehgesellschaft besuchte ich Kuba in den 60er und 70er Jahren (sowie 1996) mehrfach. Dabei interviewte ich Fidel Castro, Che Gue-
vara usw. und nutzte die Rolle des Journalisten für alle möglichen Diskussionen. 1962 schmuggelte ich Medizin von Miami nach Kuba, und der
Fahrer der norwegischen Botschaft half mir, sie zu verteilen. Ich traf mich
dann mit Oppositionsgruppen, die meine Ansicht zum »Tyrannenmord«
hören wollten. Ich war aus ethischen und pragmatischen Gründen dagegen. Die Gruppe versuchte es dennoch und wurde eingesperrt. Sie über-
zeugten mich davon, daß Atomwaffen nach Kuba gekommen waren. Ich
informierte das norwegische Außenministerium, lange bevor die Nachricht
an die Öffentlichkeit gelangte.

Aber mein Hauptaugenmerk lag auf dem »was kann getan werden«.
Sozialistisch-diktatorisch war nicht die Alternative zu kapitalistisch-
diktatorisch, inklusive der Gefahren einer neuen Front des Kalten Krieges
vor der Haustür einer nervösen USA, dem versuchten »Tyrannenmord«
und einer allgemeinen Destabilisierung.

Die Vorschläge, die allgemein diskutiert wurden (und werden), waren:

1. Die Alternative zu einer roten, staatskontrollierten Wirtschaft, die von
der Sowjetunion abhängt, ist nicht eine blaue, unternehmenskontrol-
lierte Wirtschaft, die von den USA abhängig ist, sondern eine grüne,
alternativ-technologische, lokale und kubanisch kontrollierte Wirtschaft, die von der Sowjetunion und den USA befreit ist.

2. Die breite private und politische Debatte in Kuba muß auch als Wettbewerb um die politische Macht in der Öffentlichkeit stattfinden.

Wenn die USA zwei konservative Parteien hat, warum sollte es dann nicht zwei sozialistische Parteien in Kuba geben?

Kuba bewegt sich heute in Punkt 1, vielleicht auch bei 2. Aber der Dialog im US-amerikanischen Außenministerium verriet 1962 nur Interesse an Destabilisierung.

5) »Nord-Süd«-Konflikt: Krise der Entwicklung, 1960–

D: Ausbeutung, Ökonomismus, asymmetrische Externalitäten
P: Massives Elend, Gewalt, Migration im Süden; Arbeitslosigkeit im Norden
T: Alternative Wirtschaft, Eigenständigkeit I, Eigenständigkeit II

Hier kann ich nicht für mich in Anspruch nehmen, allzu viel Nützliches geleistet zu haben. Einmal war ich in der Lage, ein wichtiges vom Pentagon finanziertes Forschungsprojekt, »Camelot« in Chile, aufzudecken. Das Projekt sollte »herausfinden, wie die USA Armeen befreundeter Staaten helfen können«. Vorgestellt wurde es als ein Projekt über Konflikte und Entwicklung, aber derartige Aktivitäten gehen weiter. Und es gibt Spuren in UN-Resolutionen (z. B. zu Cocoyoc, 1974), aber nichts, von dem ich glaube, daß es wirksame Heilverfahren sein könnten, ist bis jetzt zutage getreten.

Eine Diagnose, die auch die Ausbeutung durch den Westen mit einbezieht, ist für die normalen Eliten des Westens nicht akzeptabel. Aber das ist nicht so wichtig; andere Begriffe und Kanäle können gefunden werden. Ein Schlüsselwort dabei heißt »Externalitäten«, wie z. B. Herausforderung, Ausbildung in Zusammenarbeit, Verschmutzung/Raubbau – all jene asymmetrisch verteilten Nebeneffekte wirtschaftlichen Handelns. Und dieser asymmetrische Austausch ist die solide Basis, auf welcher sich die westliche Überlegenheit aufbaut. Da die Wirtschafts-»Wissenschaft« ihre rationale Grundlage ist, lassen sich hier vielleicht auch die Heilverfahren finden: *alternative Wirtschaftswissenschaft*. Schlüsselaufgaben sind intellektuell. Viele Leute arbeiten daran. In der Zwischenzeit wird sich die westliche wirtschaftliche Globalisierung fortsetzen, nachdem sowohl der rote wie der grüne Sozialismus auf absehbare Zeit geschlagen worden sind. Das geschieht auf Kosten wachsender Ungleichheit. Der geschaffene Wohlstand reicht nicht einmal, um die reichen Gesellschaften gegen Elend und Krisen zu schützen.

Schlußfolgerung: Selbst wenn ich an lokale und nationale Eigenständigkeit I in bezug auf Grundbedürfnisse sowie an Eigenständigkeit II in

bezug auf einen Austausch unter Gleichen glaube,[21] so muß das Grundprinzip verbessert werden. Wir befinden uns immer noch im Diagnose-
stadium. Es werden noch viele Menschen unter der Wucht eines trium-
phierenden, globalisierten Marktökonomismus und dessen wissenschaftlicher Aufbereitung leiden.

6) Israel-Palästina, 1964–

D: Siedlerkolonialismus; traumatisiertes auserwähltes Volk gegen indige-
ne Bevölkerung

P: Fortgesetzte strukturelle und direkte Gewalt, Eskalation

T: Gewaltfreiheit (*Intifada*), Autonomie-Zwei Staaten-Konföderation

Es war nicht viel Zeit nötig, um das Problem als Siedlerkolonialismus auf
palästinensischem Land zu kennzeichnen, mit einem Unterschied: Durch
das Syndrom des auserwählten Volkes/versprochenen Landes gab es auch
einen jüdischen Anspruch (nicht durch den Holocaust, diese Logik würde
dazu führen, daß ein beachtlicher Teil des deutschen Territoriums den Juden übergeben würde). Wie kann man hier mit dem Zwillingsansatz von
Kreativität und Gewaltfreiheit eingreifen?

1970 eine Zwei-Staaten-Lösung vorzuschlagen und an eine Evolution
in Richtung auf eine Zwei Staaten-Lösung oder sogar eine israelisch-
palästinensische Konföderation zu denken, muß für einige sehr merkwür-
dig ausgesehen haben.[22] Heute ist dies der Diskurs, wenn auch (noch)
nicht Wirklichkeit. Wie so viele andere hatte ich zahllose Diskussionen mit
allen Seiten. Es war ganz deutlich, daß es schon von entscheidender Bedeutung war, eine Zielvorstellung zu entwickeln, die sich von »alle Juden ins
Meer« und »alle Beduinen nach Hause« unterschied. Die Resolution des
Palästinensischen Nationalrates (PNC) vom 15. November 1988 öffnete
den Weg für eine Zwei Staaten-Lösung, die früher oder später kommen
wird.

Wie steht es jedoch um die Gewaltfreiheit? Eine Gelegenheit ergab sich
im November 1986: Ich wurde vom »Arab Thought Forum« zu einer
Konferenz mit dem Thema Gewaltfreiheit in die jordanische Hauptstadt

---

21 Siehe: *The True Worlds: A Transnational Perspective*, New York, N. Y./USA 1980,
S. 469ff., Kapitel 9. Und: *Self-Reliance. Beiträge zu einer alternativen Entwick-
lungsstrategie*, München 1983.

22 Vgl. das Kapitel über den Nahen Osten in: *Peace Problems: Some Case Studies*, Kopenhagen 1980. Und in: *Solving Conflicts: A Peace Research Perspective*, Honolulu,
HI/USA, University of Hawai'i, Institute for Peace, 1989.

Amman eingeladen. Ich machte viele Vorschläge,[23] nachdem ich den norwegischen Widerstand während des Zweiten Weltkrieges, den berühmten Fall der Berliner Frauen, die im Februar 1943 ihre jüdischen Männer aus der Internierung auf dem Weg in die Vernichtungslager befreiten, sowie Solidarnosc analysiert hatte. Die Verbindung zur *Intifada*, die ein Jahr später kam, ist klar, auch wenn die gewählte Form und die Rolle dieser Kinder von uns nicht vorhergesehen worden war. Aber es funktionierte ganz nach Plan: eine klare Willenskundgebung, niemals zu kapitulieren, und die Demoralisierung der israelischen Soldaten.

Einige Spuren können hier zurückverfolgt werden. Aber soziale Ursächlichkeit ist wie immer komplex, kreisförmig und weitverzweigt. Ich gehöre zu denjenigen, die meinen, daß die *Intifada* der israelischen Führung klarmachte, daß die Moral des palästinensischen Volkes letztlich stärker sein würde als die der jungen israelischen Soldaten, die es gewohnt waren, die Knochen der Kinder zu brechen. Das gilt auch nach dem Golfkrieg, der Israels Verwundbarkeit noch deutlicher zeigte, und nach dem Ende des Kalten Krieges, in dessen Folge die sowjetische Unterstützung für die arabischen Staaten versiegte. Letztlich scheint diese Einsicht zu dem Wunsch geführt zu haben, mit Hilfe des Osloer Kanals zu verhandeln, sowie zu den kleinen Schritten, die folgten (weit entfernt von einer Zwei Staaten-Lösung oder gar einer Konföderationsvereinbarung). Und zum Tod von Yitzhak Rabin.

Auf dem Treffen von Israelis und Palästinensern an der Columbia Universität, New York, im März 1989, nach der Resolution des palästinensischen Nationalrates, war ich der Außenseiter, der eingeladen war, um seine Vision der nächsten Schritte darzulegen:[24]

- *eine gemeinsame politische Kommission,* welche Szenarien für Zwei-Staaten-Formeln und eine Konföderationsvereinbarung mit oder ohne Jordanien erarbeiten sollte;

- *eine gemeinsame Militärkommission,* welche die Möglichkeiten einer Kooperation der israelischen Armee und der PLO gegen mögliche gemeinsame Feinde und eine polizeiliche Kontrolle von Extremisten auf beiden Seiten, die gewalttätig gegen jede Art von Annäherung vorgehen, untersuchen sollte;

---

23 Siehe Johan Galtung: *Nonviolence and Israel/Palestine,* Honolulu, HI/USA, University of Hawai'i, Institute for Peace, 1989.

24 Johan Galtung: *60 Speeches on War and Peace,* Oslo, PRIO, 1990, »Resolving the Israel/Palestine Conflict«, S. 376–380.

– *eine gemeinsame Wirtschaftskommission*, welche die Möglichkeit von Joint Ventures, gleichberechtigtem Austausch und einem Ende der »Sklavenmarkt«-Wirtschaft erörtern sollte, wobei israelische Firmen billige palästinensische Arbeitskräfte aufnehmen, die keine Alternative haben, und

– *eine gemeinsame Kulturkommission*, welche die friedlichen und versöhnlichen Aspekte der drei Religionen hervorheben sollte, inklusive Diskussionen über die Art und Weise, den gegenseitigen Respekt und das gegenseitige Verständnis zu stärken.

Wir sind noch immer weit von dieser Ebene der Kooperation entfernt.

7) Rhodesien-Zimbabwe, 1965–1970

D: Siedlerkolonialismus, »mission civilisatrice«-Komplex
P: Wirtschaftliche Sanktionen werden das Regime nicht destabilisieren
T: Unabhängigkeit durch massive Gewaltfreiheit

Ich war vor der Befreiung Rhodesiens sehr häufig dort, zum einen, um die Wirkung von Wirtschaftssanktionen zu studieren (Hypothese: Sie werden das Regime stärken, weil sie als Herausforderung dienen, die Wirtschaft zu verbessern), zum anderen, um Gewaltfreiheit zu fördern. Der andere Aspekt, Kreativität, war nicht so wichtig: Kolonialismus kann wie die Sklaverei nicht transzendiert werden, sondern gehört abgeschafft. Es gibt keinen Spielraum für Kompromisse. Eine andere Frage waren jedoch Garantien für Siedler, die als Bürger Zimbabwes dort bleiben wollten.

Eines Tages wurde ich von Ian Smiths Sicherheitschef abgefangen, der wußte, daß ich schon oft dagewesen war. Er fragte mich nach meinen Schlußfolgerungen. Also sagte ich: »Sie haben maximal 20 Jahre« (ich war zehn Jahre zu pessimistisch). Dann fragte ich ihn, was er am meisten fürchtete. Er antwortete: »Nicht die Guerillas, denn auf dem Gebiet sind wir besser. Aber falls sie eines Tages alle aus den Townships völlig gewaltfrei nach Salisbury (Harare) marschieren würden, dann wüßten wir nicht, was wir tun sollten. Wir können nicht auf Frauen und Kinder schießen.« Die Israelis haben genau das getan und wurden deshalb moralisch besiegt.

Es gelang mir, die Nachricht einem meiner Freunde in einer der Befreiungsbewegungen zuzuspielen. Ihre Reaktion war negativ: »Wir wollen wie Männer kämpfen, nicht wie Frauen und Kinder.« Ich setzte mich für massive Gewaltfreiheit, auch aller ihrer Freunde im Ausland, ein. Es nützte nichts. Die Kultur stand im Weg, nämlich eine afrikanische Machokultur, die sich nicht so sehr von der Kultur in Europa und Amerika unterscheidet. Es gab für mich keinen Weg, das zu transzendieren. Und es hörte sich so an, als ob Opfer, Heroismus, mögliche Belohnungen und das Töten einiger weißer Männer noch wichtiger wären als ein schnelles Ende der weißen Vorherrschaft.

8) Nordirland-London-Dublin, 1970–

D: Institutionalisierung einer mehr als 300jährigen historischen Eroberung

P: Gegenseitige Entfremdung, Polarisierung, fortdauernde Gewalt

T: anglo-irisches Kondominium, starke Autonomie oder Unabhängigkeit für Ulster

Die Gewalt kam 1969 als Schock für ein Europa, welches sich daran gewöhnt hatte, »den Balkan« als die unruhige Gegend Europas zu sehen, und dessen Verhaltensmuster vom Kalten Krieg dominiert war. Der Konflikt hatte seine eigene Struktur: Die Mehrheit war auf der Seite der Protestanten und für eine (fortgesetzte) Union mit London; die Geschichte war auf der Seite der Katholiken und für ein Ende dieser Union. Gott war auf beiden Seiten.

1970 wurde ich von einem Abgeordneten des nordirischen Parlaments (Stormont) zu meiner Sichtweise als Friedensforscher befragt:

–   ein Ende der Union und eine Vereinigung der 26 + 6 Grafschaften;

–   Zusätze, um die irische Verfassung weniger theokratisch zu gestalten;

–   Einladung an die Protestanten, die dies nicht akzeptieren können, nach Großbritannien zurückzukehren;

–   »Cromwell umgekehrt«, mit der Möglichkeit einer Rückkehr;

–   das Evian-Abkommen von 1962 zwischen Algerien und Frankreich als Vorbild.

Das wurde zurückgewiesen; der Briefschreiber sah Fußball als Alternative.

Spätere Ereignisse haben mich vielleicht ebenfalls widerlegt. Ich glaube, daß ich sowohl das Gewicht der Geschichte überschätzt wie das Gewicht des Gewohnheitsrechts und das Recht, nach einiger Zeit im Land zu bleiben, unterschätzt habe. Aber die Menschen Nordirlands teilen auch ein Leid, welches sich verbindend auswirken mag. Vielleicht wird dies zusammen mit anderen geschichtlichen Aspekten das Rohmaterial für das Entstehen einer Ulster-Persönlichkeit liefern. Von den fünf Auswegen eines bilateralen Konflikts stechen nicht die Union mit London oder Dublin oder ein Teilungskompromiß, territorial oder nicht-territorial, heraus, sondern eine kreative Kombination von Transzendenz und Rückzug. Dabei sollten die Verbindungen zu London und Dublin ausbalanciert sowie die gemeinsame Kultur und autonome Institutionen gestärkt werden. London und Dublin sollten gemeinsam aufgefordert werden, in den Hintergrund zu treten, wobei Unabhängigkeit innerhalb einer Konföderation ein mögliches Ziel wäre. Das könnte auch für Schottland, Wales usw. interessant sein.

9) Kashmir-Islamabad-New Delhi, 1971–

D: Viele Menschen leben in Kashmir/Indien gegen ihren Willen

P: Fortdauernde(r) Terrorismus/Folter; gelegentliche indisch-pakistanische Kriege

T: Dreiteilung gemäß beaufsichtigter lokaler Plebiszite

Es ist klar, daß die indische Regierung keinen weiteren Bürgerkrieg wünschte, nach dem Kriegshorror, der die Teilung und die Entwicklung zweier Staaten, Indien und Pakistan, aus dem Kolonialismus heraus begleitet hatte. Genauso offensichtlich ist der Wunsch der pakistanischen Regierung, alle Gebiete mit einer klaren muslimischen Mehrheit zu annektieren. Ungeschickte und kurzsichtige Politik hat beide Ziele in weite Ferne rücken lassen. Statt dessen hat sie zu mindestens zwei indisch-pakistanischen Kriegen geführt, einen atomaren Rüstungswettlauf provoziert und Teile Kashmirs dem Kreislauf von Terrorismus und Folter ausgeliefert.

Der dritte Weg wurde 1971 sehr ausführlich mit dem verstorbenen Scheich Abdullah in Neu Delhi sowie 1993 bei meiner Annahme des Bajaj-Preises für die Förderung der Gandhischen Werte diskutiert. Dabei wurde darüber spekuliert, wie Gandhi, der Meister, das Problem Kashmir angegangen wäre:

1.   Er hätte die Einmischung anderer Länder in den Konflikt abgelehnt, da er an das Recht und die Pflicht der direkt beteiligten Parteien glaubte, den Konflikt selbst zu überwinden.

2.   Da er genauso fest an die Menschen glaubte, hätte er die Beitrittsurkunde des Jammu- und Kashmir-Staates nicht als das letzte Wort oder als eine letztgültige Zustandsdefinition angesehen.

3.   Und da er an die Menschen glaubte, hätte er »Kashmir« nicht als ein bilaterales Thema zwischen zwei Staaten gesehen, sondern als ein Thema für die Menschen von Jammu, dem Tal und Azad-Kashmir.

4.   Da er an die Gewaltfreiheit glaubte, hätte er den pakistanischen »Freiwilligen«, der indischen Polizei, dem Militär und anderen gesagt, daß Gewalt sie nirgends hinführe, außer zu neuer Gewalt.

5. Da er an die Demokratie glaubte, hätte er einen größeren Teil der Initiativen zur Konfliktüberwindung Menschenrechts- und anderen Basisorganisationen überlassen.

6. Da er an Fakten glaubte, hätte er eine Untersuchungskommission gefordert; die grundlegenden Fakten sind das, was die Menschen wollen, nicht das, was von Neu Delhi, Islamabad und dem UN-Sicherheitsrat diktiert wird.

7. Da er an den Dialog glaubte, hätte er einen Runden Tisch befürwortet. An ihm hätten alle interessierten Gruppen gesessen, seien sie aus dem Volk oder von der Regierung. Indien und Pakistan wären eingeschlossen, und es gäbe eine offene Tagesordnung, offen für alle Themen, welche für die Teilnehmer wichtig sind.

8. Da er sehr fest an kleine soziale Einheiten glaubte und die Demokratie als Diktatur der Mehrheit ablehnte, hätte vielleicht nicht nur Unabhängigkeit befürwortet, sondern vielleicht sogar mehr als ein Kashmir (vielleicht eines, das mit Indien, eines, das mit Pakistan verbunden und eines, das unabhängig wäre). Sie besäßen hervorragende Beziehungen in alle Richtungen, genau wie seine ozeanischen Zirkel.

10) Nordkorea-Südkorea-China-Japan-Vietnam-USA-Rußland, 1972–

D: Teilung einer Nation, Teilung eines Staates, durch Auswärtige

P: Koreakrieg 1950–53 wird mit einigen Modifikationen wiederholt

T: Koreanische Konfliktautonomie, Entpolarisierung – Konföderation

Ich kenne beide Parteien und bin schon seit mehr als 25 Jahren mitbeteiligt. Korea liegt im Kraftfeld zwischen der USA und Japan auf der einen Seite sowie China und der Sowjetunion/Rußland auf der anderen Seite. Erstere sind im Süden wirtschaftlich etabliert, werden aber von weiten Teilen der Bevölkerung abgelehnt, und letztere haben komplexere Beziehungen zu dem hochgradig autonomen Norden. Die erste Forderung wäre Konfliktautonomie. Das Verbrechen, ein Volk 1945 zu teilen, ist widerlich, und das Verbrechen wird durch die Verweigerung von Autonomie verewigt. Japan hat die komplexe Beziehung eines hochgradig illegitimen Kolonisators, und die USA haben das Trauma des ersten Krieges, den sie nicht gewonnen haben. Respekt für die Koreaner würde helfen, ist aber unwahrscheinlich.

1972 hatte ich in Kyoto, später in Seoul und Pjöngjang die Gelegenheit, mit beiden Parteien zu diskutieren und Vorschläge für eine Konföderation zu machen, welche die Nation vereinigen könnte. Dennoch sollten die Staaten und Systeme bis zu dem Grad unterschiedlich bleiben, wie sie dies wünschten, damit keine der beiden Seiten die andere unterwandern könnte. Es wurde jedoch offensichtlich, daß die südkoreanischen Eliten an keiner Art von Vereinigung interessiert waren. Sie wollten den Zusammenbruch des Regimes im Norden, was ebenfalls von der USA gewünscht wurde, um sich für den 1950–53 entgangenen Sieg zu entschädigen.

Beide Parteien nahmen die Konföderationsidee für sich in Anspruch (teilweise richtig), so daß die Funktion des Außenstehenden war, Ideen hinzuzufügen, wie die Öffnung der Eisenbahn- und Straßenverbindung. Diese sollte der ostasiatischen Gemeinschaft dienen, die aus Korea, Vietnam, China und Japan besteht. Heute gäbe es diese Kooperation, wenn man ihnen erlaubt hätte, alleine zu entscheiden. Eines Tages können sie, und das hoffentlich ohne einen weiteren Krieg.

11) Hawai'i und der Pazifik, 1989–

D: Siedler-/Einwandererkolonialismus, Destrukturierung/Dekulturation

P: Fortdauernde Behandlung von Einheimischen als Bürger zweiter Klasse, Gewalt

T: Zwei-Kammer-Gesetzgebung in einem unabhängigen Hawai'i

Ich hatte viel Gelegenheit zur Friedensarbeit, da ich Hawai'i seit 1969 durch mehrmalige Gastprofessuren kannte, bevor ich in den acht Jahren zwischen 1988 und 1995 jedes Frühjahrssemester als Professor für Friedensstudien auf der Inselgruppe weilte.

Das grundlegende Problem ist klassisch: Es handelt sich um einen Siedlerkolonialismus, mit verschiedenen Etappen: Sturz der Monarchie auf Hawai'i 1893, Annektierung 1898, Hoheitsgebiet 1900 und 50. Staat der USA 1959. Alle dies kam von oben, auf Kosten der Hawai'ianer. Wären mehr als 50 Prozent der Bevölkerung Hawai'ianer, dann wäre Hawai'i heute entkolonialisiert. Aber aufgrund der missionarischen Kulturzerstörung, Krankheiten (»Werke Gottes«) und des Landraubs sind sie heute auf 20 Prozent reduziert. Die weißen Siedler stellen um die 25 Prozent, der größte Teil des Rests sind Ostasiaten, die als Vertragsarbeiter geholt worden sind und selbst ausgebeutet werden. Entschuldigungen, wie die von Clinton 1993, Zurückgabe von etwas Land und Reparationen für die eingeborenen Hawai'ianer sind nicht ausreichend. Souveränität bedeutet Kontrolle über das ganze Archipel. Und das führt zu dem Problem, was mit den anderen, der Mehrheit, passieren soll.

Eine mögliche Lösung für ein unabhängiges Hawai'i könnte eine Zwei-Kammer-Legislative sein: eine normale Kammer für alle Bürger, unabhängig von ihrer Herkunft, und eine für die Hawai'ianer. Diese würde von ihnen selbst verwaltet und hätte nur in grundlegenden Dingen ein Vetorecht, wie der Kontrolle von geheiligter Zeit und geheiligtem Raum, der Dyade von Trauma und Glorie, der Zuweisung von Land, der Kontrolle des Wohnsitzes, der Außenpolitik, der Sprache (zwei Amtssprachen), der Polizei und des Gerichtswesens für die Hawai'ianer. Dies sollte durch Gewaltfreiheit und einen langen, komplexen Erziehungsprozeß, angeführt von den Bewegungen, erreicht werden.

12) Der Golfkrieg, 1990–91

D: Reduzierung auf (2,1), Gott gegen Satan, Armageddon; CGT[25]

P: Massiver Völkermord, auch durch Wirtschaftssanktionen

T: Historische und kulturelle Komplexität miteinbeziehen, Verhandlungen, KSZNO

Man mußte schon sehr ignorant sein, um vom Golfkrieg überrascht zu werden. Kuwait war das Ergebnis des politischen und wirtschaftlichen Kolonialismus des Westens. Die Grenze war künstlich und umstritten. Viele andere Themen und Akteure waren in diesem außerordentlich komplexen Konflikt verwickelt. Daß die Bush-Administration hart zuschlagen würde, um den Krieg als Befreiung vom »Vietnam-Syndrom« zu benutzen und Kriege in der US-Öffentlichkeit wieder legitim zu machen, war ebenfalls offensichtlich. Aber in der Hitze des Konflikts versuchten alle Parteien, die Komplexität auf eine simple Formel zu reduzieren, mit der sie ihr Gefühl eines auserwählten Volkes, ihrer Ruhmestaten und Traumata ausleben konnten. Im Nahen Osten wiegt dies schwer. Schlüsselerinnerung: die Kreuzzüge.[26]

Ich war eingeladen, um vor der größten und wirksamsten Friedensorganisation zu sprechen, den Internationalen Ärzten gegen den Atomkrieg (IPPNW). Ich schlug eine Wiederholung des Helsinki-Prozesses für den Nahen Osten vor, eine Konferenz für Sicherheit und Zusammenarbeit im

---

25 CGT: »Chosen People-Glories-Traumas« (Ruhm und Traumata von Völkern, die sich für auserwählt halten).

26 Und diese christliche Kriegserklärung an die Muslime erging in einer Rede von Papst Urban II. im französischen Clermont am 27. November 1095; bei weitem der wichtigste Jahrestag 1995.

Nahen Osten (KSZNO).[27] Dies ist der Rahmen, der allen Akteuren, zumindest allen staatlichen, eine Stimme gibt und es erlaubt, alle Themen zur Sprache zu bringen. Nur indem das Thema wieder komplexer gestaltet wird, kann eine tragfähige Formel zur Vermeidung von Kriegen gefunden werden. Die unten aufgeführten 12 Punkte wurden in zahlreichen Treffen und in den Medien vorgestellt. IPPNW, mit hervorragenden Kontakten in der Region, befürwortete solche Ansätze. Es wurde jedoch sehr schnell deutlich, daß die USA den Krieg wollten. Sie wischten alle Verhandlungsversuche vom Tisch und zogen ihre Politik durch. Friedensarbeiter, ich eingeschlossen, hatten nur einen unzureichenden Zugang zu den US-Eliten, die von den voreingenommenen US-Medien geschützt wurden.[28] Wir konnten nicht mit ihnen arbeiten. Und ein Helsinki-artiger Prozeß ist mehr als überfällig.

Ein 12-Punkte-Plan für den Frieden im Nahen Osten:

1. Der Irak zieht sich aus Kuwait zurück, aber Kuwait nimmt Verhandlungen mit dem Irak über Änderungen der kuwaitischen Nordgrenze auf.

2. Der Irak nimmt mit den Kurden mit dem Ziel der Souveränität Verhandlungen über Menschenrechte und Autonomie auf. Der Irak ermuntert andere Staaten in der Region, die ebenfalls kurdische Bevölkerungsteile haben, es ihm gleichzutun.

3. Israel erkennt auf der Grundlage der palästinensischen Nationalratsresolution vom 15. November 1988, welche Israel voll anerkennt, einen palästinensischen Staat an, fördert und unterstützt ihn.

4. Die Golan-Höhen werden an Syrien zurückgegeben, und Syrien erkennt Israel an.

5. Alle arabischen Staaten erkennen Israel mit Nicht-Angriffspakten an.

6. Die UNO organisiert in Zusammenarbeit mit der Arabischen Liga eine bedeutende UN-Friedenssicherungsmission: Mehrere hunderttausend Polizisten sollen auf beiden Seiten der meisten Grenzen in der Region stationiert werden.

---

[27] Anfang 1990 in der Bonner Beethovenhalle vor mehr als 1000 Anwesenden und im Januar 1991 in München, wo so viele tausend Menschen anwesend waren, daß der andere Redner und ich unsere Vorträge zweimal halten mußten.

[28] Siehe »Public Relationships: Hill & Knowlton, Robert Gray, and the CIA«, *Covert Action*, Spring 1993, S. 19–25.

7. Alle ausländischen Truppen werden nicht nur aus Kuwait, sondern auch aus Palästina, dem Libanon, Saudi Arabien, der Türkei usw. zurückgezogen.

8. Ein *Rüstungskontroll-Regime* wird eingeführt, welches sich an den europäischen Prozeß anlehnt. Die höchste Priorität erhält die Vernichtung der Massenvernichtungswaffen in der Region, zusammen mit vertrauensbildenden Maßnahmen, Inspektion auf Verlangen usw., unter UNO-Satellitenüberwachung.

9. Ein *Wasser-Regime* wird für die Region erforscht und ausgehandelt.

10. Ein *Öl-Regime*, möglicherweise unter UN-Aufsicht, welches die ölimportierenden und -exportierenden Staaten in einen permanenten Dialog miteinander bringt, wird erforscht und ausgehandelt.

11. Ein *Menschenrechts-Regime* wird eingeführt, wodurch die Länder der Region verstärkt an eine Respektierung der Menschenrechte, der Demokratie und die Einhaltung der Gesetze herangeführt werden sollen.

12. Ein *Gemeinsamer Markt für den Nahen Osten* soll erforscht und ausgehandelt werden. Israel soll Vollmitglied sein.

13) Die kurdische Nation, 1990–

D: Fünf Staaten teilen eine Nation auf

P: Fortdauernde, endlose Gewalt, Terrorismus und Folterungen

T: Menschenrechte, Autonomie, Kurdische Konföderation – mittels Gewaltfreiheit

Als ein wichtiger Bestandteil des Nahost-Syndroms spielt die kurdische Frage eine zentrale Rolle. Ich habe sehr oft mit kurdischen Gruppen zusammengearbeitet. Zudem war ich als Vermittler zwischen bedeutenden kurdischen Fraktionen in einem bitteren Konflikt zwischen beiden tätig (das Rambouillet-Konferenzzentrum wurde uns für diese Aufgabe im Juli 1994 vom französischen Präsidenten zur Verfügung gestellt).

Es fällt leicht, sich mit dem Drei-Phasen-Programm der Kurden zu identifizieren: Menschenrechte für die Kurden in den Ländern, welche die kurdische Nation teilen; Autonomie innerhalb dieser Länder; und dann, in der Zukunft, ein mögliches Kurdistan, welches der kurdischen Nation wie vielen anderen Nationen auch einen Staat gibt. Sollte dies geschehen, dann würde sich die Karte des Nahen Osten bedeutend verändern. Nomaden nehmen viel Platz in Anspruch.

Mein Einsatz für einen gewaltfreien Ansatz in einer Machokultur blieb erfolglos. Dabei habe ich mich auf die Tatsache gestützt, daß diejenigen, welche die beiden kurdischen Fraktionen an einen Tisch brachten, demonstrierende und gewaltfrei agierende Frauen waren. Vielleicht wird sich so etwas eines Tages in einem größeren Maßstab wiederholen. Aber die Gewalt sitzt tief und wird durch das Verlangen nach Rache und Ehre genährt, welches Männern durch heroische Taten die Chance zur Mobilität gibt und Frauen von der Politik fernhält. Die Kurden sind ihre eigenen Feinde.

Ich habe mich für kreative Lösungen eingesetzt, wie zum Beispiel eine doppelte Staatsbürgerschaft, ein Parlament im Ausland für die gesamte kurdische Nation, welches durch geheime Wahlen innerhalb der Länder gewählt würde. Ein grundlegendes Problem liegt darin, daß Kurden naive politische Spielchen bevorzugen. Zudem lassen sie sich bereitwillig von jenen ausnutzen, die vorgeben, daß sie ihnen etwas als Gegenleistung anbieten. Beispiele sind die Türken (als Gegenleistung für die Ermordung von Armeniern) und die USA (als Gegenleistung für den Kampf gegen den Iran und den Irak).

14) Japan-USA, 1990–

D: Ranginkongruenz: Japan wirtschaftlich an der Spitze, die USA politisch

P: Zweiter Zyklus Öffnung-Imitation-Konflikt-Krieg, Spannung, Krieg

T: Weniger Handel, Auflösung von AMPO,[29] neue Bindung mit Gerechtigkeit und Gleichheit

Ein Problem war der mangelnde Zugang zu schwer definierbaren US-amerikanischen und japanischen Eliten (außer einigen japanischen Wirtschaftsorganisationen). Die Situation ist eigentlich ziemlich ernst, wenn man den Kreislauf vom frühen Meiji bis zum pazifischen Krieg als Vorlage nimmt: zuerst eine »Öffnung«, dann »lernen die Japaner enthusiastisch«, danach »praktiziert Japan das, was man gelernt hat, im eigenen Land, wobei die Spannung zunimmt«. Schließlich kommt es »zum Krieg oder zu kriegsähnlichen Aktivitäten«. Die erste Phase des nach 1945 wieder einsetzenden Zyklus fand während der Besatzung statt, die zweite Phase zur selben Zeit bzw. direkt danach, die dritte Phase begann um 1970 und dauert noch an.

Die Situation wird durch das Mißverhältnis der Machtverteilung noch verschärft: Die USA verfügen über eine stärkere politische und militärische Macht (*de facto* besetzen sie Japan), während Japan über eine stärkere

---

[29] Der (US-)amerikanisch-japanische Sicherheitsvertrag.

Wirtschaftsmacht verfügt (um stark nachgefragte Produkte zu verkaufen, wenn der Yen nicht zu stark ist; um Immobilien zu kaufen, wenn der Yen stark ist; und um US-Staatsanleihen zu kaufen). Beide benutzen ihre relativen Vorteile auf Kosten des anderen, wobei die Spannung zunimmt.

Für die beiden Giganten könnte es ein Ausweg sein, weniger miteinander in Kontakt zu stehen, das heißt, sich zu entflechten. Die USA sollten sich militärisch zurückziehen, AMPO sollte aufgelöst, nicht vertieft werden, und beide sollten sich auf andere Handelspartner konzentrieren. Japan sollte weniger auf Handel mit Produkten drängen, deren Verarbeitungsgrad sehr unterschiedlich ist, und sich für Importe von hochwertigen Produkten aus anderen Ländern öffnen. Die USA sollten lernen, Produkte der gleichen Qualität zu entwickeln; Japan sollte nach anderen Märkten Ausschau halten. Und wenn sie miteinander in Beziehung treten, sollte auf Äußerlichkeiten großer Wert gelegt werden, um zu vermeiden, daß Japan die USA nach demselben Muster behandelt, wie die USA mit Lateinamerika umgehen: Die Resultate sind bekannt.

15) Rußland-Japan, 1991–

D: Besitz der Süd-Kurilen/Nordterritorien
P: Die Frage vergiftet fortwährend die nachbarschaftlichen Beziehungen
T: Japanischer Besitz, kooperative Beziehungen

Diese schwierige Frage geht auf Roosevelt zurück, der in Jalta der Sowjetunion die Inseln für den Fall versprach, daß sie in den pazifischen Krieg einträte. Er wollte der Sowjetunion nicht Hokkaido versprechen müssen. Um eine Lösung zu finden, muß man nicht immer beachten, wer von den Anwärtern wann und wo sich ansiedelte. Um eine Lösung zu finden, kann es besser sein, bei der Bedeutung des Besitzes für jemanden anzusetzen.

Bei einer Diskussion mit einem stellvertretenden sowjetischen Außenminister im Jahre 1991 stellte sich heraus, daß der wirtschaftliche und militärische Wert der Inseln als solche für die Sowjetunion unerheblich war. Etwas ganz anderes war der Preis, den man für eine Rückgabe erwartete. Mit anderen Worten, die Nutzung der Inseln in einem Tausch, als Gegenleistung für etwas: Geld, Güter, Dienstleistungen.

Ohne Zweifel kann dieser Ansatz verwendet werden und wird es auch, wenn Grundstücke den Besitzer wechseln. Aber hier handelt es sich nicht um einen dieser Fälle, wenn man Japan als das auserwählte Land für die Sonnengottheit *Amaterasu o-mikami* sieht. Es gibt Orte, wo der Wert des Bodens unschätzbar ist, weil der Boden geheiligt ist. Hier geht es nicht um eventuell vorhandene Erze usw., die unter Tage versteckt sind, was in einer materialistischen Kultur betont würde. Solchen Orten sollte man sich mit Ehrfurcht und nicht mit Geld nähern. Die Japaner haben diese Regel in den USA beinahe gebrochen, und die Russen tun es ständig in Verbindung mit den Kurilen/Nordterritorien. Deshalb:

– Wenn etwas unschätzbaren Wert für die eine Seite, aber einen begrenzten Wert für einen selbst hat, dann sollte man es zurückgeben – ohne Handel.

– Je weniger man über eine Gegenleistung redet, nicht einmal nachdenkt, desto mehr kann man vielleicht dafür belohnt werden. Je mehr man feilscht, desto weniger bekommt man.

16) Jugoslawien, 1991/93–

D: Reduzierung auf einen (2,1) Konflikt, Gott/Satan, Armageddon; CGT[30]

P: Massiver Völkermord, auch durch Sanktionen, starke Eskalation

T: Gleiches Recht der Selbstbestimmung, Konfliktautonomie; KSZSOE

Auch hier konnte man nur überrascht sein, wenn man die europäische Geschichte ignorierte. Es hatte sich eine kleine jugoslawische Elite gebildet, für die das blockfreie Jugoslawien sehr wichtig war. Als der Kalte Krieg starb, geschah dasselbe mit der jugoslawischen *raison d'être*. Die Geschichte rächte sich. Die auswärtigen EU-Mächte rächten sich ebenfalls. Ihnen war lange der politische und wirtschaftliche Zugang verweigert worden, an den sie gewöhnt waren. Sie schufen eine untragbare Situation durch die verfrühte Anerkennung Kroatiens und Bosnien-Herzegowinas, mit Grenzen, welche die kroatischen und serbischen Minderheiten zu Gefangenen machten. Der Konflikt kann niemals verstanden werden, wenn man sich nur darauf konzentriert, wo er ausgefochten wird.

Die Kultur ist extrem machohaft und gewalttätig, aber das läßt sich nur von einem kleinen Teil der Gesamtbevölkerung sagen. Die Zivilgesellschaft war in der Lage, den Konflikt zu begrenzen und sich mit Umsicht über die nationalen Grenzen hinweg zu bewegen. Aber die Zivilgesellschaft hat nicht das Sagen. Die »internationale Gemeinschaft« hat sich für

---

[30] Das Ruhm-und-Trauma-des-auserwählten-Volkes-Syndrom (vgl. Anmerkung 25), welches in Ex-Jugoslawien auf die eine oder andere Weise von den Serben, Kroaten und Muslimen vertreten wird.

die Kriegsherren auf allen Seiten entschieden, und die Medien[31] haben den zahllosen Friedensideen und -bemühungen keinerlei Beachtung geschenkt, die jeden Tag von normalen Menschen verwirklicht wurden. Dasselbe gilt für den Prozeß, den einzuschlagen nahegelegen hätte: eine Konferenz für Sicherheit und Zusammenarbeit in Südost-Europa (KSZSOE) mit allen Parteien und allen Themen anstatt einer »Vermittlung durch Muskeln« (Dayton).

Genau wie im Nahen Osten müssen solche Konferenzen lernen, die Geschichte miteinzubeziehen. Die Konflikte der Vergangenheit zu lösen kann genauso wichtig sein, wie die gegenwärtigen Konflikte zu lösen. »Was hätten wir tun sollen?« – diese Frage sollte Antworten liefern, die den Menschen das Gefühl geben, Herr der Geschichte zu sein und nicht umgekehrt. Das Gefühl kann sich in die Zukunft übertragen, zum Beispiel bei der Suche nach neuen Konföderationen.

3. Einige Reflexionen

Die 16 Fälle[32] sind chronologisch nach dem Zeitpunkt geordnet, an dem ich als Friedens-/Konfliktarbeiter ernsthaft involviert wurde. Die früheren Fälle sind lesefreundlicher und hören sich mehr nach »Erfolg« an bzw. nach einem klaren »Mißerfolg« (Zimbabwe).

Dies stört mich nicht, wie man an den Reflexionen nach der Vorstellung des Kalten Kriegs-Beispiels sehen kann. Samen brauchen ihre Zeit zum Reifen und zur Fruchtentwicklung. Zudem ist die Rolle eines einzelnen, ob er nun allein oder mit anderen arbeitet, in jedem Fall naturgegeben minimal. Mein Ansatz war und ist es, Ideen in einem Dialog mit einer oder mehreren Parteien reifen zu lassen und ihnen dann Zeit zu geben, ohne dabei zu vergessen, die Saat in der Zwischenzeit zu gießen.

Es wurde schon oft gesagt, daß nichts so praktisch ist wie eine gute Theorie und nichts mächtiger als eine Idee, deren Zeit gekommen ist. Aber

---

31 Zu der Rolle der PR-Agentur Ruder Finn Global Public Affairs im allgemeinen und des Direktors James Harff im besonderen siehe: *Jewish Chronicle* vom 10. Dezember 1993 und *Intelligence Digest* vom 4. Februar 1994.

32 Im Sommer 1993 wurde diese Art von Aktivität als TRANSCEND fortgesetzt. TRANSCEND entstand im Sommer 1993 als ein Netzwerk zur Konflikttransformation. Es wurde durch die im 2. Abschnitt dieses Aufsatzes dargelegten Ereignisse ermutigt und sollte zwischen 1993 und 1998 aufgebaut werden. Die Arbeit zu Jugoslawien startete 1991 und wurde 1993 intensiviert. Die Anzahl der Konfliktfälle lag im Oktober 1997 bei 35. Zudem gibt es fünf intensive Studien zu verschiedenen Ländern in bezug auf ihr Potential, Konflikte zu entwickeln.

damit das geschieht, muß jemand diese Idee einbringen, wenn es noch »zu früh«, also »die Zeit noch nicht reif ist«. Er oder sie muß dann durch die üblichen Phasen des Schweigens und der Marginalisierung, der Verspottung und manchmal ziemlich heftiger Attacken gehen. Und das alles nur, damit die Idee von anderen in Elitepositionen verwirklicht wird, die »schon immer derselben Meinung gewesen waren«. Das ist jedoch ein vergleichsweise kleiner Preis für das Privileg, in einer Position zu sein, in der man etwas bewegen kann, was vielleicht eines Tages etwas bewirkt, und um friedensschaffend zu sein sowohl im Sinne der Gewaltfreiheit als auch der kreativen Konflikttransformation.

Also werde ich weiterhin solche Samen aussäen. Die Erfahrungen bestärken mich in meinem Glauben an den dreiteiligen Ansatz von Gewaltfreiheit und Kreativität, gestützt auf Empathie. Sie setzen sich gegenseitig voraus, gehen Hand in Hand, so wie bei Gandhi mit seiner Betonung von Gewaltfreiheit und konstruktiver Aktion. Auf diese Weise kann die Einheit von Mitteln und Zielen erreicht werden: Gandhi und nicht Machiavelli.

Der Titel dieses Essays lautet »Die Politik der Friedensarbeit«. Natürlich ist dies Politik. Und Frieden (durch friedliche Mittel) dreht sich um Macht, aber um sanfte Macht; als ein Zustand und als ein Prozeß. Es geht um *Machtumverteilung* durch Machtübertragung an die Schwachen, indem ihnen klargemacht wird, daß »eure Ziele legitim sind, aber ihr gewaltfrei kämpfen sollt«. Denn Gewaltfreiheit bringt einen schneller zu unverzerrten Ergebnissen. Und es gibt *Machtschwächung*, indem Gewaltfreiheit anstelle von Gewalt angewandt wird sowie die moralisch-intellektuelle Macht der Empathie und der Kreativität anstelle der selektiven Anwendung von Zuckerbrot und Peitsche. Die Frage lautet, ob sanfte Macht mächtig genug ist. Es scheint zwei Antworten zu geben, wie im Falle der natürlichen Medizin kontra Antibiotika: nicht immer. Aber man sollte ihr Zeit lassen, denn sie wirkt langsamer. Und funktioniert harte Macht wirklich im Falle des Friedens? Oder sind der »Kampf für den Frieden« und »Friedenserzwingung« in sich widersprüchliche Versuche?[33]

DPT-Ideen entstehen also aus Dialogen, sie werden in die Welt gesetzt und durch neue Dialoge revidiert. Hier ist ein Szenario:

1. Die *Therapie der Vergangenheit* (»wann ging etwas schief, und was hätte zu jener Zeit getan werden können/sollen?«);

---

[33] Mit den Worten der israelischen Friedensbewegung (auf einer Demonstration in Jerusalem im November 1989): *Der Kampf für den Frieden ist wie Sex für die Jungfräulichkeit.*

2. die *Prognose ohne Intervention,* kraft unseres Vorstellungsvermögens (»wenn Dinge so weiterlaufen wie bisher, was läßt sich dann erwarten?«);

3. die *Diagnose der Situation* (»wo liegt eigentlich die Wurzel all dessen?«);

4. dann, und erst dann, kommt die *Therapie der Zukunft* (»was sollte deiner Meinung nach getan werden?«), gefolgt von

5. der *Prognose mit Intervention* (»was kommt deiner Meinung nach heraus, wenn dieses umgesetzt wird«). Und wieder geht es hier um Vorstellungskraft.

Es ist überflüssig zu erwähnen, daß diese Art von Dialog ein ums andere Mal wiederholt werden kann und muß. Samenkörner müssen begossen werden.

Und dann müssen sie nochmals begossen, neu ausgesät und gedüngt werden.

Im Laufe der Jahre kamen mir einige Gedanken zu den menschlichen Kapazitäten für diese Art von Arbeit. Es folgt eine Liste, die allerdings nicht sagen soll, daß ich selbst fähig war, ihr gerecht zu werden. Aber ich glaube, daß sie als Grundlage für Konfliktarbeit dienen kann:

Wissen. Davon ist viel vonnöten. Das Wissen muß die besonderen Merkmale des speziellen Falles beinhalten, was oft relativ einfach ist, da die Konfliktparteien überaus willig sind, ihre Geschichte zu verkünden. Wenn man all diese Geschichten addiert, weiß man nach einem Gegencheck mit Außenstehenden wahrscheinlich sehr viel.

Aber es gibt auch allgemeineres Wissen, wie zum Beispiel allgemeine Konflikt- und Friedenstheorien. Das ist das, was nach dem Ende des Kalten Krieges falsch lief. Sowohl die Hauptströmung wie der Gegentrend hatten sich 40 Jahre lang auf einen bestimmten Konflikt konzentriert. Das gab ihnen eine naive Auffassung davon, wie der Frieden eingeläutet werden sollte, nachdem sich der Konflikt erledigt zu haben schien. Es blockierte darüber hinaus die allgemeine Konflikterkenntnis für die komplexeren Konflikte, die kurze Zeit später auftraten.

Wissen über andere Fälle kann als Brücke zwischen dem Speziellen und dem Allgemeinen dienen: »Dieser spezielle Konflikt erinnert mich an X, wo sie Y ausprobiert haben«. Eine gute Theorie ist unverzichtbar. Der Konfliktarbeiter muß ein Reservoir für beide Wissensarten sein.

Vorstellungskraft. Sie wird für Kreativität benötigt und reicht über reines Fallwissen hinaus in den Bereich des Artistischen, des Intuitiven.

Mitgefühl. Hierin liegt die Gewaltfreiheit verwurzelt. Es bedarf eines intensiven Mitgefühls für die Menschen, für unsere Zerbrechlichkeit und sogar für unsere Gewalt. Moralismus bringt uns nirgendwo hin.

Beharrlichkeit. Macht weiter! Verändert Vorschläge im Lichte neuer Beweise und Ideen, aber gebt nicht auf. Und erwartet keine Belohnungen. Frieden ist genau wie Tugendhaftigkeit eine Belohnung in sich selbst. Schaut, hört und hört zu. Handelt.

Lernt, das Unsichtbare zu sehen und das Unhörbare zu hören.

Die Frage, die mir, vor allem in den USA, immer wieder gestellt wird, lautet: »Hat Sie all das zu einem Optimisten oder einem Pessimisten gemacht?« Oder: »Sind Sie ein Idealist oder ein Realist?« Oder: »Wird es irgendwann einmal Frieden geben?«

Ich könnte natürlich antworten, daß die Fragen falsch sind. Wenn man versucht, »Frieden« durch »Gesundheit« zu ersetzen, dann wird man erkennen, daß es niemals vollkommene Gesundheit geben wird. Die Aufgabe besteht darin, vermeidbare Krankheiten und vermeidbares Leiden zu lindern sowie das Leben zu bereichern. Dafür ist eine mentale, ja sogar spirituelle Duplizität unverzichtbar: der Optimismus/Idealismus des Herzens kombiniert mit dem Pessimismus/Realismus des Verstandes.

Das ist kein Widerspruch. Man weiß, daß es neue Krankheiten im Leben eines individuellen Patienten und der Menschheit geben wird. Das heißt nicht, daß man sich vom Schauplatz zurückzieht. Es wird neue Konflikte geben. Und dennoch weiß man, daß es Sinn macht, Theorie und Praxis eines gewaltfreien und kreativen Umgangs mit Konflikten zu bereichern. Genau wie ein Arzt fühlt man sehr stark, daß mehr Leute mehr, ja viel mehr über Konflikte und Gewalt sowie Krankheiten und Leiden wissen sollten, um das Leiden zu reduzieren.

Das ist ein langwieriger Prozeß. Jeder Mensch ist nur ein kleiner Tropfen im Strom. Wir können uns dafür entscheiden, auf der Seite der Verbesserung durch Konflikttransformation zu stehen. Wir werden Fehler machen. Ein wirklicher Fehler ist jedoch, gar nichts zu tun. Ein weiterer Fehler ist es, mit einer Gewalt zu agieren, die süchtig macht, wobei der Besiegte nach Rache dürstet und der Sieger nach weiteren Siegen. Jeder Mensch kann versuchen, sich für den Umgang mit Konflikten besser zu qualifizieren. Es gibt keinerlei Grund, das Militär davon auszuschließen, obwohl es in der Vergangenheit gewaltsüchtig war. Es müßte vieles lernen, könnte aber auch einige wichtige Dinge unterrichten: Logistik, Disziplin, Hingabe und Aufopferung. Das Militär hat sich in letzter Zeit stark weiterentwickelt. Andere sollten dies ebenfalls tun.

Genau wie in einer Ehe, die nur noch mehr Animositäten und negatives Verhalten produziert anstelle von Liebe und konstruktivem Verhalten, liegt das Ziel nicht immer darin, die Parteien zusammenzuhalten, ja nicht einmal, sie »an einen Tisch zu bringen«. Diese »Tischomanie« wird normalerweise von denjenigen befürwortet, die sich selbst einen Platz am Kopf des Tisches reserviert haben, um die Konflikte anderer zu managen, anstatt sie zu befähigen, ihre Konflikte selbst zu transformieren. Ein Konfliktprozeß, der Gewaltfreiheit und Kreativität beinhaltet, ist ein viel realistischeres Ziel. Er könnte den Parteien zum Beispiel ermöglichen, gewaltfrei zu sein, indem sie getrennt sind, und dadurch ihre eigene Kreativität zu erkennen. Vielleicht ist später eine erneute Verbindung möglich? Eine »Konföderation« wenigstens?

Es finden sich ziemlich viele Verweise auf Konföderationen in diesem Text. Das Schöne an einer Konföderation ist ihre Flexibilität: Es gibt sowohl Autonomie, ja sogar Unabhängigkeit, als auch enge Kooperation. Die Parteien können den Umfang der Kooperation erweitern und reduzieren. Sie können jederzeit soviel Kooperation vereinbaren, wie sie vertragen können. Da die Tagesordnung umfangreich und flexibel ist, besteht die Chance, daß sie unterwegs Probleme lösen können, da sie jederzeit über genug Verhandlungsmasse für neue Deals verfügen. Sollte die Konföderation schieflaufen, gibt es immer eine Ausstiegsklausel, aber auch eine Wiedereinstiegsklausel. Es gibt nicht die Strenge einer Föderation, die man im amerikanischen Bürgerkrieg zum Erhalt der Union sehen konnte. Auch ist eine Konföderation nicht so eng wie die Föderation, mit einer gemeinsamen Außen-, Sicherheits- und Finanzpolitik, um ein wichtiger Weltfaktor oder gar eine Supermacht zu werden.

Aber es gibt eine wichtige Schwäche: Konföderationen neigen entweder dazu, auseinanderzubrechen oder sich in Föderationen zu wandeln. Sich dessen bewußt zu sein kann Derartiges vielleicht verhindern.

Genau wie Ehen sollten Konföderationen nicht als selbstverständlich angesehen werden.

Im nachhinein frage ich mich, wo ich jetzt bezüglich des Elite-Forscher-Volk-Themas stehe. Am selben Platz. Sehr oft werde ich gefragt, ob es nicht besser sei, »aus dem Inneren« des Staatensystems heraus zu arbeiten und dabei von der Macht des Zuckerbrots und der gelegentlichen Peitsche unterstützt zu werden. Nein. Die Welt benotigt unabhängige Stimmen, deren Integrität man vertrauen kann und die nicht verdächtigt werden, Staatsinteressen zu dienen oder eine geheime Tagesordnung im Gepäck zu haben. Ich versuche, eine solche Stimme zu sein.

Zudem tendieren Zuckerbrot und Peitsche dazu, Mißtrauen und Gegenkräfte zu erzeugen. Genau das bewirkt moralische/intellektuelle Macht auch, aber sie können sich dann in einem klärenden Dialog treffen, anstatt sich gegenseitig zu überbieten oder auszustechen. Also bevorzuge ich es, mit der und durch die Zivilgesellschaft zu arbeiten, genau wie die Friedensorganisationen und andere NGOs, die am Ende des Kalten Krieges Schlüsselfaktoren waren.

Die eingebrachten Vorschläge sind Bestandteile einer Friedenskultur. Wenn man die Arbeit der Millionen hinzurechnet, die ähnliche Dinge tun, dann wird diese Friedenskultur sichtbarer. Wenn man noch mehr Millionen hinzurechnet, dann ergibt sich eine bedeutende Kraft für gewaltfreie und kreative Konflikttransformation. Aber diese Millionen bräuchten eine gewisse Ausbildung. Universitäten bieten bestenfalls Wissen an, aber keine Vorstellungskraft, kein Mitgefühl und keine Ausdauer. Friedensforschung ist hilfreich, aber man sollte mehrgleisig voranschreiten.

Als Schlußbemerkung eine zentrale Beobachtung: *das Prinzip der Umkehrbarkeit.*[34] Jede Politik ist fehlerhaft. Das gilt auch für Friedenspolitik. Deshalb sollte man auf eine Weise agieren, die eine Umkehr ermöglicht! Man sollte nur eine solche Politik vertreten, die reversibel ist. Friedenspolitik ist sanfte Politik. Also sollte sie nicht in Stein gemeißelt werden. Gewalt ist irreversibel; sie sollte nicht als Modell dienen. Gewaltfreiheit ist immer umkehrbar. Eine gewaltfreie Handlung ersetzt eine andere, *in einer langen Kette der Gewaltfreiheit,* die eines Tages Millionen von Gandhis ozeanischen Zirkeln umfassen wird.

---

[34] Wie ausgeführt im vorletzten Beitrag dieses Bandes; d. Ü.

Friedensforschung: erst Diagnose, dann Prognose – und nun Therapie

1. Und nun Therapie?

Nach dem Ende des Kalten Krieges und des Golfkrieges haben viele mit Sicherheit dieselbe Erfahrung gemacht wie ich. Zu beider Zeiten wurde jegliche Ausgewogenheit, die mehr dem Frieden als einer der beiden Seiten diente, in der Sowjetunion als »kosmopolitisch« oder noch negativer abgestempelt (Verräter, Hyänen, Lakaien des Kapitalismus). Im Westen hieß der Vorwurf »Anti-Amerikanismus«. Die grundlegende Frage lautete: *»Auf welcher Seite stehst du?«* Die Denkweise war klassisch: »Wer nicht für uns ist, ist gegen uns.« Natürlich marginalisierte dies die Friedensforschung und das, was wir zu sagen hatten: Diagnose, Prognose und Vorschläge zur Therapie, kurz DPT. Der vorherrschende Ansatz war parteiisch: DPT wurde »von uns« definiert. Im Westen bedeutete dies »von den USA«. Eine weitere Analyse war nicht nötig.

Seit Somalia und Jugoslawien ist die Situation nicht mehr so eindeutig. Dies läßt sich unter anderem an dem Ausbleiben von Demonstrationen für oder dagegen ausmachen: Die Ziele sind unklar. Dem liegt ein allgemeines Gefühl zugrunde, daß die Welt aus den Fugen geraten ist und gewaltsame Konflikte zu einer Epidemie geworden sind. Es gibt eine enorme Nachfrage nach Diagnose, Prognose und Therapie. Man kann es auch anders formulieren: nach Analyse, Vorhersagen und Heilmitteln. Zweifellos werden früher oder später wieder dichotome Positionen aufgebaut. Das heißt, daß jede Stellungnahme nicht eine Stellungnahme für den Frieden, sondern eine für oder gegen »uns« ist. In der Zwischenzeit lautet die grundlegende Frage für Friedensforscher: Wenn es diese Nachfrage und die Bereitschaft zum Zuhören, ja sogar zum Lernen, gibt, womit können wir dann aufwarten? Was können wir anbieten?

Für viele Friedensforscher ist dies nichts Neues. Ich selbst beschäftige mich mit DPT seit vielen Jahren. Alles fing 1958 per Zufall in Charlottesville, Virginia, an. Dort merkte ich, daß es wichtigere Dinge gab, als ein Buch über den Rassentrennungskonflikt in einer Stadt im Süden der USA zu schreiben, nämlich bei der Überwindung des Konflikts behilflich zu sein, wie gering der Beitrag auch sein mochte.

Das war vor 40 Jahren. Seitdem habe ich an vielen Konflikten als außenstehender Teilnehmer mitgewirkt, und zwar im Sinne eines Arbeitsdialogs mit den Leuten »ganz oben«. Manchmal gab es auch einen direkten Zugang zu den Mächtigen mindestens einer Seite. Es versteht sich von selbst, daß sich im Laufe der Jahre einiges an Erfahrungen anhäuft.[1]

Ich möchte hier nur eine Übersicht über einige jener Vorschläge geben, die ich über die Jahre angesammelt habe. Die Liste ist keinesfalls vollständig, und die Anzahl der Punkte ließe sich leicht vermehren oder gar vervielfachen. Sie werden hier völlig ungeachtet ihres Wertes just als Vorschläge von jemandem vorgetragen, der in einem neuen Berufsfeld tätig ist, nämlich in der »Konfliktarbeit«, oder wie immer man dies nennen will. Ich werde einige Beispiele für Diagnose aus dem Golfkonflikt und für mögliche Therapien aus dem Jugoslawienkonflikt einstreuen, auch um die ungeheure Komplexität des Themas zu illustrieren.

2. Konflikttransformation: einige Vorschläge, einige Kommentare

1. Wirkliche *Konfliktformationen* haben mehr als zwei beteiligte Parteien und schließen »außenstehende Parteien« ein, deren Zielsetzungen den Konflikt *entstellen* können.

2. Unter beobachtbarem körperlichen und verbalen Gewalt*verhalten* müssen versteckte *Annahmen* und zugrundeliegende *Widersprüche* herausgearbeitet werden.

3. Es gibt so Dinge wie pathologische Kulturen, ausbeutende und repressive ökonomische und politische Strukturen sowie Länder, die kulturell und/oder strukturell gewalttätig und militarisiert sind.

4. Konflikte werden nicht gelöst, aber die *Konfliktprozesse lassen sich unter Umständen transformieren*, so daß mehr Kreativität und weniger Gewalt entsteht, das heißt Frieden.

5. Das Ziel ist, eine Konflikttransformation zu erreichen, die kulturell/strukturell *nachhaltig und akzeptabel* für die Konfliktparteien ist.

6. »Die Parteien an einen Tisch bringen« kann kontraproduktiv sein, wenn dies zu früh geschieht. Gespräche mit ihnen allein können nützlicher sein.

---

[1] Für eine systematischere Darstellung ist mein Buch *Frieden mit friedlichen Mitteln* (Opladen 1998) zur Konflikttheorie hilfreich. Eine Vertiefung findet sich in *A Theory of Conflict* (im Erscheinen begriffen).

7. Übereinkommen, die »an der Spitze« getroffen werden, sind vielleicht zu hoch angesiedelt und nicht genügend in die Kultur und Struktur eingebunden, um tragfähig/akzeptabel zu sein.

8. Die Parteien sollten dazu eingeladen werden, ein schlechtes *Karma* durch inneren und äußeren Dialog zu verbessern, anstatt in Abfolgen von Schuldeingeständnis-Entschuldigung-Buße/Bestrafung-Vergebung zu verfallen.

9. Die *inneren Dialoge* sollten dadurch gefördert werden, daß man sich mit Empathie ihrer Analyse der Diagnosen, Prognosen und Therapien des Konflikts nähert, um dann die berechtigten Ziele bei jedem Teilnehmer herauszuarbeiten.

10. *Therapien der Vergangenheit* (was sie glauben, was vielleicht hätte getan werden sollen) sollten als Brücken für Therapien der Zukunft benutzt werden.

11. Die *äußeren Dialoge* sollten durch Rollenspiele gefördert werden, bei denen Treffen mit den anderen Parteien simuliert werden. Dies zielt auf eine Konflikttranszendierung.

12. Man sollte sich zu Beginn nicht um einen Konsens sorgen, sondern sich über den *Grad der Kreativität und Gewaltfreiheit* bei den vorgeschlagenen Therapien Gedanken machen.

13. Konfliktarbeiter sollten für die Dialoge verfeinerte Diagnosen, differenzierte Prognosen und ein Repertoire an Therapien mitbringen, *die gemeinsam und nicht einzeln angewandt werden sollten.*

14. Konfliktarbeiter sollten ihre Werte und Hypothesen offenlegen und bereit sein, sie als Resultat der Dialoge zu revidieren.

15. Konfliktarbeiter sollten sich als Helfer für Menschen in Not sehen und nicht als Wegbereiter für Diplomaten und Politiker.

16. Die Kreativität aller Konfliktbeteiligten sollte dazu genutzt werden, daß der Konfliktarbeiter überflüssig wird.

17. Das Ziel heißt: *Frieden mit friedlichen Mitteln.* Gewalt schafft neue Gewalt, weil die Unterlegenen Rache wollen und die Sieger nach neuen Siegen verlangen.

Einige Kommentare

1. In der Realität ist jeder Konflikt in einen Kontext eingebettet. Das schließt zukünftige Generationen mit ein, die ebenfalls an dem Konflikt beteiligt sind. Die Konfliktparteien haben zudem immer eigene, innere Konflikte. Die Summe aller Parteien und aller Zielsetzungen ist die Konfliktformation. Dazu müssen auch die sogenannten Außenstehenden hinzugerechnet werden. Sie kommen ebenfalls mit ihren eigenen Zielsetzungen. Sie mögen den aufrichtigen Willen haben zu helfen, oder aber sie benutzen den Konflikt als Rohmaterial für ein eigenes Buch, eine Promotion, für Ruhm oder einen Friedenspreis; ganz abgesehen von außenstehenden Mächten in einem Konflikt zwischen Staaten oder Nationen, die normalerweise ihre eigenen, offensichtlichen »nationalen Interessen« verfolgen. Das kann dazu führen, daß der Konflikt entstellt wird, wobei der eigentliche Konflikt in den Hintergrund tritt bzw. ganz vernachlässigt wird. Ein Beispiel dafür, wie komplex ein wirklicher Konflikt sein kann, liefert in Anhang I ein stark vereinfachtes Bild des Golfkrieges. Dennoch war es für die meisten Journalisten, Politiker usw. schon viel zu komplex. Es ist jedoch nur schwer vorstellbar, wie man den Konflikt einfacher darstellen könnte. Die Perspektive auf jeden wirklichen Konflikt wird dadurch *erweitert*.

2. Dieses AVW-Dreieck aus Annahmen/Einstellungen, Verhalten und Widersprüchen entspricht bis zu einem bestimmten Grad dem Dreieck von kultureller, direkter und struktureller Gewalt. Dies *vertieft* die Perspektive auf jeden Konflikt. Es ruft verborgene Dinge hervor, wie verborgene Kultur- und Strukturmerkmale oder Archetypen der inneren Person, ob sie nun allgemein geteilt werden oder nicht, sowie soziale Archetypen, ob sie nun von vielen Zivilisationen geteilt werden oder nur für eine spezifisch sind. Wir kommen nicht ohne aus, es sei denn, wir wollten Gefangene des philosophischen Infantilismus werden, der als Behaviorismus bekannt ist. Andererseits kann es manchmal auch schon helfen, wenn man diese Faktoren durch gute Dialoge ans Tageslicht bringt.

3. Das Problem liegt darin, daß die falsche, gewalttätige Kultur beim Akteur tief verwurzelt, die Tiefenkultur auch im Unterbewußtsein verankert sein kann; die falsche, gewalttätige Struktur kann institutionalisiert sein und von allen möglichen Sonderstrukturen unterstützt werden. Mit anderen Worten, Kultur und Struktur können tief verwurzelt sein. Dazu kommt, daß sich die direkte Gewalt der Akteure womöglich aus entsprechend wahrgenommenen oder wirklichen Bedrohungen der Grundbedürfnisse ableitet (oder grundlegender Interessen, was die kollektive Version

wäre). Alle drei Mechanismen können den Konflikt sehr verzwickt und normalerweise langwierig machen.

4. Die Probleme müssen auch auf dieser tieferen und nicht unmittelbar empirischen Ebene angegangen werden. Da sich solche Kultur- und Strukturmerkmale nicht leicht aus der Welt schaffen, sondern allenfalls mildern lassen, kann ein Konflikt nur selten wirklich so »gelöst« werden, daß er sich nicht wiederholen würde. Wurzeln unter dem Asphalt haben die Angewohnheit, weiter auszuschlagen. Man benötigt deshalb mehr Zeit. Die Wurzeln des Konflikts müssen identifiziert werden, wobei zu bedenken ist, daß sie nicht notwendigerweise identisch sind mit dem verbalen und körperlichen Verhalten der Teilnehmer, auch wenn es meistens eine Schnittmenge gibt. Die Aufgabe besteht darin, eine Situation zu schaffen, welche das kreative Potential der am Konflikt beteiligten Menschen freisetzt und den Grad der Gewalt reduziert.

Ein anderes Wort für diese dynamische Situation ist »Frieden«. Das Beste ist natürlich, wenn es gleichzeitig einen Waffenstillstand, also V-Kontrolle, gibt. Aber daraus leitet sich nicht ab, daß ein Waffenstillstand friedlicher ist als direkte Gewalt, die von Kreativität und Gewaltfreiheit begleitet wird. Ein Waffenstillstand sollte das Bemühen beinhalten, kreativ und gewaltfrei zu werden. Einen Waffenstillstand aber zur Vorbedingung für einen ernsthaften Dialog (ein umfassenderer Begriff als »Verhandlung«) zu machen bedeutete, das lineare Denken des Westens durchzusetzen.

5. Das Problem beim doppelten Ziel der Akzeptanz und der Nachhaltigkeit liegt darin, daß beide miteinander in Konflikt stehen können. Das Nachhaltige muß verinnerlicht werden, das heißt, die Vereinbarung muß gewollt und erwünscht sein. Sie muß auch institutionalisiert und von Feedbackfaktoren unterstützt werden. Der bekannteste und wahrscheinlich unwirksamste Faktor ist eine Belohnung für die Einhaltung und eine Bestrafung für die Verletzung der Vereinbarungen. Dies könnte einschneidende Veränderungen in der Kultur und der Struktur der Teilnehmer bedeuten, was als unerwünschte Einmischung in die inneren Angelegenheiten ausgelegt werden könnte. Somit könnte es die Akzeptanz reduzieren. Andererseits könnte die Akzeptanzbereitschaft über Gebühr steigen, weil die Kosten eines fortgesetzten, gewalttätigen Verhaltens zu hoch sind. Aus Erleichterung über ein mögliches Ende des Konflikts könnte eine Bereitschaft erwachsen, alles zu unterzeichnen, nur um den eigenen Kopf aus der Schlinge zu ziehen. Wahrscheinlich ist es besser, ein wenig von beiden Aspekten zu bekommen, anstatt nur alles von einem und gar nichts vom anderen.

6. Mit der »Tischomanie« gibt es zwei Probleme. Zum einen könnte ein Außenstehender den wichtigsten Platz erobern und den Tisch als Plattform für eine Verzerrung des Konflikts benutzen. Zum anderen ist die gegenseitige Sichtbarkeit ein Problem. Ein Konfliktarbeiter lotet sanftere Zwischentöne aus, sucht nach Bereitschaft, Gewalt zu reduzieren, und löst Unvereinbarkeiten auf durch Transzendenz, Kompromisse und/oder Rückzug. Doch die Konfliktpartei wird und kann nicht die weichere Seite zeigen, wenn andere Parteien anwesend sind. Zwischen dem Antagonisten und dem Vermittler zu stehen wird zu einer weiteren Unvereinbarkeit, wodurch das Verhalten zum Ritual und zur Unbeweglichkeit neigen wird. Allein dem Antagonisten gegenüberzustehen kann hier vielleicht besser sein, weil es ehrlicher ist. Beide oder alle beim Vermittler Anwesenden stellen womöglich eine gemeinsame, kollektive Heuchelei zur Schau, indem sie sich gegenseitig mit aufrichtigem Bedauern, freigebigen Entschuldigungen und der Bereitschaft, alles zu unterzeichnen, überbieten. Der Tisch ist für das Ende geeignet und nicht für den Anfang.

7. Das Ergebnis von »tischorientierten« Konfliktprozessen, bei denen die Unterschrift der Höhepunkt des »Aushandelns von ratifizierbaren Dokumenten« ist, also ein Haupterzeugnis traditioneller diplomatischer Handwerkskunst, ist zudem scharf als elitär zu kritisieren. Verhandlungen und Ratifizierungen finden an der Spitze der Gesellschaft statt, nämlich unter denjenigen, die Kontrolle über »ihre« Länder ausüben. Aber dieses Modell stammt aus einer geschichtlichen Zeit, als die internationalen Beziehungen als Beziehungen der oberen Klasse definiert wurden. In der extremsten Form handelte es sich um Beziehungen unter Fürsten, die womöglich durch königliche Heiraten gelöst oder zementiert wurden. Die »Untertanen« von gestern sind nun aber die »Bürger« von heute. Sie sind häufig sehr gut ausgebildet, häufig sogar besser als Diplomaten und Politiker. Die Demokratien bieten eine Plattform, die unvereinbar ist mit dem unangefochtenen Autoritätsanspruch der Beziehungen zwischen den Eliten früherer Zeiten. Konsequenterweise muß der Prozeß wahrscheinlich auf dem Prinzip der Nachhaltigkeit beruhen, da die Akzeptanz genauso anfällig ist wie die konkreten Personen, die »im Namen« der Nationen akzeptiert haben.

8. Dies ist ein philosophischer Standpunkt, der sich aus einem sehr einfachen Gedankenexperiment herleitet. Man nehme irgendeinen Konflikt und versuche eine Kausalkette rückwärts (die »Ursachen«), seitwärts (der »Kontext«) und vorwärts (die »Auswirkungen«) zu zeichnen. Dann sollte man »warum«, »was waren die Umstände«, und »was folgt dann« fragen.

Gleichfalls sollte man fragen »warum nicht, warum schlug der Prozeß nicht einen anderen Weg ein?« Für jede Frage gibt es neue Umstände, von denen einige die Handlungen oder Untätigkeit konkreter Akteure in der Vergangenheit, der Gegenwart oder der Zukunft beinhalten. Auf irgendeine Weise sind sie alle Teil der Konfliktformation, einige direkter, andere indirekter. Die buddhistische Sicht eines kollektiven moralischen Haushalts ist »inklusiver«, während der christliche Individualismus »exklusiver« ist. Falls die Parteien zusammenleben sollen, ist der erste Ansatz vielversprechender.

9. Hier kommt der Dialog als entscheidendes Instrument ins Spiel. Er unterscheidet sich sehr stark von einem Verhandlungsprozeß, mit schon feststehenden Standpunkten, und einer Debatte, die vor allem ein Kampf ist, den es zu gewinnen gilt. Bei einem Dialog ist ähnlich wie bei einer Konversation die Offenheit entscheidend. Die Beteiligten wissen im voraus nicht nur nicht, wie das Ergebnis aussehen wird. Sie haben nicht einmal eine klare Vorstellung, wie das Ende aussehen sollte. Es handelt sich um einen Prozeß gegenseitiger Entdeckung, den einzigen Weg, auf dem sich die Unvereinbarkeiten/Widersprüche vielleicht transzendieren lassen. Die Aufgabe der Außenstehenden ist es, neue Perspektiven zu entwickeln, die den Beteiligten nicht zugänglich sind. Ebenso sollten Überraschungselemente eingefügt werden, um den Beteiligten bei der Überwindung von Verhaltensmustern zu helfen, die vielleicht wie mentale Gefängnisse gewirkt haben. Wenn die Beteiligten dazu allein in der Lage gewesen wären, hätten sie den Konflikt wahrscheinlich schon selbst transformiert. Deshalb befürworte ich Außenstehende. Deren weitere Aufgabe ist es, die Verbrechen der verbalen und körperlichen Gewalt zu überwinden und nach einer Formulierung für Zielsetzungen unattraktiver Konfliktteilnehmer zu suchen, die von allen akzeptiert werden kann. Deshalb bevorzuge ich weniger emotionsgeladene, ja sogar technische Sprachen.

Aus meiner eigenen Erfahrung heraus kann ich sagen, daß dies nur möglich ist, wenn sich die außenstehende Partei sehr gut als Dialogpartner vorbereitet hat. Es gibt einige Faktoren, die für einen Außenstehenden sprechen. Die Anführer von direkt beteiligten Parteien sind von »Ja-Sagern« umgeben und wollen oft ihre Position an einem »Vielleicht-Sager« ausprobieren, wohl wissend, daß die Gegenseite aus »Nein-Sagern« besteht. Sie schauen sich vielleicht auch nach Auswegen um. Weder ist die Gegenseite eine akzeptable Quelle noch die eigene Partei, weil dies das Gleichgewicht innerhalb derselben durcheinanderbringen könnte. Sie sind vielleicht sogar dazu bereit, eine Konfrontation oder ein Streitgespräch einzugehen, was sie niemals bei den »Ja-Sagern« oder den »Nein-Sagern«

akzeptieren würden. Sie sind unter Umständen zu einer ernsthaften Herausforderung bereit.

Damit will ich sagen, daß man nicht immer versuchen sollte, »diplomatisch« zu sein. Erstens sind Diplomaten nicht immer diplomatisch, sondern oft sehr deutlich. Zweitens schützen sie sich unter anderem selbst, wenn sie »diplomatisch« sind, da sie noch für lange Zeit im Geschäft bleiben wollen. Statt dessen sollte man lieber deutlich und direkt sein, vielleicht sogar grob werden (man kann z. B. sagen: »In wessen Namen nehmen Sie sich eigentlich heraus, das hier vorzuschlagen!«). Aber die Ansichten und die Ideen sollten die Zielscheiben sein, nicht die Personen.

10. Diagnosen und Prognosen sind relativ analytisch. Die Diagnose konzentriert sich auf die Vergangenheit, weil sie auf Daten beruht, und die Prognose wagt sich in die Zukunft. Therapie ist praxisorientiert. *Man sollte also nicht die Therapie der Vergangenheit vergessen: Was hätte zu diesem oder jenem Zeitpunkt in der Konfliktgeschichte anders gemacht werden können?* Der Sinn besteht darin, daß die Beteiligten ihre eigene Geschichte noch einmal überdenken; Geschichte im Konjunktiv quasi: Was hätte passieren können, wenn ... Durch die Fragen der Außenstehenden sollen die Beteiligten zu der Erkenntnis gelangen, daß es in der Vergangenheit mehr Möglichkeiten gab, als sie vielleicht bisher bedacht haben, daß die Geschichte einen anderen Verlauf hätte einschlagen können, daß die Rollen der Aggressoren und der Opfer nie ganz so einfach verteilt waren und daß es auf der Seite der Opfer auch Mittäter gab. Falls dieses für die Vergangenheit gilt, ergibt sich dann daraus vielleicht ein Ansatz für die Gegenwart und für die Zukunft?

11. Eine mögliche Rolle für die außenstehende Partei besteht in der Vorbereitung der Konfliktparteien auf den äußeren Dialog, der früher oder später kommen muß, indem man die andere Seite spielt. Am einfachsten wäre es zu sagen, »die andere Seite würde dagegen jetzt vielleicht einwenden ...«. Man bringt den Punkt rüber, bewahrt jedoch die Distanz. Es ist einfacher, in einem Rollenspiel nachzugeben als in einer realen Auseinandersetzung, und der Außenstehende kann vielleicht den Boden bereiten, indem er Rezepte für eine weiche Landung vorschlägt.

12. Ein vorzeitiger Konsens ist kontraproduktiv. Es ist nicht einmal ausgemacht, daß ein Konsens, wie ein Waffenstillstand, wirklich für Fortschritte nötig ist. Statt dessen könnten die Parteien zustimmen, mit anderen Parteien etwas zu machen, und so das soziale oder globale Netzwerk erweitern, in welchem sie in gegenseitiger Beziehung miteinander stehen. Sie können später in ihre Konfliktbeziehung zurückkehren, wobei sie sich

dann hoffentlich auf einer höheren Ebene befinden, weil sie schon durch weitere soziale Erfahrungen transformiert wurden. Was wirklich zählt, ist wachsende Kreativität, um scheinbar unvereinbare Positionen zu transzendieren. Gleiches gilt für die Fähigkeit, während des gesamten Prozesses, auch verbal, gewaltfrei zu handeln. Vorgehensweisen wie »Bringe sie an den Tisch – verhandle – einige dich – unterschreibe« sind solange in Ordnung, wie sie funktionieren. Bei einem tiefverwurzelten Konflikt schaffen sie garantiert nichts außer Oberflächlichkeit.

13. Am schlechtesten ist es, wenn man nur jeweils einen Aspekt von allem hat, wie die Diagnose: »Es gibt irgendwo Ärger«, Geschäft in Gefahr; Prognose: »Es wird schlimmer werden, falls wir nicht eingreifen«; Therapie: »Schick die Marines«. Idealerweise sollte jede einzelne »Situation« (um den UN-Jargon zu benutzen und nicht sofort von einem »Konflikt« zu sprechen), im Lichte einer Reihe von diagnostischen Elementen gesehen werden und nicht nur eines einzigen. Jedes einzelne Element sollte Gegenstand einer vertiefenden Analyse sein. Die Prognose sollte an Bedingungen geknüpft werden: Falls dies passiert, könnte sich die Situation in diese Richtung entwickeln, unter jenen Bedingungen in jene Richtung usw. Und es sollte viele Heilmittel geben. Man sollte nicht nur eines empfehlen, sondern versuchen, verschiedene vorzuschlagen. Diese sollten nicht unbedingt Alternativen zueinander sein, sondern sich ergänzen. Es ist besser, man hat viele Arzneien, die sich nicht gegenseitig aufheben, anstatt nur eines starken Mittels, das womöglich in eine völlig falsche Richtung zielt. Es gibt hier eine Parallele zu harter und weicher medizinischer Praxis: Was effizient aussieht, mag auf lange Sicht nicht effektiv sein. Anhang II enthält eine Liste sich gegenseitig ergänzender Heilmittel für Jugoslawien.

14. Dieser Punkt läßt sich auch anders ausdrücken: Manipuliere nicht. Man sollte keinen Prozeß in Gang setzen, um die Beteiligten auf ein sozialwissenschaftliches »Gesetz« einzuschwören, wodurch sie am Ende angeblich gefügiger sind. Man sollte ehrlich sein und sagen, was man vorhat. Menschen in einem Konflikt haben das Recht, ernst genommen zu werden. Das gilt um so mehr, je ernster der Konflikt ist. Was für den Außenstehenden eine Tragödie mit Elementen einer Farce ist, stellt für die direkt Betroffenen die schwierigste Phase ihres Lebens dar. Das sollte niemand auf die leichte Schulter nehmen. Außerdem kann Manipulation bei sensiblen und leidgeprüften Menschen leicht nach hinten losgehen und womöglich einen Prozeß zerstören, der andernfalls vielversprechend gewesen wäre.

15. Hier handelt es sich natürlich um einen kontroversen Punkt. Denn Diplomaten und Politiker glauben häufig, sie hätten ein Monopol auf Kon

flikte innerhalb und zwischen Gesellschaften. Konflikte innerhalb und zwischen Menschen überlassen sie hingegen anderen Leuten, Organisationsspezialisten wie Familien- oder Psychotherapeuten. Aus der Tatsache, daß sich die Ansätze der Politiker und Diplomaten oftmals als unzureichend erweisen, läßt sich nicht folgern, daß andere es besser machen werden. Es läßt sich nur folgern, daß es einen Versuch wert ist. Die Welt ist heute so stark miteinander verknüpft, daß Konflikte der Allgemeinheit gehören. Denn Konflikte können uns nicht nur mit ihrer Gewalt im Falle einer »Eskalation« direkt erreichen, sie betreffen in jedem Fall Mitmenschen in Not. Daraus folgt, daß die Allgemeinheit nicht nur verpflichtet ist, sondern auch das Recht hat, betroffen zu sein und sich einzumischen. Aber wer dies tut, sollte sich, gleich auf welcher sozialen Ebene oder auf welche Weise auch immer, nicht gegenseitig im Weg stehen, sondern sich wenn möglich ergänzen. Das Ende des Kalten Krieges kann man als ein wunderschönes Fallbeispiel für die Synergie sehen, die sich zwischen der Volksdiplomatie und Gorbatschows Diplomatie ergeben hat. Andere waren nur Zuschauer, die nicht ganz verstanden, was eigentlich vor sich ging. In der Zukunft wird es vielleicht viele solcher Doppelspur-Situationen geben.

16. Man sollte vor allem versuchen, die Kreativität der beteiligten Parteien anzuregen. Diese Kreativität läßt sich nicht immer bei den Anführern feststellen, die sich womöglich auf rhetorische Rollen zurückgezogen haben, die sie nicht aufgeben können, es sei denn, sie wollten ihre eigene Position gefährden. Es ist vielversprechender, Dialoge unter den Menschen im allgemeinen zu organisieren. Dabei geht es um innere Dialoge innerhalb einer Konfliktpartei und äußere Dialoge zwischen den Konfliktparteien. Von diesen Dialogen sollte man lernen und ein großes Ideenreservoir anlegen, bevor die Dialoge den Bemühungen Ausdruck verleihen, einen Konsens zu erzielen. In Konfliktprozessen sind die Parteien viel zu oft auf Positionspapiere festgelegt, die von ihnen selbst ausgearbeitet wurden, und sie haben nicht die geringste Ahnung, wie andere über dieselben Konflikte denken.

17. Es ist naiv anzunehmen, wie dies augenscheinlich der UNO-Sicherheitsrat tut, daß Gewalt nicht zu neuer Gewalt führen wird, wenn sie nur aus einer legitimen Quelle stammt. Das Ergebnis konnte man in Somalia und Jugoslawien sehen. Der entscheidende Punkt ist, daß die UNO, genau wie jeder andere, nicht »unparteiisch« sein kann, indem sie für alle Konfliktparteien gleichermaßen akzeptabel wäre. Wenn das möglich wäre, hätte es wahrscheinlich unter den Konfliktparteien schon genügend Konsens gegeben, um den Konflikt ganz zu vermeiden. Statt dessen setzen sich in dem Augenblick, an dem die UNO Gewalt anwendet, sogar innerhalb

der UNO, als Kriegspartei selbst, jene zwei bekannten Mechanismen in Bewegung: Wenn man geschlagen wird, hat man das Verlangen, zurückzuschlagen, »die Zähne zu zeigen«, wie kriegslüsterne Menschen sagen. Der Sieger hingegen hat das Gefühl, daß er den Erfolg wiederholen möchte. Es gibt keinen Grund, warum die UNO dagegen immun sein sollte. Daraus leitet sich ein verheißungsvollerer, aber schwierigerer Weg ab: *Frieden mit friedlichen Mitteln.*

Anhang I: Komponenten der Nahost-/Golfkonfliktformation

1. *Aggressionsfragen:* Irak/Kuwait; Irak/UNO-die meisten Länder dieser Erde-Koalition

2. *Sicherheitsfragen:* Irak/Israel-USA-GB; Irak/Saudi Arabien; Israel/Palästinenser-Araber

3. *Besatzungsfragen:* Irak/Kuwait; Israel/Palästinenser-Syrien-Libanon; Syrien/Libanon

4. *Fragen der Eigenstaatlichkeit:* Palästinenser/Israel-Jordanien-Syrien; Kurden/Irak-Türkei-Iran-Syrien

5. *Grenzfragen:* Irak/Kuwait-Iran-Türkei-Syrien; Israel/Syrien-Jordanien-Libanon

6. *Probleme der Penetration:* USA/arabische Radikale; Westen-Israel/arabische Nation; Westen-Zionismus/Islam

7. *Hegemoniefragen:* USA-GB-Israel/Irak; USA/EG; USA/UNO; Irak/Syrien/Ägypten/Iran/Türkei

8. *Wasserfragen:* Israel/Palästinenser; Türkei/Irak

9. *Ölfragen:* Irak/Kuwait; Irak/OPEC; USA/Irak; USA/Japan-EG; OPEC/Verbraucher

10. *Wirtschaftliche Verteilungsprobleme:* Irak/Kuwait; Westen/Sultanate/arabische Welt; USA/arabische Radikale

11. *Wirtschaftliche Verschuldungsprobleme:* Irak/Kuwait; Irak/Sultanate; Sultanate/Palästinenser; USA/Ägypten

12. *Auserwähltheitsfragen:* Juden/Andere; Muslime/Andere; Christen/Andere; USA/Andere

13. *Mythenprobleme:* Israel/Nachbarn; Irak/Nachbarn; USA-GB/(Neo-)Kolonialismus

14. *Traumafragen:* Juden/Rest der Welt; Irak/GB; Araber/Westen; USA/Iran-Vietnam

Anhang II: Zehn Fingerzeige auf dem Weg zum Frieden in Ex-Jugoslawien, Juli 1993

1. *Eine Konferenz für Sicherheit und Zusammenarbeit in Südost-Europa (KSZSOE)*, die von der UN und der OSZE finanziert wird, sollte als Ergänzung für den Londoner/Genfer Konferenzprozeß eingerichtet werden, weil der UN-Sicherheitsrat zu weit entfernt und die EU zu voreingenommen ist. Alle Beteiligten (auch Substaaten, Superstaaten und Nicht-Staaten) sollten eingeladen werden, und alle relevanten Themen sollten auf der Tagesordnung stehen. Die Konferenz sollte ungefähr drei bis fünf Jahre dauern. Außenstehende in der Region sollten als Beobachter mit Rederecht anwesend sein. *Es gibt keine uninteressierten außenstehenden Staaten.* Ein mögliches langfristiges Ziel ist eine *südosteuropäische (Balkan-)Konföderation.*

2. *KSZSOE-Arbeitsgruppen zu den wichtigsten Themen könnten folgendes beraten:*
   - *gleiches Selbstbestimmungsrecht für alle ex-jugoslawischen Nationen;*
   - *Bosnien-Herzegowina* als dreigeteilte Konföderation;
   - *Kosovo/a* als eine Republik mit dem gleichen Status wie für die Serben in der Krajina (nicht Knin) und mit Respekt für serbische Geschichte;
   - *Mazedonien:* Eine mazedonische Konföderation sollte nicht ausgeschlossen werden, kann aber nur als Teil einer größeren Lösung verwirklicht werden (s. Punkt 1).
   - *Ex-Jugoslawien:* Als langfristiges Ziel diesmal eine Konföderation.

3. *Verstärkung von DFOR um den Faktor 10, wobei 50 Prozent Frauen sein sollten,* um ein dichtes Netz zur Überwachung des Waffenstillstandes und zur Stabilisierung der Situation aufzubauen. Die Soldaten müssen angemessen in polizeilichen und gewaltfreien Konfliktbewältigungsmethoden ausgebildet werden und mit den zivilen friedensbewahrenden Komponenten zusammenarbeiten. Die Beteiligung von Großmächten sowie von Mächten mit einer Geschichte in der Region sollte vermieden werden.

4. *Ein dichtes Netzwerk lokaler Solidarität mit allen Teilen Ex-Jugoslawiens* für Flüchtlinge, Unterstützungs- und Aufbauarbeit: *Gemeinde gemeinsam, Cause commune,* Europarat.

5. *Laßt 1000 lokale Friedenskonferenzen blühen.* Lokale Gruppen sollten mit Kommunikationsmitteln unterstützt werden, wie es z. B. das

»Verona Forum for Peace and Reconciliation on the Territory of For-
mer Yugoslavia« tut.

6. *Internationale Friedensbrigaden als Geiseln für den Frieden.* Dies
sollten unbewaffnete Ausländer sein, Spezialisten wie Ärzte (*WHO,
IPPNW*), die in bedrohten Gebieten arbeiten, kommunizieren und
Gewalt dämpfen.

7. *Die ökumenische Friedensarbeit intensivieren,* indem auf gewaltfreie
und friedliche Traditionen in der katholischen und orthodoxen Christenheit sowie im Islam zurückgegriffen wird. Religiöse Hardliner-
Institutionen in der Region sollten herausgefordert werden.

8. *Permanenter Kontakt zwischen den Menschen, Gruppen und Staaten,
die innerhalb des Staatensystems (Punkt 1–3), des lokalen Systems
(Punkt 4) und des Systems der Zivilgesellschaft (Punkt 5–7) für den
Frieden arbeiten. Ideen sind gefragt.* Parallel zur Konferenz der
Warlords in London und Genf sollte es eine »Konferenz der Frie-
densfrauen« geben – im Palais des Nations.

9. *Von den Medien sollte Professionalität verlangt werden.* Es sollte weniger Gewalt, weniger Bezug auf die Eliten und weniger Vorurteile
geben. Der Fokus sollte mehr auf den kleinen Leuten und den Frie-
densbemühungen liegen.

10. *Im Geiste zukünftiger Versöhnung*
    - *sollten die Sanktionen aufgehoben werden.* Sie treffen Unschuldige
      und verhärten Konflikte;
    - *sollte das Kriegsverbrechertribunal in eine Wahrheits- und Ver-
      söhnungskommission umgewandelt werden.* Rache und Bestrafung
      führen nicht in die Zukunft. Sie verstärken nur die existierenden
      Traumata und schaffen neue Märtyrer;
    - sollten interne und externe Spezialisten versuchen herauszufinden,
      *was schiefgelaufen ist. Sie sollten auch nach einer positiven Ver-
      gangenheit und nach heutigen Erfahrungen suchen, die eine ge-
      meinsame Zukunft inspirieren, auch wenn man getrennter als frü-
      her lebt;*
    - sollte auf das Verlangen der jugoslawischen Völker gebaut werden,
      wieder auf irgendeine Weise zusammenzuleben, basierend auf
      »*bratstvo*«, wenn schon nicht auf »*jedinstvo*«[2].

---

[2] »Bratstvo« und »Jedinstvo« beziehen sich im Serbokroatischen auf die Art und Weise, wie viele Nationalitäten zusammenleben. »Bratstvo« bedeutet Brüderlichkeit,
»Jedinstvo« Einigkeit, Einheit; d.Ü.

Anhang III: Konflikttheorie: Ein Überblick über einige grundlegende Konzepte

1. Die erste und grundlegendste Unterscheidung besteht zwischen den manifesten, beobachtbaren und den latenten, abgeleiteten Ebenen des Diskurses. Wir benötigen beide Ebenen, aber die Vorgehensweisen sind unterschiedlich: empirisch kontra theoretisch. Grundlegender Ausgangspunkt ist: Alles, was auf der latenten Ebene angenommen wird, ist hypothetisch. Das heißt, es müssen Kriterien für die Bestätigung oder Widerlegung der Hypothesen erarbeitet werden.

2. Auf der manifesten Ebene können wir A für Annahmen und Einstellungen sowie V für Verhaltensweisen beobachten. Negative Einstellungen und Verhaltensweisen, inklusive Haß und Gewalt, werden oft als Indikatoren für Konflikte gewertet (für soziale Konflikte werden oft die Begriffe »Vorurteil« und »Diskriminierung« gewählt). Trotzdem können wir auf dieser Basis nur eine Hypothese über einen Konflikt zwischen einem Subjekt (Inhaber) und einem Objekt der negativen Einstellungen und Verhaltensweisen formulieren. Man beachte die Möglichkeit von Objekt = Subjekt.

3. Auf der latenten Ebene wird ein Konflikt K angenommen, der auf folgender Definition beruht: Unvereinbarkeit zwischen Zielzuständen. Es wird davon ausgegangen, daß dies nur auf lebende Einheiten zutrifft, also auf Menschen, Tiere, Pflanzen oder Mikroorganismen. Sie suchen Glück und versuchen, Leid zu vermeiden. Konflikt bedeutet, daß die Erreichung des Ziels durch die eine Seite unvereinbar ist mit der Erreichung des Ziels der anderen Seite (bzw. dieser im Wege steht). Der Segenspunkt: die Erreichung der Ziele für alle Einheiten des hier untersuchten Systems findet sich in der Unvereinbarkeitsmenge des Zielraums.

4. Konflikte können sich in negativen Einstellungen (A) und Verhaltensweisen (V) manifestieren oder auch nicht. Deshalb können wir Konflikte haben, die sich gar nicht oder nur auf eine Weise oder aber auf zweierlei Weise manifestieren. Beide Manifestationen (oder auch nur eine von beiden) können (kann) aber auch eher positiv oder neutral als negativ erscheinen (indem vom Konflikt nur eben Notiz genommen wird). Entsprechend können wir aber auch auf eine oder zwei negative Manifestation(en) stoßen, ohne daß in Wirklichkeit ein Konflikt vorliegt.

5. In einem voll ausgebrochenen Konflikt zeigt sich das AVW-Dreieck voll entwickelt, mit wechselseitiger Verstärkung in alle Richtungen

(»sechs Pfeile«). Der Konflikt führt dann ein Eigenleben, und es werden neue Unvereinbarkeiten zu der ursprünglichen hinzugefügt, wenn A und V sich deutlich zeigen.

6. Eine *Konfliktformation* umfaßt eine bestimmte Menge von Einheiten mit einer bestimmten Menge von Zielsetzungen und ihren Unvereinbarkeiten. m wird für die Anzahl der Einheiten verwendet und n für die Anzahl der Ziele. Ein Maß der Komplexität eines Konfliktes lautet dann: $k = m + n - 2$. Drei spezielle Fälle:

$m = 1, n = 1$: Eine Einheit ist unfähig, ein Ziel zu erreichen: *Frustration*
$m = 1, n = 2$: Eine Einheit mit zwei Zielen: *Dilemma*
$m = 2, n = 1$: Zwei Einheiten, ein Ziel: *Disput*

Die letzten Beispiele mit $k = 1$ können als Konfliktatome bezeichnet werden, die als Bausteine für komplexere Konfliktmoleküle ($k > 1$) dienen können.

Die NATO-Osterweiterung oder: Der Beginn des Zweiten Kalten Krieges

Konnten wir vorhersehen, daß die NATO sich nach Osten erweitern würde, bis hin zu den alten Konfliktlinien in Europa, zu jener der Jahre 395 und 1054, jener des Schismas zwischen dem katholisch(-protestantisch)en und dem orthodoxen Europa sowie jener des Jahres 1095, dem Beginn der Kreuzzüge gegen die muslimische Welt?[1] Die Frage ist wichtig, denn hätten wir es vorhergesehen, wären mehr Kräfte mobilisierbar gewesen, um diese Bewegung, die vielleicht bedeutender ist als das Ende des ersten Kalten Krieges, zu stoppen oder wenigstens zu bremsen.

Für eine konkrete Form des Diskurses müssen wir die Einheiten und die Variablen bestimmen. Diese sind ziemlich einfach: politische, militärische, wirtschaftliche und kulturelle Faktoren – und für all diese die ganz entscheidende Variable jeder Gesellschaftsanalyse: Zeit, Fortschritt, Geschichte, einschließlich der wahrscheinlichen Geschichte der Zukunft. Die Einheiten, vier an der Zahl, sind für den Beginn ebenfalls leicht zu bestimmen: die USA, das westliche Europa, östliche Europa und Rußland. So entsteht eine Matrix mit staatlichen und regionalen Akteuren in den Zeilen und vier Arten von Macht in den Spalten, und wir können nun eine Zeile nach der anderen – oder eine Spalte nach der anderen – analysieren. Ich wähle die Vorgehensweise nach Zeilen und beginne mit den USA.

Die globale Strategie der USA

Die USA grenzen an zwei Weltmeere. Darin begründet sich, daß sie nicht nur eine euro-atlantische Strategie fahren, sondern auch eine asiatisch-pazifische. Der wichtigste Partner der USA im asiatisch-pazifischen Raum ist Japan, der entsprechende Vertrag AMPO. Entsprechend der Osterweiterung der NATO gibt es nun auch eine Westerweiterung von AMPO sowohl hinsichtlich des Charakters als auch des Umfangs der gemeinsamen Ziele der USA und Japans. Wir können von einer koordinierten Zangen-

---

[1] Siehe dazu Johan Galtung: *Report to the Political Commission of the European Community*, März 1990. Dabei ging es allerdings nur um wirtschaftliche, politische und kulturelle Penetration, nicht um militärische Expansion.

bewegung auf die eurasische Landmasse hin sprechen, besonders auf Rußland und China hin gerichtet.

Diese Zangenbewegung sollte im Licht des JCS 570/2-Plans gesehen werden, welchen die Joint Chiefs of Staff produzierten, als sie von Roosevelt um die Definition der Kriegsziele gefragt wurden, und ebenso im Lichte des Grundsatzplans für den Kalten Krieg, NSC 68.[2] Die Welt ist demnach in zwei Zonen geteilt, welche die USA direkt und indirekt, durch Allianzen oder Verträge, zu kontrollieren oder als uninteressant und feindlich unbeachtet zu lassen haben. In anderen Worten, die Expansion ist keine wirklich neue Idee, sondern die Umsetzung von alten Plänen im geeigneten Augenblick. Niemals seit 1945 konnten die USA mit einer solchen Welle von kultureller Akzeptanz rechnen wie heute, um ihre militärische Expansion voranzutreiben. Sie haben den Zeitpunkt für die doppelte Erweiterung gut gewählt.

Doch es gibt noch viel mehr zu diesen monumentalen Entscheidungen zu sagen. Um die Botschaft zu verstehen, müssen wir genauer betrachten, wer von diesem Projekt ausgeschlossen ist und wer dabei ist. Beginnen wir mit den Ausgeschlossenen:

Auf der europäischen Ebene beinhaltet die NATO-Expansion bisher nicht ein slawisch-orthodoxes Land und insbesondere nicht Rußland. Auf der asiatisch-pazifischen Ebene ist China nicht eingeschlossen – und auch kein einziges muslimisches Land. Die Türkei ist Mitglied, das heißt die türkischen Militärs, diese verläßliche Bastion der säkularistischen Tradition des Kemal Atatürk. Albanien und Bosnien finden sich auf keiner Liste potentieller Kandidaten. Mögliche Feinde sind festgeschrieben durch die Expansion bis an die Verteidigungsgürtel von Rußland, China und des Islam, aber nicht darüber hinaus. Sie alle sind stark genug, um als Feinde zu taugen, der erste wegen seines nuklearen Arsenals mit dem entsprechenden Verteilungssystem, der zweite wegen seiner Armee und die muslimische

---

[2] Ich beziehe mich auf den JCS 570/2, welcher Präsident Roosevelt im August 1943 präsentiert wurde. Dieser Plan weist eine »black-bordered region in the far Southwest Pacific, Indochina, eastern China, Korea, and Japan, where the US would have participating rights as one of the Great Powers enforcing Peace« aus. Siehe dazu Peter Hayes et al.: *American Lake, Nuclear Peril and the Pacific*, London 1986. S. 19. Wenn man dem die Tradition des NSC 68 für die Strategie des Kalten Krieges in Europa hinzufügt, wird das Gesamtbild klar. Daß beide Pläne unter den Bedingungen von Krisen ausgearbeitet wurden, im einen Fall des Pazifischen Kriegs, im anderen Fall des Kalten Kriegs, zeigt, daß sie tief institutionalisiertes Denken widerspiegeln, von dem auch dann nicht mehr so leicht abgerückt wird, wenn diese Krisen längst vorbei sind.

Welt als Hauptproduzent der sogenannten »Schurkenstaaten«, Ländern wie Libyen, Syrien, Irak und Iran.

Die Botschaft ist klassisch: Man geht davon aus, daß jede Großmacht eifersüchtig auf jede andere Großmacht ist. Und der christlich-muslimische Gegensatz wird von der Position eines christlichen Fundamentalismus aus beschworen. Die USA, Rußland und China ringen um die Vorherrschaft in der Welt, und dasselbe tun Christentum und Islam. Aber nur einer kann gewinnen.

Ist das »Realpolitik«? Wahrscheinlich, aber ein besserer Begriff wäre wohl sich selbst bestätigende Paranoia mit Größenwahn. Definiere eine andere Nation oder eine andere Religion als deinen Feind, und sie wird ihre Kräfte so organisieren, daß sie tatsächlich zum Feind wird. Setz dich hin, führe einen Dialog, finde heraus, wo die Probleme liegen, und du wirst einen Freund haben. Vielleicht ist dies keine Realpolitik, aber durchaus realistische Politik. Aber darum geht es nicht bei der Osterweiterung.

Riskieren wir nun einen näheren Blick darauf, wer dazugehört. Indem die USA die früheren Warschauer Pakt-Staaten in die NATO integrieren, beweisen sie sich selbst und der Welt, wer den Kalten Krieg gewonnen hat. Denn was heißt Krieg, wenn nicht das Bewegen von Soldaten und genauer die Besetzung jener Basen und Quartiere, die einst die andere Seite besetzt hielt, bis hin zur letzten Baracke, zum letzten Bunker und zur letzten logistischen Einrichtung.

Es gibt allerdings Gründe für die Osterweiterung, die schon im Kalten Krieg selbst angelegt waren, nicht erst in der Art, wie er endete. Polen, die Tschechoslowakei und Ungarn – auch die DDR – waren jene Länder, welche sich 1956, 1968 und 1980 gegen die de-facto-Okkupation durch die Sowjetunion und gegen die Kommunistischen Parteien, über welche diese vollzogen wurde, wehrten. Die Aufnahme in die NATO bedeutet für sie daher auch so etwas wie eine Belohnung. Dies gilt kaum oder nur eingeschränkt für die baltischen Staaten sowie Rumänien und Bulgarien.

Doch wie steht es mit Slowenien und Kroatien? Sie waren Teile Jugoslawiens, eines blockfreien Landes, welches gerade durch die Belgrader Konferenz von 1961 dieser Bewegung einen enormen Schwung gab. Aus der Sicht der USA mochte dieser Status des Blockfreien und Neutralen noch schlimmer sein als der eines kommunistischen Landes. In der Haltung, gegen beide Supermächte und beide Allianzen aufzutreten, die eine mit der anderen gleichzusetzen, lag natürlich eine enorme moralische Herausforderung, welche die USA Olof Palme mehr hassen ließ als jeden Gierek; einen Kekkonen, Kreisky oder Tito suspekter machte als einen Kádár oder Honecker. Die Kommunisten waren berechenbar, die Neutralen und Blockfreien nicht.

Neutrale zu integrieren bedeutet, die Neutralität zu vernichten. Damit werden klare Verhältnisse geschaffen. Die Botschaft ist also nicht nur, daß drei neue Länder in die NATO aufgenommen werden, sondern auch, daß Neutralität zumindest für die nächsten zehn Jahre keine politische Option mehr darstellt. Der größte Triumph für diese politische Richtung wird die Mitgliedschaft von Schweden (der Endsieg über Palme), von Finnland (die endgültige Niederlage von Kekkonen und das Auslöschen des Kalte-Krieg-Begriffs der »Finnlandisierung«), von Österreich (als Endsieg über Kreisky) sein. Nicht zu vergessen die Mitgliedschaft der Schweiz (der Sieg über die Schweiz als politisches Projekt).[3]

Jugoslawien ist anders, weil es die heiße Nachfolge des Kalten Krieges in Mini-Version verkörpert. Serbien und Montenegro spielen die russisch-weißrussisch-ukrainische Rolle, Slowenien und Kroatien die polnisch-baltische. Auf der richtigen Seite in einem Krieg, in dem die USA, die NATO und das Militär eine heiße Rolle spielen, ist ihnen die Belohnung so gut wie sicher.

Am Anfang von all dem stehen natürlich die so offensichtlichen ökonomischen Faktoren. Die Waffenexporte der USA erlitten mit dem Ende des Kalten Krieges einen Einbruch von 50%. Eine Gegenmaßnahme bestand darin, ein altes Tabu zu brechen und hochtechnologische Waffen nach Lateinamerika zu verkaufen. Dadurch wurde ein Rüstungswettlauf eingeleitet, bei dem die USA zugleich an alle Seiten verkaufen können. Doch das kompensiert die verlorenen Geschäfte nicht annähernd. Die Rolle als Hauptlieferant von Waffen an alle neuen NATO-Mitglieder – und, ist der neue Rüstungswettlauf erst einmal in Gang, wohl auch an viele andere – wird für die USA weitaus bedeutender. Hier findet man den materiellen Beweggrund für militärischen Expansionismus: Schutz der ökonomischen Interessen in Übersee. Man denke an die Ölfelder in Zentralasien, das Zentrum der eurasischen Landmasse, welches sowohl an Rußland als auch an China grenzt und muslimisch ist. Diese Region bildet nun mit den Golfstaaten einen neuen Fokus der US-Außenpolitik.[4]

Die Expansionsgeschichte war also durchaus vorhersehbar. Der wichtigste Punkt, der an dieser Stelle festzuhalten ist: Keiner der Faktoren und Gründe, keines der Motive dafür beruht auf der Annahme einer russischen Bedrohung. Alle leiten sich aus den inneren Verhältnissen in den USA ab, sei es das militärische Expansionsprojekt mit seinem Beharrungsvermö-

---

[3] Die amerikanischen Kommentare über die Schweizer Bankkonten im allgemeinen und besonders über die Frage der Holocaust-Konten neigen dazu, mit scharfen Spitzen gegen die Neutralität versehen zu werden.

[4] *International Herald Tribune*, 16.9.1997.

gen,[5] der manifest destiny-Komplex (die Einbildung einer amerikanischen Mission), die Eifersucht auf andere große Mächte und Weltsichten, der Wunsch, den Sieg im Kalten Krieg symbolisch auszukosten, der Drang, die »guten« unter den ehedem kommunistischen Ländern zu belohnen und die »bösen« Neutralen zu bestrafen, und all die ökonomischen Gründe. Nichts davon hängt mit dem zusammen, was Rußland getan hat. Der Entschluß zur Expansion wurde vollkommen autistisch gefaßt. Aber er hat in der Tat mit dem zu tun, was Rußland tun wird.

NATO-Erweiterung aus russischer Sicht

Wie die USA wird auch Rußland vom Gefühl beherrscht, zu einer Mission berufen zu sein. Geschaffen aus dem orthodoxen Christentum, wurde es von jenem meisterhaften Brückenbauer, Josef Stalin, dem Klosterschüler, der zum Hohepriester des nationalen Bolschewismus wurde, in den Kommunismus eingeführt. Das heutige Rußland ist sicherlich nicht so selbstsicher. Die Idee, etwas Besonderes zu sein, gesalbt als Drittes Rom, mag andere und weniger expansionistische Formen hervorbringen als der Zarismus und der nationalbolschewistische Stalinismus.

In der Theorie sollte der apokalyptische Marxismus den Boden bereiten – indem er den Kapitalismus lähmt und ablöst – und der Nationalbolschewismus den Weg für die Sowjetunion als siegreichen Nachfolger freimachen. Als der moralische Zusammenbruch um 1970 einsetzte und 50 Jahre nach der Oktoberrevolution keine Antworten auf die großen Fragen nach den Zielen, Prozessen und Indikatoren des Kommunismus gefunden waren, mußte eine neue Formel geprägt werden. Wenn schon nicht Überlegenheit, so doch zumindest Gleichheit zwischen den Supermächten, eine Formel, welche die Sowjetunion immer noch an die Spitze der Welt setzte, zwar gemeinsam mit einem Rivalen, aber immerhin noch an die Spitze.

Nach dem Fall der Berliner Mauer tat die Sowjetunion etwas Bemerkenswertes. Sie zog sich aus all ihren Positionen (in Ostdeutschland fünf Jahre später) zurück, löste sich selbst samt dem Kommunismus auf. Kann man dafür keine Gegenleistung verlangen? Wenn sie ohnehin gezwungen war, dies zu tun, wird man es nicht als Leistung verstehen, die nach einer Gegenleistung verlangt. Andere Regime jedoch, etwa die Nazis, steigerten – als schon jeder wußte, daß sich das Ende näherte – in ihrem Todeskampf die Repression. Die Sowjetunion nicht. Im Gegenteil, man begann einen fast gewaltlosen Prozeß der Demokratisierung, Privatisierung und des Übergangs. Alle drei Themen kamen von außen, und sie wurden von den

---

5   Vergleichbar dem wilhelminischen Berlin-Bagdad-Projekt in Deutschland.

Machthabern so angegangen, als wären sie aus freiem Willen gewählt worden, wie ein gentlemen's agreement. Wie erfolgreich das war, ist freilich eine andere Frage.

Verlangt das nicht nach einer Gegenleistung? Und worin bestünde sie? Aus russischer Sicht ist das Zweitbeste – nach der Gleichheit – die Vermeidung des Offenlegens der extremen Ungleichheiten. Die NATO-Osterweiterung bewirkt aber genau das. Für die Russen könnte dies der größte Verrat aller Zeiten sein: Sie taten alles, um dem Westen entgegenzukommen, bis hin zur Aufgabe ihrer Basen in Osteuropa ohne Gegenleistung, ohne US-Rückzug aus Westeuropa. Das empfinden sie jetzt nicht nur als schlechtes Geschäft, sondern als Betrug.

Niemand sollte die Kompromisse und Formeln, die mit Jelzin und Primakow über die NATO-Erweiterung bis vor ihre Haustüre verhandelt wurden, mit einer dauerhaften Position Rußlands verwechseln. Wo es um lebenswichtige Interessen geht, mag eine Unterschrift so wenig wert sein wie etwa die Rabins für Netanyahu. Es geht dabei nicht darum, daß andere russische Politiker, wie Sjuganow oder Schirinowski, wahrscheinlich ebenso vergeßlich sein werden wie die anderen beiden, sondern einfach darum, etwas offener für russisches Denken und Fühlen zu sein.

Die Grenze des Schismas von 1054 überschritten schon deutsche, schwedische, französische und polnische Armeen (zwei davon heute Mitglieder der expandierenden NATO, der vierte ein Beitrittskandidat). Und es werden noch mehr, wenn man den Interventionskrieg von 1918 bis 1922 mitzählt. Die Russen kennen die Geschichte, die Amerikaner nicht. Die Westeuropäer verdrängen ihre Aggression und projizieren sie auf Rußland.

Eine der sensibelsten Grenzen verläuft zwischen Polen und der Ukraine, mit dem Schisma innerhalb der Ukraine und vielen Polen, die hoffen, daß Lwow nach Polen zurückkehren möge. Ein mögliches Szenario sieht eine deutsche Ostbewegung vor – mit der Integration nicht nur von Schlesien und Pommern, sondern auch von Ostpreußen, wenn und sobald die polnische Mitgliedschaft in der EU Wirklichkeit wird, die Regionalisierung in der EU voranschreitet und gezielte Investitionen Früchte tragen. Kein Soldat muß dafür in Marsch gesetzt werden, keine rechtliche Veränderung der Grenzen ist dazu notwendig. In Wirklichkeit verändert sich dann aber alles. Wenn Deutschland stark und Rußland schwach ist, hat Polen immer die Tendenz, sich nach Osten zu bewegen (oder nach Osten geschoben zu werden), im umgekehrten Fall bewegt es sich nach Westen. Wenn beide schwach sind, expandiert Polen bis Litauen, und wenn beide stark sind, verschwindet es. Das ist eine recht bedeutende Einsicht, besonders für Polen. Es handelt sich hier also um eine höchst unbeständige Grenze, die nun die NATO direkt zu ihrer eigenen macht.

Wird Rußland dabei einfach zusehen? Auch wenn der Westen Marschall Pilsudskis Plan vergessen hat – kann erwartet werden, daß Rußland ihn vergaß? Viele Polen haben ihn nicht vergessen. Ist nicht viel wahrscheinlicher, daß sie dasselbe tun, was sie schon vor dem Zweiten Weltkrieg taten? Als sie sich von den Deutschen bedroht fühlten, sei es der Kaiser oder die Nazis, suchten die Polen das Glück ihrer Sicherheit in Pakten mit England und Frankreich. Sie wurden aber von politischen Führern im Stich gelassen, die Angst vor den Nazis hatten, aber noch mehr Angst vor dem Kommunismus. Beide waren Diktaturen, aber der Kommunismus war auch noch gegen die Religion und das Privateigentum (Deutschland war bloß anti-semitisch). Diese Haltung führte in den Hitler-Stalin-Pakt. Wenn die Polen wieder zurückgewiesen werden, kann man davon ausgehen, daß sie sich diesmal an die Antagonisten des Westens halten, und sie bräuchten dafür nicht weit zu gehen.

Der Westen und die USA haben viele problematische Beziehungen, eine davon mit China, wo Prinz Charles »vergaß«, sich für den Kolonialismus zu entschuldigen und dafür, daß dort ein ganzes Land unter Drogen gesetzt wurde. Rußland könnte klug genug sein, seine Probleme mit China zu lösen, nicht über Menschenrechte zu sprechen und die Zangenbewegung herauszustreichen, die sich gegen beide Länder richtet. Gemeinsam könnten sie zum Schluß kommen: Wenn die USA jeden von uns als ihr Problem sehen,[6] wie wäre es dann, wenn wir zusammenarbeiten?

Ein weiteres Problem stellt die Beziehung der USA zum Iran und den anderen islamischen Staaten dar, die Washington auf der schwarzen Liste führt: Irak, Syrien und Libyen. Um die Beziehungen mit ihnen verbessern zu können, müßte Rußland erst seine irrationalen anti-muslimischen Vorurteile überwinden. Doch mit dem Rücken zur Wand – ohne neutrale Puffer an den Grenzen – mag sich Rußland trotz Vorurteilen und trotz Tschetschenien zu einer Verständigung und zu Zweckbündnissen mit diesen Ländern durchringen. Eine russisch-chinesisch-muslimische Kombination findet sich zwar nicht auf Huntingtons Liste, ist aber wahrscheinlicher als seine übrigen Varianten. Aber um das zustande zu bringen, würde man viel politisches Talent benötigen.

Schließlich sollte nicht vergessen werden, daß die frühere Sowjetunion gute Beziehungen mit Indien unterhielt. Die könnten wiederbelebt werden, und die eurasische Landmasse könnte damit mehr als die Hälfte der Menschheit gegen die westlich-amerikanische Zangenbewegung mobilisieren. Die Moral von der Geschichte: Behandle andere Länder als zweitran-

---

6 Siehe dazu den Bericht in der *International Herald Tribune* vom 23./24.8.1997 zur chinesischen Politik gegenüber den USA.

gig, auch und gerade die »Schurken« unter ihnen, und sie werden sich eines Tages zusammenschließen. Aber auch wenn das alles nicht geschieht, wird eines jedenfalls reaktiviert werden: die russische Waffenindustrie. Sie wird mit dem Westen in Konkurrenz treten und versuchen, seine Preise zu unterbieten (ob sie die chinesischen unterbieten kann, ist eine andere Frage).

Zentral für die russische Analyse ist sicherlich – in klassisch geopolitischem Vokabular – der Verlust der neutralen »Pufferstaaten«, wenn die NATO bis zur Grenze des alten Schismas vorrückt, und mehr noch, wenn Finnland und die baltischen Staaten angeschlossen werden. Die Russen wissen genau, was in Jugoslawien geschah, als sich der Westen systematisch auf die Seite der katholischen Streitparteien stellte, schließlich sogar auf die Seite der Muslime und gegen die Orthodoxen, als die Fronten entlang jener grundlegenden Bruchlinie im Europäischen »Haus« verliefen – auch dort ohne Neutrale zwischen den Kriegsparteien. Und sie könnten eine einfache Frage stellen: Wäre es während des Kalten Kriegs wirklich besser gewesen, wenn die fünf neutralen und paktfreien Länder in Zentraleuropa – Finnland, Schweden, Österreich, die Schweiz und Jugoslawien – alle NATO-Mitglieder gewesen wären? Oder war es nicht tatsächlich von Vorteil, daß Kekkonen, Palme, Kreisky, Tito und einige Schweizer eine brückenbildende Funktion wahrnahmen? Wer kann mit der NATO vor der Haustür Rußlands eine ähnliche Rolle spielen, wenn Spannungen im polnisch-litauisch-ukrainischen Dreieck auftreten, mit oder ohne deutsche Bewegung nach Osten? Oder stellt man sich vor, daß Rußland, wenn es mit einer solchen Gewalt konfrontiert wird, nachgiebig sein und kapitulieren wird?

Die Frage nach Alternativen

Der Widerstand gegen diese Art der Argumentation leitet sich daraus ab, daß sie als Aufruf zur Opferung des östlichen Europa verstanden werden könnte, von Finnland und Schweden bis hinunter nach Mazedonien, damit hier ein irgendwie brückenschaffendes Gebilde entstehe. Gerade weil die NATO stark ist und heute Deutschland mit dem imperialen Berlin als nahe Hauptstadt an der östlichen Flanke liegt, könnte Rußland animiert werden, das zu tun, was schon die Rote Armee 1945 tat: diese kleinen Länder zu unterwerfen und sie in eine »Allianz« zu zwingen. Rußland könnte die Geschichte heranziehen, um so einen Schritt zu legitimieren. Für die Osteuropäer wäre das natürlich ein schreckliches déjà-vu. Es existiert ohne Zweifel ein entweder tatsächliches oder zumindest so wahrgenommenes Sicherheitsproblem für Osteuropa. Das drücken die Eliten dieser Länder mit ihrem Wunsch nach einem raschen NATO-Beitritt aus: Deutschland als einen freundlichen Verbündeten drinnen und Rußland draußen zu haben, um ein Sprichwort aus dem Kalten Krieg zu paraphrasieren. So argumentieren auch die NATO im allgemeinen und die USA im besonderen.

Die NATO-Osterweiterung kann von daher als eine Reaktion des Westens auf eine Reaktion Osteuropas auf eine mögliche Aktion Rußlands verstanden werden. Es stimmt natürlich, auch Rußland hat diese Grenze zwischen Ost und West, die Trennlinie zwischen der katholisch-protestantischen und der orthodoxen Welt überschritten, als es in Polen, Finnland und im Baltikum einmarschierte, die Rote Armee tat dies zuletzt, als sie die zurückweichenden Nazi-Truppen verfolgte. All das ist im Vergleich mit den Invasionen der Wikinger, der Deutschen, der Schweden, der Franzosen und Polen vom Westen her zwar recht wenig, was aber die Osteuropäer von heute keineswegs tröstet. So unwahrscheinlich für sie auch ein russischer Angriff sein mag – er ist es, was sie fürchten.

Wenn die NATO-Mitgliedschaft einen Schutz vor dieser Bedrohung um den Preis der Provokation des vermeintlichen oder möglichen Gegners bietet, dann finden wir uns mitten im Dilemma eines Kalten Krieges. Daß man sich darüber hinwegtäuscht, indem man die Möglichkeit eines russischen Angriffs oder die Tatsache der gefährlichen Provokation, die in der Osterweiterung liegt, herunterspielt, ist Zeichen eines geistigen Verfalls, nicht Ergebnis einer seriösen Analyse. Suchen wir statt dessen nach Alternativen:

A) Die Einladung an Rußland, der NATO beizutreten; die NATO wird also noch weiter ausgedehnt. Damit würde das Problem der zweitrangigen Behandlung Rußlands gelöst. Darüber hinaus wäre Rußland dadurch unter Kontrolle gebracht, was auch den osteuropäischen Sicherheitsbedürfnissen entspräche. Doch eine solche NATO-Erweiterung wäre für China und Japan so inakzeptabel, wie es die gegenwärtige für Rußland ist. Das vorhersehbare Resultat wäre eine chinesisch-japanische Allianz, welche alle drei Teile der christlichen Welt in die Opposition zur konfuzianisch-buddhistischen setzen würde. Dieses gedachte Experiment ist nur nützlich, um Rußland heute besser zu verstehen.

B) Keine NATO-Erweiterung, Sicherheitsgarantien durch die OSZE. Im Rahmen der OSZE ist Rußland ein gleichwertiger Partner, weshalb der Westen an einer solchen Lösung weniger interessiert ist. Darüber hinaus konkurriert die OSZE mit der EU hinsichtlich der europäischen Integration, weil sie pan-europäisch ausgerichtet ist. Im Falle einer solchen Lösung gäbe es aber auch keine Provokation Rußlands. Würde die OSZE mit der notwendigen wirtschaftlichen und politischen Unterstützung ausgestattet, könnten alle vertrauensbildenden Maßnahmen hier getroffen werden, einschließlich aller Garantien für den Fall eines Angriffs.

C) Keine NATO-Erweiterung, aber eine osteuropäische Verteidigungsgemeinschaft, eine Osteuropäische Gemeinschaft mit einer starken Verteidigungskomponente parallel zur EU. Das wäre wahrscheinlich die beste Option, aber sie liegt zur Zeit außerhalb des Horizonts der osteuropäischen Eliten. Man könnte aber Teile davon mit der Variante B) kombinieren.

Es gibt also durchaus Alternativen. Die beste davon ist es, die Konflikte zu identifizieren, zu transformieren und einer friedlichen Lösung zuzuführen. Die egalitäre OSZE ist ein taugliches Mittel dafür. Verhandlungen zwischen einer übermächtigen NATO und den Nicht-Mitgliedern sind Rohrkrepierer. Ein Mindestmaß an Gleichheit ist die Voraussetzung für erfolgreiche Verhandlungen. Und ein Diktat ist kein Ersatz.

Weiterhin sollte betont werden, daß die Sicherheitsfrage in Osteuropa auch noch eine innenpolitische Komponente hat. All diese Länder waren bis vor kurzem Diktaturen mit einer einzigen, der kommunistischen Agenda. Jetzt sind sie pluralistisch, und es gibt einen Wahlprozeß für den gewaltfreien Wechsel der Regierungen, auch wenn diese Demokratien zwischen den Wahlen autoritär regiert werden mögen. Ist dieser Übergang nachhaltig? Wer kann ihn aufhalten? Das Militär natürlich. Wie aber stabilisiert man das Militär? Möglicherweise indem man es im Rahmen eines internationalen Abkommens wie der NATO bindet. Im Rahmen der Diskussion um den spanischen NATO-Beitritt war dieses Argument wichtiger als jede sowjetische Bedrohung, besonders nach dem Putschversuch vom 23. Februar 1981. Ein spanischer NATO-Generalsekretär, welcher den Beitritt mit den Osteuropäern verhandelt, symbolisiert diese Sorge.

Die Gegenargumente gehen in zwei verschiedene Richtungen: Erstens wäre die NATO-Mitgliedschaft als Mittel zur Stärkung instabiler Demokratien untauglich; zweitens könne man dasselbe Resultat auf anderem und besserem Weg erreichen. Die NATO-Mitgliedschaft wirke als ein gewaltiger außeninduzierter Effekt auf die Innenpolitik der betroffenen Länder. Es gäbe einen mächtigen militärisch-industriell-bürokratisch wissenschaftlichen Block außerhalb der demokratischen Kontrolle, der die nationalen Komponenten absorbiert und seinen Bedürfnissen anpaßt. Der Satz: »Das ist eine NATO-Entscheidung« könnte »Das ist eine Entscheidung der Partei« ersetzen und damit die Zukunft der Vergangenheit angleichen. Und die Demokratie?

Demokratie muß vor allem positiv aufgebaut werden statt durch die Kontrolle eines möglicherweise destabilisierenden Faktors. Dem stimmt jeder zu, und die drei aktuellen Beitrittskandidaten haben wahrscheinlich Demokratien, die bei ihnen strukturell und kulturell ebenso tief verwurzelt sind wie in jedem der sechzehn Mitgliedsländer.[7] Das Militär kann auch dort auf andere Art kontrolliert werden als durch die Ausweitung der mächtigsten Militärallianz der Menschheitsgeschichte.

Schließlich gibt es noch eine weitere Theorie, die den osteuropäischen Drang in die NATO erklärt. Sie hat weniger mit der NATO selbst oder mit militärischer Sicherheit zu tun als mit der EU und dem Streben nach wirtschaftlichem Wohlergehen. Es gibt im Osten den dringenden Wunsch, dem Europa der ersten Klasse anzugehören, was sich schon im Insistieren darauf zeigt, eher zentral- als osteuropäisch und eher west- als zentraleuropäisch zu sein. Die EU ist offensichtlich der Verein der Westeuropäer, an dessen Mitgliedschaft nur Island, Norwegen und die Schweiz nicht interessiert sind. Wenn man Club-Mitglied werden möchte, so wie in einem Golf- oder Country Club, sollte man versuchen, den schon vorhandenen Mitgliedern möglichst ähnlich zu sein. Die meisten EU-Mitglieder sind auch NATO-Mitglieder. Und NATO-Mitglieder haben eine NATO-Bewaffnung,[8] was normalerweise mit US-Ausrüstung gleichgesetzt werden kann. Kaufe also US-Waffen, um dich in NATO einzukaufen, und akzeptiere die NATO, um dich in die EU einzukaufen![9]

Westeuropa oder: Die NATO-Erweiterung als Anti-Euro-Projekt?

Diese Rechnung kann aufgehen oder auch nicht. Wenn man die Kosten bedenkt, ist das Risiko erheblich. Wenn man die EU-Mitgliedschaft als potentielle Belohnung kalkuliert, könnte der Gewinn für diese Staaten ebenfalls erheblich sein.

In den eurozentristischen Medien des Westens findet man nur wenig über den globalen Aspekt der NATO-Erweiterung. Aufgrund des allgemeinen Hangs, Rußland als autistisch anzusehen, als Kraft, die immer aus ihren eigenen, generell unklaren Verhältnissen heraus agiert, wurde die Frage, wie Rußland reagieren könnte, in der westlichen Debatte so nicht

---

[7]   Vgl. »A NATO that Creeps Eastward is Bad to Russian Democrats«, in: *International Herald Tribune*, 28.8.1997.

[8]   Den Punkt, daß die USA durch das Ende des Kalten Krieges die Hälfte ihres Waffengeschäfts verloren haben und auf diesem Weg Marktanteile zurückgewinnen wollen, unterstreicht besonders José Vidal-Beneyto: »Europa y la ›pax‹ americana«, in: *El País*, 6.7.1997.

[9]   Bill Messler: »NATO's New Arms Bazaar«, in: *The Nation*, 21.7.1997, S. 26, berichtet über derartige Machenschaften im Zusammenhang mit dem rumänischen Ankauf von amerikanischen Radaranlagen.

gestellt, sieht man einmal ab von der üblichen Verwechslung dessen, was russische Führer sagen oder heute unterzeichnen, mit den tieferen russischen Sorgen. Was diskutiert wurde, sind die administrativen, logistischen und wirtschaftlichen Konsequenzen – die Preisfrage.

Diese Verengung des politisch-intellektuellen Horizonts wird nachvollziehbarer vor dem Hintergrund der einzigartigen Sorge westeuropäischer Länder um den Euro. Die Schlüsselländer stehen derzeit unter enormem finanziellem Druck, um die Maastricht-Ziele zu erreichen. Solange das nicht geklärt ist, wird jede größere Ausgabe (und die NATO-Erweiterung bedeutet enorme Kosten und Risiken, die alle teilen müssen) die Spielräume bei der Budgetgestaltung noch weiter einschränken. Es gibt zwei Auswege: die Begleichung der Rechnung für die Erweiterung hinauszuschieben oder die Einführung des Euro vorzuziehen. Die betroffenen Länder scheinen sich für beide Möglichkeiten gleichzeitig entschieden zu haben.

Ist das ganze also eine Verschwörung der USA, um den Euro – Schlüsselsymbol einer erfolgreichen Integration Europas – zu verhindern?[10] Möglicher-, aber nicht notwendigerweise. Die USA sind zur Zeit schwer verschuldet, aber sie handeln so, als wären sie es nicht. Die EU-Mitglieder wiederum befinden sich gar nicht in einem so schlechten Zustand, aber sie tun so als ob.

Abgesehen davon mag die Eliminierung Osteuropas als Objekt der Begierde für die militärische Osterweiterung Deutschlands und die Verlegung der Grenze zu Rußland nach Osten für jeden vorteilhaft erscheinen, der Rußland als autistisch einstuft und entweder keinen Konflikt sieht oder diesen als unlösbar erachtet – oder ohnedies ein westliches Diktat wünscht. Jedenfalls entspricht die Bewegung nach Osten einer alten westeuropäischen Tradition und steht von daher nicht zur Debatte.

Selbsterfüllende Prophezeiung

Die Entscheidung über die NATO-Osterweiterung ist so schlecht, daß die Verträge von Versailles im Vergleich dazu als brillant erscheinen. Diese Verträge demütigten einst Deutschland, weil es den Ersten Weltkrieg begonnen hatte. Nach dem Zweiten Weltkrieg wurde viel dafür getan, diesen Fehler nicht zu wiederholen, obwohl es 45 Jahre dauerte, bis die Teilung überwunden wurde. Und der Kalte Krieg machte es möglich, daß Deutschland über Nacht vom Feind zum Verbündeten mutierte, ohne je-

---

[10] So vermutet Yehudi Menuhin: »Enlarging NATO«, in: *International Herald Tribune* vom 22.7.1997.

mals neutral gewesen zu sein. Doch damit lebte die Zwischenkriegsformel wieder auf: Der eigentliche Feind, der die soziale Struktur des Westen bedrohte, war die Sowjetunion.

Wie auch immer, die Sowjetunion gibt es nicht mehr und der Kommunismus ist verschwunden. Warum sollte man dann Rußland so schlecht behandeln wie das (untergegangene) deutsche Kaiserreich und nicht zumindest so gut wie Nazideutschland? Je mehr man über dieses Rätsel nachdenkt, desto mehr wird man zum Schluß gelangen, daß dieses Verhalten nicht nur ungerecht ist, sondern auch in unreflektierter Weise antirussisch, ein Reflex aus der Tiefe des kollektiven Unterbewußtsein des Westens. Die russische Reaktion wird daher das Gegenteil von dem bringen, was die NATO-Osterweiterung verspricht: Stabilität.

Es mag Beruhigungspillen für Moskau geben, wie etwa die »freie Hand« am Kaukasus, was heißt, »im Süden«. Doch auch diese Medizin kann zum Desaster führen, wenn man nur an die reichen Ölreserven am Kaspischen Meer denkt. Und ganz bestimmt handelt es sich bei dieser Maßnahme nicht um das, was die Menschen am Kaukasus brauchen.

Die Prognose fällt nicht schwer: Die NATO-Osterweiterung wird ein völlig unnötiges Anwachsen der Spannungen entlang der alten Konfliktlinien auslösen, einen neuen Rüstungswettlauf und neue Bündnisse, welche als »Beweis« für die aggressiven Intentionen Rußlands bewertet werden. Damit wird man die Richtigkeit des Beschlusses zur NATO-Erweiterung belegen. Und das könnte eines Tages zur Makro-Version dessen führen, was wir im relativ kleinen Ausmaß im ehemaligen Jugoslawien erlebt haben. Kurzum, mit dem Madrider NATO-Gipfel im Juli 1997 hat der Zweite Kalte Krieg begonnen.

Das Militär im Übergang:
neue Aufgaben für das Militär

Der Krieg ist in letzter Zeit in Verruf geraten, und es passiert nicht oft, daß ein Friedensforscher/-erzieher/-arbeiter eingeladen wird, vor einer Militärakademie zu sprechen. Ich interpretiere dies als ein Zeichen, daß ein weiterer Kalter Krieg zu Ende geht und ein weiterer Dialog eröffnet wird. Meine Grundthese lautet, daß der Frieden zu wichtig ist, um ihn auf dem Altar eines unnötigen Konflikts zwischen denjenigen zu opfern, die für den Frieden mit oder ohne Uniform kämpfen. Ich möchte damit aber nicht sagen, daß alle, ob sie nun eine Uniform tragen oder nicht, gleichermaßen dem Frieden verpflichtet sind. Und wir werden vielleicht bei der Frage, ob sich der Frieden mit friedlichen Mitteln oder mit Gewalt erreichen läßt, verschiedener Ansicht sein. Ich bin mit Gandhis Worten optimistisch, daß der Frieden der Weg ist. Gewaltsamen Ansätzen stehe ich skeptisch gegenüber. Dafür habe ich zwei offensichtliche Gegenargumente, nämlich zwei Versionen des alten Sprichwortes, das Gewalt zu neuer Gewalt führt. Gewalt neigt dazu, süchtig zu machen: den Besiegten, der von Rache träumt, und auch den Sieger, der von weiteren Siegen träumt.

Aber lassen wir das einmal beiseite und konzentrieren uns auf das Militär im Umbruch. Mein Vortrag ist in drei Abschnitte gegliedert, was vielleicht der evangelischen Tradition meines Heimatlandes Norwegen entspricht:

1. Wenn das Militär im Umbruch ist, warum ist dem so, und was ist schiefgelaufen?

2. Wenn man die Sünde von den Sündern trennt, worin liegen dann die Tugenden des Militärs?

3. Was sind die neuen Aufgaben des Militärs, für die man diese Tugenden nutzen kann?

Man muß nicht die Formulierungen akzeptieren, die ich benutzt habe, um das riesige Thema zu definieren, welches ich zu erforschen versuche. Die Dreiteilung mag dennoch hilfreich sein, um zu Schlußfolgerungen zu gelangen, wie tentativ auch immer.

Was schiefgelaufen war, zeigte sich schon zu Zeiten des Ersten Weltkriegs (1914–18), vielleicht sogar schon im amerikanischen Bürgerkrieg (1861–65). Der Krieg war in Verruf geraten: Die Verluste waren sowohl für den Gewinner wie für den Verlierer nicht mehr hinzunehmen.[1] Zudem stiegen die Verluste unter der Zivilbevölkerung. Die Idee eines Kampfes, um die Zivilbevölkerung zu schützen, wurde bedeutungslos. Gegen Ende gab es massive Proteste, Desertionen, Revolten und Soldatenstreiks. Genau das kennt man auch aus den Kriegen der Supermächte in Vietnam und Afghanistan. Nichts davon verhinderte jedoch, daß der Zweite Weltkrieg noch schlimmer wurde. Der Prozentsatz der Verluste unter der Zivilbevölkerung stieg in diesem schrecklichen Jahrhundert insgesamt von geringen 10% auf 90% an.

Der Clausewitzsche Krieg, als ein Mittel, welches die *Regimenter* benutzt, um die politischen Staatsziele zu verwirklichen, war eine Katastrophe. Er setzte einen hohen Grad an ziviler Kontrolle über das Militär voraus, damit dieses gegen seine besseren Instinkte ankämpfte: Den Naiven wurde dies als »demokratische« Kontrolle präsentiert. Er setzte auch einen *Korpsgeist* voraus, der leichter zu entwickeln war, wenn der Krieg gleichzeitig auch Sport war sowie ein Mittel, um Tapferkeit zu zeigen und Ehre zu gewinnen, nicht jedoch ein riesiges Gemetzel hinsichtlich der Mittel und Ziele.

So wurde das Militär zu einem Mittel, um das zu erreichen, was sich die politischen Eliten wünschten. Da sie zerstörerisch waren, konnten sie dem Militär befehlen, andere Länder oder andere soziale Klassen zu zerstören, anstatt vereinzelte gewaltsame Gefechte auszutragen, um zu entscheiden, wer stärker ist (wobei unterstelltermaßen Gott auf der Seite des Gewinners steht, und das war's dann. Der Gewinner nimmt sich den ganzen Einsatz, und der Konflikt ist vorüber.). Dies ist ein wichtiger Grund, warum die Unterwerfung unter ein demokratisch gewähltes Parlament eine unzureichende Garantie ist und warum Verteidigungsintellektuelle die härtesten Falken sind: Sie riskieren gar nichts.

Und es ist ein Grund, warum die Eliten nach immer höheren Ebenen einer zivilen Rechtfertigung suchen, um einen Krieg zu beginnen: eine NATO/WEU-EU/OSZE/UN-Sicherheitsrats-Entscheidung, loszulegen – sogar »mit allen erforderlichen Mitteln«, wie es in der Golfkriegs-Resolution 678 des Sicherheitsrates heißt. Ja, es geht noch höher hinaus auf der verzweifelten Suche nach dem Vater im Himmel irgendwo, der eine *causa sui* ist und sich nicht um Legitimation bekümmern muß: Er ist Seine eigene.

---

[1] Es gibt dazu sehr viel Material in John Keegans exzellentem Buch *A History of Warfare*, New York, N. Y./USA 1993. (Dt. unter dem Titel *Die Kultur des Krieges*, Berlin 1995.)

Zu sagen, daß der *Meso-Krieg*, also der klassische Krieg zwischen Staaten mit Waffen mittlerer Reichweite, in Verruf geraten ist, bedeutet allerdings noch nicht, daß er dabei ist, seinen Abschied zu nehmen. Aber diese Kriege sind selten, und sie nehmen nicht zu. *Makro-Kriege*, die zum Völkermord wie in Auschwitz, Hiroshima-Nagasaki oder zu anderen Schrecklichkeiten des Zweiten Weltkriegs führen, sind *ipso facto* in Verruf. Aber auch dies ist kein Schutz gegen sie. Das wirkliche Problem sind heute offensichtlich die *Mikro-Kriege*, die mit Gewehren und Landminen, mit Macheten und Terroristenbomben sowie den Elektroschocks der Folterknechte ausgetragen werden. Um nur ein Beispiel anzuführen: Wenn nur 20 der 2000 Nationen auf dieser Welt den Traum eines multinationalen Nationalstaats verwirklicht haben und es ungefähr 200 Staaten auf dieser Welt gibt, dann gibt es noch rund 1980 Kriege in 180 Staaten auszutragen. Dabei handelt es sich vorwiegend um Mikro-Kriege, es sei denn, daß »Mutterländer« intervenieren. Es müssen also andere Lösungen gefunden werden, und ich werde einige von ihnen im folgenden skizzieren.

Oben wurde, nicht von mir, zwischen den »politischen Zielen des Staates« und den »militärischen Tugenden des *Regiments*« unterschieden. Clausewitz' Formel für den modernen Krieg sollte offensichtlich letztere den ersteren unterordnen, was katastrophale Konsequenzen hatte. Dies führte zu absurden Konsequenzen für das, was wir vielleicht postmodernen Krieg nennen können: Das Militär bringt lieber Zivilisten um anstatt andere Soldaten. Letztere könnten vielleicht zurückschlagen.

Welches sind die militärischen Tugenden, auf denen wir vielleicht eine friedlichere Welt aufbauen können? Es folgt eine kleine Liste:

– *Tapferkeit*, rein körperliche Tapferkeit, selbst im Angesicht eines überlegenen Feindes;
– *Disziplin*, die Fähigkeit zu gehorchen (aber nicht blinder Kadavergehorsam);
– *Korpsgeist*, kollektive Identifikation in einem Zeitalter des Egoismus;
– *Organisation*, inklusive guter Logistik, Pünktlichkeit und Präzision.

Diese vier Tugenden werden zu Karikaturen und zu Übeln, wenn sie für eine sehr falsche und gewaltsame Politik eingesetzt werden. Wenn sie für die richtigen Zwecke verwandt werden, dann sind sie wirklich Tugenden. Wir in der Friedensbewegung zum Beispiel könnten davon eine Menge lernen.

An diesem Punkt könnte es zu einer größeren Diskussion kommen: Sollte die Organisation *Alpha* oder *Beta* sein, also aus großen, hierarchischen Armeen oder aus kleinen, relativ autonomen Einheiten mit einer horizontalen Kommandostruktur bestehen? Die Art von Militär, die meines

Erachtens für die Verteidigung am geeignetsten ist, nämlich defensive Verteidigungseinheiten, gehört quasi automatisch der *Beta*-Variante an, da sie womöglich voraussetzt, daß die Besetzung schon stattgefunden hat. Dies entspricht dem allgemeinen Trend in der Organisationstheorie: kleiner und mehr Gleichheit.

Natürlich steht das Militär nicht alleine da, um den Soldaten aller Ränge diese Tugenden einzuimpfen. Keine Organisation, ob gewinnorientiert oder nicht, ob national oder international, kann ohne etwas von den letzten drei Punkten auskommen. Für das Militär ist die körperliche Tapferkeit kennzeichnend, während die drei anderen Punkte in gewisser Hinsicht diesem untergeordnet sind. In gegnerisches Feuer zu laufen gehört nicht zu den natürlichen menschlichen Neigungen. Disziplin von außen (Kommandos, Zuckerbrot und Peitsche) und von innen (innere Motivation, Ehre) dürften notwendig sein. Dazu kommt das »Kumpel-Prinzip«, also helfen, damit einem geholfen wird, und einen Freund rächen, damit man selbst gerächt wird; zudem natürlich eine hervorragende Organisation, bei der im entscheidenden Moment alles stimmt.

Stellen wir uns nun diese Millionen von Soldaten weltweit vor, die sicher engagiert und gut organisiert, zugleich aber auf der Suche nach neuen Aufträgen und Funktionen sind. So wie sich eine Organisation, die ursprünglich Tbc (eine ansteckende Krankheit) bekämpft hat, nun dem Krebs (einer Modernisierungskrankheit) widmet, so wird sich das Militär anderem zuwenden. Was wird das sein?

Zunächst möchte ich einige Antworten untersuchen, die keine sind.

Länder ohne Armeen. Da ich selbst ein Kriegsdienstverweigerer bin, begrüße ich diesen Trend natürlich. Heute gibt es zwischen 23 und 28 solcher Länder, je nachdem, wie man zählt.[2] Aber es gibt dabei drei große Probleme.

Erstens, die Abschaffung des Militärs kann ein sehr wichtiges Problem lösen: die Nutzung des Militärs gegen andere soziale Klassen, als aufwärtsgerichteter *Staatsstreich* in der Gesellschaft, oder abwärtsgerichtet als Staatsterrorismus, der oft mit Folter kombiniert ist. Es löst auch das Problem, ein Land unfähig zu machen, andere Länder anzugreifen. Aber es löst nicht das Problem, was zu tun ist, wenn andere soziale Klassen oder andere Länder angreifen. Einige alternative Verteidigungsmethoden müs-

---

2 C. Barbey (*Pays sans Armées*, 1989) zählt 28 Länder ohne Armeen und 18 entmilitarisierte Territorien. Edouard Dommen von der UNCTAD in Genf zählt mit 25 Staaten ein paar weniger. Darin sind Island, Andorra, der Vatikan, Liechtenstein und Monaco für Europa enthalten.

sen eingerichtet werden. Dies gilt sowohl für den Staat wie für die innere soziale Ordnung, vorausgesetzt, sie verfügen über Legitimität.

Zweitens, wenn kleine Länder ihre Armee auflösen oder erst gar keine aufstellen, öffnen sie sich für »Protektion« von einem Großen Bruder, der es haßt, wenn ein anderer Großer Bruder genau dasselbe tun würde.[3]

Drittens, die Abschaffung der Armee löst nicht das Problem, wie die Kapazitäten und Tugenden des Militärs für den Frieden nutzbar gemacht werden können. So wurde in der Schweizer Debatte im Herbst 1989 beim Referendum über die Abschaffung der Schweizer Armee zum Jahre 2000 (35,6% stimmten dafür, was in der Schweizer Armee schockartige Reaktionen auslöste) Alternativen nur geringe Aufmerksamkeit geschenkt. Eine Ausnahme war die Idee eines nationalen Dienstes für alle.

Konversion zu zivilen Zwecken. Das Konversionsmodell unterscheidet sich vom Abschaffungs-/Nichtanschaffungsmodell, daß es gradueller ist und nicht notwendigerweise mit der Auflösung endet. Darüber hinaus ist dieser Ansatz auch für größere, ja sogar »große« Militärmächte akzeptabler. Die drei obigen Probleme treten auch hier zutage, wenn auch nicht in dem Ausmaß. Aber es gibt noch einige andere Probleme.

Konversion führt zu keinem Bruch mit der klassischen Militärtradition, es sei denn, sie ist nahezu vollständig. Die beklagenswerten Muster der Vergangenheit können ohne große Schwierigkeiten wieder eingeführt werden. Es gibt keinen Bedarf, neue Antworten auf die Probleme der äußeren und inneren Sicherheit zu finden.

Darüber hinaus muß Konversion die militärische Zerstörungskraft nicht unbedingt schwächen, sondern stärkt sie vielleicht sogar noch. Falls das, was konvertiert wird, Menschen sind, die aus dem Militär in die Wirtschaft geschickt werden – vorausgesetzt, dies ist bei der gegenwärtigen Massenarbeitslosigkeit überhaupt möglich –, dann wird sich das Militär wahrscheinlich kapitalintensiveren Methoden zuwenden. Falls Kapital konvertiert werden sollte, welches dem Militäretat entnommen und für den Sozialbereich oder niedrigere Steuern genutzt wird – vorausgesetzt, die gegenwärtigen Haushaltsdefizite lassen dies zu –, dann wird sich das Militär wahrscheinlich technologieintensiveren oder arbeitsintensiveren Methoden zuwenden. Und so geht es weiter: *Aktion* führt zu *Reaktion*, Konversion führt zu Rekonversion.

---

3 Deshalb weist Barbey (a.a.O.) darauf hin, daß 13 der 28 Länder internationale Verteidigungsverträge besitzen: 5 mit den USA, 2 mit Neuseeland, 1 mit Frankreich, 1 mit Nepal, 1 mit Papua-Neuguinea, 1 mit dem Senegal, 1 mit Großbritannien und eins mit der NATO (Luxemburg).

Ein weiterer Punkt, der heute vor allem in Rußland zu beobachten ist, trifft auf beide Ansätze zu. Das Militär verschafft auch eine Lebensgrundlage, weil man als Soldat ein sicheres Einkommen und zumindest Garantien für die Grundbedürfnisse hat. Es gibt sogar eine halbwegs sichere Rente, die letztlich von der militärischen Fähigkeit garantiert wird, den Staat zu kontrollieren. Außerdem kreiert Auflösung oder Konversion keinen großen Enthusiasmus. Jeder Leser und jede Leserin möge dies bei seinem bzw. ihrem eigenen Berufsstand überprüfen.

Die Alternativen, die dem Militär offenstehen, liegen gewissermaßen auf der Hand. Ich denke nicht an ein großes Projekt, welches eine große, gut disziplinierte Organisation benötigt, wie zum Beispiel der Wiederaufbau und die Hilfe nach natürlichen (Hurrikan, Tsunami, Erdbeben), sozialen (internen und externen Kriegen) oder ökologischen Katastrophen (Abholzung und Versteppung). Diese Art von Arbeit kann ebenso oder sogar viel besser von gut organisierten und engagierten Leuten ohne jedes militärische Training durchgeführt werden. Ich denke an Alternativen, die mit dem Militär als solchem zu tun haben.

Neue Aufgabe I: defensive, nicht-offensive, nicht-provokative Verteidigung

Wenn das Militär offensiv gegen andere Länder und soziale Gruppen eingesetzt wurde, dann ist dies der Punkt, an dem bei der Verteidigung angesetzt werden sollte. Im Falle externer Angriffe kann ein Mix aus konventioneller militärischer Verteidigung (KMV), para-militärischer Verteidigung (PMV) und nicht-militärischer Verteidigung (NMV) das Land relativ immun dagegen machen.[4] Eine Komponente allein wird dies wahrscheinlich nicht schaffen. Alle drei zusammen können einen potentiellen Angreifer leicht zum Nachdenken bringen: »Ich kann das Land erobern und besetzen, aber das wird zu endlosen Problemen mit kleinen und versteckten Angriffen führen, und die gesamte Bevölkerung wird nicht kooperieren und nicht gehorchen.« Mikro- anstelle von Meso-Verteidigung.

Natürlich wird das Militär bei der KMV und der PMV eine wichtige Rolle spielen. NMV ist komplexer, wenn man an die moralische Verpflichtung denkt, keine Gewalt anzuwenden. Aber die Soldaten sind ebenfalls in erster Linie Zivilisten. Warum sollten ihre Tugenden nicht angewandt werden? Defensive Verteidigung ist eine Verpflichtung, nicht die Zivilbevölkerung der anderen Seite anzugreifen. Das ist bereits ein Schritt in

---

[4]   Vgl. mein: *Es gibt Alternativen!*, Opladen 1984. Dort wird dieses Konzept stärker ausgeführt, insbesondere in Kapitel 5. Siehe auch den exzellenten Rundbrief *NOD & Conversion* des Zentrums für Friedens- und Konfliktforschung in Kopenhagen.

Richtung Gewaltfreiheit. Defensive Verteidigung mag den Weg ebnen für eine stärkere Verpflichtung des Militärs zur Gewaltfreiheit. So kann es zukunftsweisend sein.

Ich will ein wenig mit diesen Worten spielen. Es gibt einen *offensiven Angriff*, der auch als Aggression bezeichnet wird: einfach weiter marschieren, einmarschieren, zuschlagen und zupacken. *Kriegsministerien* taten genau dies zu Beginn dieses Jahrhunderts. Heute wird Aggression nicht nur oft als unmoralisch und illegitim angesehen, sondern – noch schlimmer – als von der Geschichte überholt. Es muß zumindest ein Vorwand jenseits reiner Kriegslust und Beutegier geliefert werden, wie zum Beispiel die Notwendigkeit, einer Aggression der anderen Seite präventiv zuvorzukommen. Wie sagte das alte Sprichwort: Angriff ist die beste Verteidigung. Das Ergebnis könnte als *defensiver Angriff* bezeichnet werden.

Das schmeckt dennoch nach Heuchelei. Zudem widerspricht es der Regel, daß die Seite, die den ersten Schuß abgibt, schuld an der Aggression ist, gleich welche Beweggründe sie auch dafür hat. Es ist besser, darauf zu warten, daß der andere beginnt, und erst dann einen richtigen Angriff zu starten; mit anderen Worten: *offensive Verteidigung*. Das bedeutet Offensivfähigkeit innerhalb einer Verteidigungshaltung. *Verteidigungsministerien* arbeiten nach diesem Prinzip.

Selbst wenn jedoch die Intention vollkommen defensiv sein sollte (was sie normalerweise nicht ist), so bringt jede Offensivfähigkeit jedwede andere Seite ins Grübeln, was eigentlich wirklich vor sich geht. Intentionen sind billig, nämlich nur ein paar Worte; Potentiale sind teuer, nämlich viel Hardware. Andere könnten die Schlußfolgerung ziehen, daß offensive Verteidigung, ja sogar offensiver Angriff, erwogen wird. Das war ein grundlegendes Dilemma der »Vorwärts-Strategien« beider Seiten im Kalten Krieg.

Aus dieser mißlichen Lage heraus entstand die vierte Möglichkeit: *defensive Verteidigung*. Wenn die eigenen Absichten rein verteidigungsorientiert sind, dann sollte sich das im eigenen Potential zeigen. Hier sprechen die Reichweite und die Präzision der Waffensysteme eine deutlichere Sprache als das beruhigende Vokabular der Verteidigungsabsichten. Geheimdienste sind dazu da, versteckte Wahrheiten herauszufinden.

Ein Beispiel: Ist die defensive Verteidigungshaltung einer Demokratie, die als verläßlicher Partner einer Supermacht bekannt ist, vertrauenswürdig? Oder ist nicht selbst ein diktatorischer Nicht-Partner vertrauenswürdiger? War Norwegen oder war Rumänien während des Kalten Krieges für andere Staaten bedrohlicher? Wie das Beispiel zeigt, gibt es viele Faktoren zu bedenken, wenn man defensive Verteidigung erforscht.

All diese Ansätze haben eines gemeinsam: irgendeine Art von »Roll-back« und igelartiger Verteidigung. Andere sollten keinen Grund zur Beunruhigung haben und sich nicht provoziert fühlen (selbst wenn sie behaupten, daß sie es wären). Aber sie sollten sich völlig über den Willen zum Gegenschlag aus allen Teilen der Gesellschaft im klaren sein, falls das Land angegriffen werden sollte.

Wenn man sich die Trümmerlandschaft aus den Kriegen des 20. Jahrhunderts ansieht, dann erkennt man, wie oben erwähnt, einen kompatiblen Trend: Internationale Kriege nehmen tendenziell ab, während innerstaatliche Kriege zur Eroberung oder zur Trennung von der Regierungsgewalt auf dem Vormarsch sind. Kriege können wie Telefongespräche über eine kurze wie eine lange Distanz geführt werden. Aber erstere haben meist reichlich Unterstützung von weiträumig operierenden, berühmten Mächten des Kalten Krieges. Die Kompatibilität wird zu einem zweischneidigen und nicht sehr defensiven Schwert: auf der einen Seite weniger Langstrecken-Waffen für weniger Langstrecken-Kriege (Ex-Jugoslawien, Ex-Sowjetunion, Afrika), auf der anderen Seite können Waffen, die niemanden in der Ferne provozieren, vor der eigenen Tür absolut tödlich sein. Eine Umrüstung auf Kurzstreckenwaffen könnte deshalb ein Rezept für Nahbereichsgewalt sein. Das heißt, sie ist nur für solche Länder zu empfehlen, die keine nennenswerten inneren Spannungen aufweisen, seien diese auf Klassenebene (Revolution) oder auf nationaler Ebene (Sezession) oder auf beiden angesiedelt. Defensive Verteidigung als KMV oder PMV beantwortet nicht die Einwände seitens der Pazifisten. Eine bessere Antwort ist die NMV als integraler Bestandteil einer defensiven Verteidigung.

Defensive Verteidigung, die auf Kurzstreckenwaffensystemen beruht, stößt auf ein weiteres Problem. Schnelle Eingreiftruppen, die mit starken Mächten in Verbindung gebracht werden, welche die schwachen disziplinieren, werden abgeschafft. Aber wie steht es dann um friedensbewahrende Truppen, die aus vielen Teilen der Welt zusammengestellt werden, um genau das zu tun, nämlich den Frieden zu bewahren? Bis zu dem Grad, daß sie nicht (zu) offensiv sind, also gewalttätig, werden sie durch dieses Konzept nicht ausgeschlossen. Die allgemeine Haltung, das Training, das verbale und nonverbale Verhalten zählen. Aber logistisches Langstreckenpotential für Trägerwaffen ist ein guter Grund für Mißtrauen. Es könnte dadurch besänftigt werden, daß man internationale Inspektionen erlaubt.

Eine dritte, vielversprechendere Spur in der Trümmerlandschaft bietet sich aus der Vogelperspektive der Kriegsgeschichte. In der fernen Vergangenheit erkennen wir *primitive Kriege*, die wild, unorganisiert und mit viel Zeter und Mordio vor dem ersten Blutstropfen oder vor dem ersten Opfer vonstatten gingen. Krieg als Mechanismus der Konfliktlösung. Nicht ganz so weit zurück liegen die *traditionellen Kriege* der Kriegerkasten, welche diszipliniert vonstatten gingen und auf Werten wie Tapferkeit und Ehre aufbauten. Und dann können wir die Blutspur riechen, die, wie oben erwähnt, durch den effizienten, *modernen Krieg* »mit allen erforderlichen Mitteln« Clausewitzscher Art geschaffen wurde.

Und kürzlich trat ein neues Phänomen zutage, welches als *postmoderner Krieg* bezeichnet werden könnte und vielleicht dessen letzte Generation darstellt. Die Parteien sind mit ausreichenden Zerstörungspotentialen versehen, um Hunderte von Jahren Kriege der alten Kategorien führen zu können. Aber sie lassen nicht alles gegeneinander los, oder präziser gesagt, gegen das Militär der anderen Seite. Sie halten sich zurück, aber nur in dem Sinne, daß sie sich nicht direkt in einer Schlacht treffen. Sie überlassen das Kämpfen anderen, zum Beispiel in der Dritten Welt, was ein angemessener Name für die Region ist, wo dritte Parteien leben.

Oder noch feiger: Sie nutzen ihre Waffen unter Umständen, um Zivilisten zu töten oder ungeschützte Soldaten auf der anderen Seite. Die Indochinakriege und der Golfkrieg liefern gute Beispiele, wie das Gewinnen eines Krieges bedeutet, weniger Verluste als die andere Seite zu haben. Dabei wird dem Horror, der von den anderen Millionen erlitten wurde, inklusive der Hunderttausenden von Getöteten, Verletzten oder Hinterbliebenen, keinerlei Beachtung geschenkt. Unglücklicherweise ist diese Logik vereinbar mit der defensiven Verteidigung, wie man beim Krieg in Ex-Jugoslawien sehen kann, einem Land, welches auf dem Weg zu einer (relativ) defensiven Territorialverteidigung ziemlich weit fortgeschritten war.

Demnach ist die Aussicht für interne Konflikte, die heute den normalen und dominierenden Typ gewaltsamer Konflikte darstellen, problematisch. KMV und PMV haben als Bedingung, daß Waffen schon im voraus an die Bevölkerung verteilt werden, wenn auch in kleinerem Umfang. Zum Beispiel lagert die Schweizer Armee Waffen zu Hause und nicht nur in den großen Arsenalen, die erobert werden können. Das Militär würde als *ultima ratio regis* eingreifen, falls die gesamte soziale Ordnung zusammenbricht, die Polizei nicht in der Lage ist, das Problem in den Griff zu bekommen und das gewaltfreie Potential, welches in der Bevölkerung für NMV existiert, erschöpft ist.

Es wäre eine Alternative, die Nutzung der territorialen Grenzen für die Unterscheidung von intern/extern aufzugeben, da jeder weiß, wie realitätsfern diese Grenzen häufig sind. Selbst wenn Konflikte zwischen den *Staaten* relativ gesehen abnehmen, so gilt dies mit Sicherheit nicht für Konflikte zwischen den *Nationen*. Man stelle sich vor, daß Nationen und nicht nur Staaten ihre Fähigkeit zur defensiven Verteidigung und vor allem der NMV ausbauten. Man stelle sich vor, die Völker Ex-Jugoslawiens hätten

NMV ausbauten. Man stelle sich vor, die Völker Ex-Jugoslawiens hätten gewaltfreien Widerstand geleistet und wären dabei von ausländischen Freiwilligen unterstützt worden; und sie wären nicht einfach gegangen und geflohen. So haben sie in der Ferne zwar überlebt, sind aber zu stummen Zeugen ihrer eigener Degradierung geworden.

Neue Aufgabe II: Erweiterung der friedensbewahrenden Streitkräfte

Ein Konflikt hat die Phase physischer Gewalt erreicht. Die Parteien scheinen unfähig oder unwillig zu sein, die Gewalt unter Kontrolle zu bringen. Menschen leiden, und eine Intervention von außen scheint der einzige Ausweg zu sein. Eine Einladung hierfür wäre vorzuziehen, aber zur Not geht es auch ohne eine solche. Schreie aus der Nachbarwohnung – eine Frau, die von ihrem Mann, sowie Kinder, die von ihren Eltern geschlagen werden – sind ebenfalls Hilferufe für ein Eingreifen von außen in die Privatsphäre der Wohnung. Es gibt eine Doktrin der begrenzten Souveränität, die davon abhängt, wie Macht ausgeübt wird; in der Familie und in einer Nation.

Die Frage lautet, was zu tun ist und wie es zu tun ist.

Daß die Aufgabe der Friedensbewahrung dem Militär übertragen wurde, heißt nicht notwendigerweise, daß es für diese wirklich geeignet und angemessen ausgebildet ist. Vielleicht war das Militär nur gerade verfügbar, besonders in Demokratien, die einen »Überschuß« an innerem Frieden haben. Deshalb können die Armeen losziehen, ohne in der Zwischenzeit zu Hause einen Staatsstreich fürchten zu müssen. Vielleicht gibt es jedoch nach dem Kalten Krieg auch einen Überschuß an Militär. Sobald es um Gewalt geht, werden Gewaltexperten herbeigerufen, die sich mit der Handlungsweise und dem Denken gewalttätiger Menschen auskennen.

Dafür spricht einiges, wie ja auch die Polizei oft Kriminelle um ihren Rat fragt, um ein Verbrechen besser zu verstehen. Aber die Polizei beschränkt sich nicht auf diese Quelle von Erkenntnissen. Man sollte also darüber nachdenken, wie die Trainingsbreite und damit die Angemessenheit von friedensbewahrenden Streitkräften erweitert werden kann. Dabei sollte man rundum akzeptieren, daß eine *Kenntnis der Gewaltmittel notwendig ist*, sowohl für ein besseres Verständnis gewalttätiger Parteien wie auch für eine begrenzte Selbstverteidigung. Offensichtlich fällt die Ausbildung zum Kampf im Krieg nur dann mit der zur Bewahrung des Friedens zusammen, wenn die Konfliktparteien als Feinde betrachtet werden, und dies ist kein angemessener Ausgangspunkt.

Wie steht es etwa mit einer *polizeilichen Ausbildung*, um zum Beispiel Menschenmengen zu kontrollieren? Wie wäre es mit dem klassischen »Bobby« oder Dorfpolizisten, der seiner eigenen Autorität mehr vertraut als der Handwaffe, die an seinem Gürtel hängt, und nicht etwa der nationalen Sicherheitspolizei, die als lokale schnelle Eingreiftruppe dient? Wären sie nicht auch älter und erfahrener als die frisch einberufenen Soldaten? Könnten Polizisten und Soldaten in so einer Truppe zusammenarbeiten, oder wäre es besser, die zwei Ausbildungen in einer Gruppe allein durchzuführen? Ist es in diesem Fall eindeutig, daß das Militär geeigneter ist als (eher auf Streitschlichtung trainierte) örtliche Polizeikräfte, Gruppen auseinanderzuhalten sowie im Falle eines Versagens auf eine oder auf beide zu schießen oder sich zurückzuziehen?

Wie steht es mit *gewaltfreier Ausbildung*, die sich nicht so sehr auf Nicht-Kooperation und zivilen Ungehorsam erstreckt, sondern mehr auf positive Gewaltfreiheit und konstruktive Handlung, auch wenn sie manchmal vorwiegend symbolischer Natur ist? Auch auf die Gefahr hin, naiv zu klingen: Wie wäre es, Friedensbewahrer darin auszubilden, sich Gewalttätern gegenüber als Menschen freundlich und nicht nur korrekt zu verhalten, in der Hoffnung, dadurch menschlicheres Verhalten bei ihnen hervorzurufen? Könnte man versuchen, sie zu verstehen? Könnte man bei einem sofortigen Wiederaufbau behilflich sein, um damit zu versuchen, ihre Gewalt zu negieren?

Wie steht es mit einer *Ausbildung in Konfliktvermittlung*, so daß man zum Beispiel weiß, was man in einem Zimmer sagen sollte, in dem die kämpfenden Parteien sitzen, die von voll und ganz gerechtfertigtem Haß erfüllt sind, ohne ein reiner Wachposten zu sein? Warum sollten sich solche Fähigkeiten nicht auch im gemeinen Friedensbewahrer finden lassen, anstatt nur in den höheren Chargen, falls sie dort überhaupt anzutreffen sind?

Wie wäre es, wenn *die Hälfte der Friedensbewahrer Frauen wären*, wenn man davon ausgeht, daß Frauen im allgemeinen geeigneter sind, bessere zwischenmenschliche Beziehungen aufzubauen, sich weniger mit der Hardware der Friedensbewahrung und abstrakten Prinzipien aufhalten und vor allem weniger zum Abdrücken neigen?

Würde das nicht die Idee der Friedensbewahrung komplett verändern, weg von der reinen Bewahrung und hin zur Friedensschaffung und zum Friedensaufbau? Die Antwort darauf lautet wahrscheinlich, daß erstens jede strikte Unterscheidung wie diese alte in der Praxis sowieso irgendwie zusammenbricht, und daß es zweitens besser wäre, die Aktivitäten zu kombinieren. Der Frieden läßt sich am besten bewahren, wenn man ihn zugleich schafft und aufbaut.

Hier zeigen sich zwei mögliche Ansätze.

Laßt 10 000 Dialoge blühen. Die wahren Experten in einem Konflikt sind die intern Beteiligten. Doch ihre Visionen können durch ihre Konfliktbeteiligung getrübt sein. Die extern Beteiligten, die Diplomaten, Friedensbewahrer und Friedensarbeiter, sind die Amateure. Sie können dazulernen, aber ihre Visionen können ebenfalls durch ihre Konfliktbeteiligung getrübt sein. Beispiele hierfür sind die nationalen Interessen eines Staates oder einer Staatengruppe, aus denen sie kommen, oder etwa ihre persönlichen Machtinteressen sowie vielleicht ein Nobelpreis? Wie läßt sich dieses Dilemma lösen?

Eine Möglichkeit kann es sein, die Menschen sprechen zu lassen und ihnen zuzuhören. Die Menschen sprechen sowieso. In Jugoslawien gibt es bestimmt jeden Tag Tausende Dialoge, wie der Konflikt gelöst werden kann. Diese enorme Kreativität wird verschwendet: Die Welt, inklusive der intern Beteiligten, sind von den Medien dazu abgerichtet worden, nur einer Handvoll Auswärtiger und einigen internen Anführern zuzuhören. Die Demokratie beruht darauf, daß jeder und jede etwas beizutragen hat, und daß dieses Recht ernstzunehmen ist. All dies wird beiseite geschoben.

Man stelle sich Tausende von auswärtigen Freiwilligen vor, die in das Konfliktgebiet kommen, um die Dialoge der Menschen zu organisieren und zu überwachen. Sie müßten dafür ausgebildet werden. Der Dialog muß nicht mündlich vonstatten gehen. Es könnten auch schriftliche Eingaben gemacht werden, solange die Menschen sowohl zur Konfliktdiagnose und -prognose wie auch zum allgemeinen Ideenfonds bezüglich der Therapien beitragen.

Die Protokolle dieser Begegnungen sollten dann aus Geschwindigkeitsgründen elektronisch an einem zentralen Ort zusammenfließen und der Weltöffentlichkeit allgemein zugänglich gemacht werden. Es wird viel Lärm geben, aber auch einige Edelsteine und Juwelen. Die Vorschläge werden höchst kontrovers sein, wie sich in einem Konflikt erwarten läßt. Aber es wird Erkenntnisse geben, die alles übertreffen, was extern Beteiligte beitragen könnten. Auswärtige »Vermittler« sind oftmals um so weiter von der Realität entfernt, je höher ihre Position ist, wie man in Somalia und Jugoslawien ganz deutlich sehen kann.

Dieses zu organisieren wird keine leichte Aufgabe sein. Es geht hier nicht um etwas relativ Einfaches und Mechanisches, wie Wahlen und Wahlbeobachtung, obwohl auch das problematisch ist. Die auswärtigen Organisatoren müssen für die Themen sensibel und sorgfältig genug sein, um die Kreativität der Menschen anzuregen, ohne ihre Aussagen zu entstellen. Im besten Fall sollten sie Sprachcrashkurse absolvieren oder lernen, wie man mit Dolmetschern arbeitet und mit den zusätzlichen Problemen umgeht, die das mit sich bringt. Zudem müssen sie in der Lage sein, mit den Netzwerken umzugehen und die Ideenströme zu bändigen, um die schmalen Flüßchen aus abgelegenen Dörfern in die Flüsse münden zu lassen, die schließlich den für alle verfügbaren Pool an Konflikterkenntnissen bilden.

Aber könnte dies nicht viel einfacher durchgeführt werden, indem man ein Meinungsforschungsinstitut beauftragt? Garantiert nicht, denn dies würde nur das isolierte Denken von Einzelpersonen anzapfen. Es geht um den Dialog, bei dem verschiedene Konfliktparteien anwesend sind, so daß die Gedanken den Argumenten der anderen Seite ausgesetzt sind. Und sie sollen dabei dennoch durch sanfte Anstöße geleitet werden, um zu einem Brainstorming bezüglich möglicher Heilmethoden zu gelangen. Zu behaupten, dieses diene nur dem »Dampfablassen«, ist eine Beleidigung, wenn man es nur auf die kleinen Leute anwendet und nicht ebenfalls auf die höheren Chargen. Es ist am besten, wenn man die Menschen ernst nimmt.

Geiseln für den Frieden. Eine Erfahrung aus Nicaragua zu Zeiten der Kämpfe zwischen *Contras und Sandinisten* zeigte, daß Dörfer, in denen Ausländer als Geiseln für den Frieden lebten, verschont wurden: Menschen, die gewalttätig sein möchten, wünschen normalerweise nicht die ganze Welt als Zeugen dabei, und sie möchten auch nicht für die Ermordung von ausländischen Zeugen verantwortlich gemacht werden. Der Ansatz birgt Risiken, aber wahrscheinlich keine größeren als die Beteiligung in den nahezu unbewaffneten UN-Truppen zur Friedensbewahrung. Das wiederum ist viel risikoloser als die Beteiligung an friedensdurchsetzenden Missionen nach Kapitel VII der UN-Charta.

Man stelle sich also 100 000 solcher Geiseln vor, die vor allem in den Konfliktgebieten angesiedelt sind, und zwar so massiv, daß praktisch kein Platz mehr zum Kämpfen übrigbleibt. Denn Kämpfen ist schließlich eine sehr raumintensive Aktivität. Es müßten lebenswichtige Unterstützungspfade eingerichtet werden, wie sie zum Beispiel für die Zehntausende von UNO-Soldaten in Ex-Jugoslawien existieren. Es versteht sich von selbst, daß die Freiwilligen nicht nur Geiseln wären, sondern gleichzeitig auch Friedensarbeit durch Dialoge leisten könnten, wie dies oben ausgeführt wurde. Die beiden Aufgaben würden sich sogar gegenseitig verstärken.

Das Problem besteht darin, wo die 100 000 Geiseln herkommen sollen. Durch das Prinzip der Freiwilligkeit würden nicht viele Leute und Geldmittel zusammenkommen. Der Staat müßte hier der Zivilgesellschaft zur Hilfe kommen. Eine Möglichkeit wären Kriegsdienstverweigerer, die in Italien mittlerweile 20% und weit mehr unter den Wehrpflichtigen in Deutschland ausmachen. Sie haben ein Recht, für den Frieden zu arbeiten und nicht nur in einen »Zivildienst« abgeschoben zu werden, der mehr oder weniger sinnvoll ist.

Eine weitere Möglichkeit wären Soldaten, aber nicht in Uniform, sondern höchstens in irgendeiner normalen, rein zivilen Kleidung, bei der Weiß die dominierende Farbe sein sollte. Sie sollten mehr wie Ärzte als wie Soldaten aussehen. Der Idealfall wäre eine Verbindung beider Gruppen, um den Unterschied aufzuheben.

Wie immer man in diesem Fall vorgeht, so muß in diesem Zusammenhang auf einen Punkt hingewiesen werden. Als die Menschen noch als Jäger und Sammler lebten, schienen die Männer hauptsächlich auf Jagd gewesen zu sein, während die Frauen vorwiegend sammelten. Es gibt hier eine klare Verbindung zum Militär in traditionellen, modernen und postmodernen Gesellschaften: Das Militär ist vorwiegend männlich. Das Land, welches momentan versucht, das Tabu für Frauen in Kampffunktionen aufzubrechen, sind die USA. Die Konsequenz eines männlichen Militärs sind männliche Kriegsdienstverweigerer. Das bedeutet, daß eine Begrenzung dieser wichtigen Konfliktarbeit auf Soldaten und Kriegsdienstverweigerer nur ein weiteres Zeichen des Patriarchats wäre.

Daraus folgt, *daß für jeden angeworbenen Mann bei diesen Aufgaben eine Frau angeworben werden sollte.* Eine Möglichkeit wäre zum Beispiel ein allgemeiner nationaler Dienst, wogegen es zwei berechtigte Einwände gibt:

1. Er ist verpflichtend und erweitert die Macht des Staates.

2. Ein solcher Dienst wäre vorwiegend etwas für junge Leute, die vielleicht noch nicht über genügend Lebenserfahrung verfügen, um für Konfliktarbeit geeignet zu sein.

Ein weiteres Modell wäre das Modell der Friedenscorps, wie es sie zum Beispiel in den USA und Norwegen gibt: Freiwillige beiderlei Geschlechts und jeden Alters, wobei der Staat die Kosten trägt. Schon der Name ist überzeugend, und Konfliktarbeit, wie sie oben dargestellt wurde, kann dem Namen Substanz verleihen. Daneben kann die Entwicklungsfunktion, die bis jetzt mit den Friedenscorps verbunden wird, auch hier nützlich sein. Es fällt immer Entwicklungsarbeit an, inklusive für den Wiederaufbau von kriegsgeschädigten Gesellschaften. Es gäbe auch keinen Unterschied zwischen jenen, die jede Art von Gewalt ablehnen, und jenen, die, wie der Autor dieser Zeilen, an einen Frieden durch friedliche Mittel glauben, inklusive defensiver Verteidigung und einer breitangelegten Friedensbewahrung.

TEIL II: KONFLIKT

Religion, Kultur, Gewalt

In der modernen Friedensforschung kennen wir drei Formen von Gewalt: direkte Gewalt, strukturelle Gewalt und kulturelle Gewalt. Gewalt jeder Art ist, »was weh tut«. Wenn jemand »weh tut«, hat er Schuld – eine alte Problemstellung, von Martin Buber klassisch formuliert. Es gibt nun die Möglichkeit, daß die Gewalt in Strukturen »eingebaut« ist, beispielsweise in Wirtschaftsstrukturen. Diese Gewalt »tut weh« vor allem bei denen »ganz unten« – das nennen wir Elend. Bei politischer Gewalt resultiert unmittelbare Unfreiheit – wir sprechen von Repression. Und dann gibt es diese dritte Form der Gewalt, die kulturelle Gewalt: Sie umfaßt alles, was es in den Kulturen gibt, um strukturelle oder direkte Gewalt zu legitimieren – so daß man also das Gefühl hat, es sei ja ganz »richtig«, was da vor sich geht.

Wir sind hier in Isny, einer mittelalterlichen Stadt, gegründet 1096, in einem sehr spannenden Jahrhundert – worüber Till Bastian meisterlich geschrieben hat.[1] Ein Jahrhundert des Aufbruches: Es gab mehr Geld, es gab mehr Mobilität – und es gab zwei fatale Entscheidungen. Da war Papst Leo IX. – im Jahre 1054 verantwortlich für das Schisma zwischen katholischer und orthodoxer Kirche. Und da war Papst Urban II., der Cluniazenser, der am 27. November 1095 seine berühmte Rede gehalten und damit die Kreuzzüge eingeleitet hat.

Also haben wir zwei Bruchlinien in Europa. Diese Bruchlinien schneiden sich in einer Stadt – und diese Stadt ist Sarajewo. Rund um Sarajewo liegt Bosnien. In Bosnien-Herzegowina haben wir soeben Wahlen erlebt.

Dabei ist völlig klar, und jeder konnte wissen, daß die Serben, die Kroaten und die Bosnier nicht gerne zusammenleben wollen. Es ist meines Erachtens eine Illusion – vor allem der deutschen Außenpolitik – anzunehmen, daß Bosnien-Herzegowina *ein* Land ist; man möchte es eben gerne so sehen. Es gibt ein Abkommen von Dayton/Ohio; das ist ziemlich weit von Sarajewo, über das man dort ziemlich wenig weiß, entfernt, und dort hat man auch mit dieser Illusion gearbeitet – weil man jene Bruchlinien übersieht, von denen ich eben gesprochen habe.

---

[1] Vgl. Till Bastian: »Im Jahre 1096. Arabesken zur Geschichte von Kloster und Stadt Isny«, in: E. Reinhard (Hrsg.): *Reichsabtei St. Georg in Isny 1096–1996,* Weissenhorn 1996.

Vor 900 Jahren hat man also die Kreuzzüge begonnen, offiziell wegen des problematischen Zugangs zu den heiligen Stätten in Jerusalem. Dieser Zugang war aber eigentlich gar nicht gefährdet – der Zugang ist heute viel problematischer. Es geschah also etwas, was für die Weltgeschichte sehr typisch ist: Zwar kam es zu einem Waffenstillstand im Jahre 1291, 196 Jahre nach jener Predigt des Papstes Urban II., aber es gibt bis heute keine Lösung: das Problem besteht noch immer. Es ist, könnte man sagen, sogar so dringlich wie nie zuvor – das sieht man jeden Tag, den man über Ostjerusalem berät.

Warum ist eigentlich der Glaube, die Religion derart wichtig? Und warum kann man sagen, daß die wahre Geschichte Europas eigentlich die Geschichte jener Dreiteilung seit 1054 und 1095 ist? Es hat dies mit der Ewigkeit, mit dem »ewigen Leben« zu tun. Es gibt eine ganz klare Beziehung zwischen den Thesen der Religion und der »gerechten« Gewalt. Es gibt den »gerechten« Krieg und den »heiligen Krieg« – der »gerechte« Krieg ist ein Krieg, von dem man sagen kann, daß er in der Religion seine Legitimierung findet. Papst Urban II. hat damit angefangen: Dieser Krieg ist gerecht, weil die Seldschuken die heiligen Stätten besetzt haben und die Pilger in Schwierigkeiten geraten. Der »heilige« Krieg geht aber noch einen Schritt weiter: nämlich durch die Möglichkeit, durch Kriegseinsatz den Zugang zum Paradies zu finden. Eigentlich, könnte man sagen, hat Papst Urban II. auch schon dies ganz klar gesagt: Wenn du auf dem Weg nach Jerusalem bist, erhältst du Sündenerlaß, wenn du Jerusalem erreichst, ist dein Zugang zum Paradies garantiert. Und als dritter Punkt, wenn du zurückkommst – dann wird es auch eine Belohnung auf der Erde geben ...

Der Soziologe Ulrich Beck sagt, wir lebten heute in einer »Risikogesellschaft« – aber auch die Gesellschaft von 1095 war eine Risikogesellschaft, allerdings hat Papst Urban die Versicherungsprämien verändert. Und die Begeisterung war enorm. In Deutschland hat man 1096 Tausende von Juden massakriert; Daniel Goldhagen sollte vielleicht seine Perspektive etwas verändern, denn es gab nicht erst bei Hitler »willige Vollstrecker«, sondern auch schon bei Gottfried von Bouillon. Auf dem Weg nach Jerusalem haben die Kreuzfahrer dann auch Serben orthodoxen Glaubens massakriert – und das hat sich bei den Serben tief ins Kollektivgedächtnis eingegraben. Das Gedächtnis der Völker ist wie das der Elefanten, es vergißt nie.

Freilich wird eingewandt, daß die Menschen heute nicht mehr so gläubig sind wie im Mittelalter, der Glaube werde nur instrumentalisiert – von Menschen, die man als »Volksverführer« bezeichnet. Auch diese These hat, wie fast alle, die zu diesem Problemgebiet verfertigt werden, etwas Wahrheit in sich – nennen wir sie eine »7,3-Prozent-Wahrheit«. Das Schlimme ist immer: Wenn wir nur einer These glauben und sie als eine »100-Pro-zent-Wahrheit« bezeichnen – schon ist man verloren. Aber ein Umstand ist doch wichtig in unserer vorgeblich gottlosen Zeit. Und diesen kann man fassen mit Blaise Pascal, dem etwas zynischen französischen Philoso-phen, der einmal sagte: Ich weiß nicht, ob Gott existiert, aber es ist viel-leicht gefährlicher, an ihn *nicht* zu glauben, wenn er existiert, als an ihn zu glauben, wenn er nicht existiert. Man könnte natürlich sagen, dieser Glau-be »auf der sicheren Seite« sei nun nicht so viel wert, er sei gewissermaßen ein »7,3-Prozent-Glaube«. Betrachtet man die Dinge allerdings mathema-tisch, wird man finden, daß 7,3% der Ewigkeit immer noch eine Ewigkeit sind ...

Man könnte noch viel dazu sagen – die Schatten der Geschichte sind lang. Und wo die genannten Bruchlinien sich schneiden, in Sarajewo, hat man sozusagen das Zentrum des Euro-Bebens. Das haben wir schon am 28. Juni 1914 gesehen, beim Attentat auf Erzherzog Franz Ferdinand, und wir haben es in der jüngsten Vergangenheit erlebt. Wir werden es auch in der Zukunft sehen, wenn man nichts dagegen unternimmt.

Ich will nun kurz über Judentum, Christentum und Islam sprechen. Wieviel kulturelle Gewalt gibt es in diesen Religionen – also z. B. Verse oder Texte des Glaubens, die direkte Gewalt legitimieren? Das Ausmaß ist ungeheuerlich. Bei den Kreuzrittern war Lukas (19, 27) besonders beliebt (»Doch jene meine Feinde, die nicht wollten, daß ich über sie herrschen sollte, bringet her und macht sie vor mir nieder.«). Und die Theologen des Mittelalters erklärten eifrig, die Heiden seien ja nicht so schlimm wie die Muslime – denn die Heiden haben ja nicht das Licht gesehen. Die Muslime aber wissen, daß es Jesus gibt, sie lesen darüber im Koran, und dennoch sind sie nicht bereit anzuerkennen, daß er Gottes Sohn ist. Wenn einer das Licht gesehen hat, und nicht anerkennt – dann ist man im obigen Sinne (Lukas 19, 27) zum Töten berechtigt ...

Bei den Muslimen findet man das Wort »Dschihad«, und die gebildeten Menschen wissen, daß dieses Wort überhaupt nicht »Heiliger Krieg«, son-dern »Anstrengung, Streben« bedeutet. Aber diese Anstrengung hat vier Etappen, man könnte auch sagen, vier Stufen – beginnend beim »inneren Schlachtfeld«, auf dem Gott und Satan um die Seele kämpfen, endend beim Krieg, der zunächst als Verteidigungskrieg verstanden wird: Durch das Schwert kann man niemanden bekehren. Die Muslime zitieren heute drei historische Beispiele, wo Gewalt im Sinne dieses Verteidigungskrieges für die Gläubigen berechtigt war und ist: erstens die Kreuzzüge, zweitens der Zionismus – und drittens die kommunistische Invasion in Afghanistan. Und über ein viertes Beispiel streiten die muslimischen Theologen: ob nämlich die »friedliche« westliche Durchdringung der muslimischen Welt eine Invasion in einem solchen Sinne darstellt, daß man berechtigt wäre, sich mit Gewalt dagegen zu wehren ... Bei einer Invasion wie der Frankreichs in Algerien 1835 scheint die Sache klar, und die Schatten der Vergangenheit sind hier in Gestalt der »Islamischen Heilsfront« (FIS) nur allzu sehr lebendig; wie es aber mit der rein »wirtschaftlichen« Durchdringung steht, ist einstweilen umstritten. Diejenigen, die keine Zweifel daran haben, daß Gegenwehr gerechtfertigt sei, sind die, die wir Terroristen nennen ...

Und das Judentum? Warum hat man Itzhak Rabin getötet? Das kann man nachlesen im Vierten Buch Mose (4, 55): »Wenn ihr aber die Bewohner des Landes nicht vor euch her vertreibt, so werden euch die, die ihr übriglaßt, zu Dornen in euren Augen werden und zu Stacheln in euren Seiten und werden euch bedrängen in dem Land, in dem ihr wohnt. So wird's dann geschehen, daß ich euch tun werde, wie ich gedachte, ihnen zu tun ...« Und Rabin – erst jüdischer Terrorist und später Mann des Friedens – hat in seinen späteren Jahren gesagt: Ich werde diese Menschen *nicht* vertreiben, sondern – ich will Verträge mit ihnen machen. Es scheint dann ja nicht überraschend, wenn zumindest ein junger Mann meinte, in seinen Ohren die Stimme Jahwes zu hören.

Warum wird das alles nicht diskutiert? In meinem Land, Norwegen, ist es ein totales Tabu. Man wagt nicht, über das Judentum zu diskutieren – teilweise, weil die Juden historisch so schrecklich gelitten haben, teilweise, weil man die Grundfesten auch der eigenen Zivilisation vor sich sieht. Wir sind, so scheint es, dieser Diskussion nicht gewachsen.

Ein anderes Beispiel: Wenn man wissen will, woher Baruch Goldstein stammt, der mindestens 44 Palästinenser im Tempel von Hebron getötet hat, so muß man das Buch Esther lesen, insbesondere 9, 5, und Goldstein hat tatsächlich seinem Sohn just diesen Text vorgelesen, am Tag vor seiner Tat: »So schlugen die Juden alle ihre Feinde mit dem Schwert und töteten und brachten um und taten nach ihrem Gefallen an denen, die ihnen feind waren ...«

Man könnte also sagen, es gibt eine Menge von Anmahnungen – ich habe sie mit einer gewissen Symmetrie zitiert, denn sie kommen aus derselben Quelle: aus der Vorstellung, auserwählt zu sein, und aus der Vorstellung vom »gelobten Land«. Aber wie ging es eigentlich weiter nach dem Ende des Mittelalters? Man sagt ja oft über diese Zeit: »Gott stirbt.« Daran glaube ich nicht – und ich glaube, daß auch sehr viele andere nicht daran glauben, aber als Wissenschaftler habe ich dann vor allem die folgende Frage: Wenn dem so war – wer sind dann die Nachfolger Gottes? Ich finde vier Nachfolger, die eine ähnliche Position in unserem säkularisierten Weltbild und in unserem modernen Wissen einnehmen. Gott war allmächtig – und das ist jetzt der Staat. Er besitzt jetzt das Gewaltmonopol, das Recht auf die »ultima ratio regis«. Gott war allgegenwärtig – und hier treten die Marktkräfte auf den Plan, wie sie Adam Smith so schön beschrieben hat: Wo immer zwei Menschen beisammen sind, gibt es einen »Markt«, der mit seiner »unsichtbaren Hand« hinter dem Rücken des homo oeconomicus die Dinge regelt. Gott war allwissend – und das ist jetzt die Wissenschaft. Und Gott war wohlwollend – er stellte uns im Jenseits ein Haus zur Verfügung, sofern wir eintrittsberechtigt waren. Dieses Haus ist die Nation geworden. Staat, Markt, Wissenschaft und Nation – das sind die vier neuen Götter. Tötet man in ihrem Namen? Allerdings!

Es gibt heute auf der Erde ungefähr 2000 Nationen, die genügend stark wären zu sagen: Wir möchten diesen Boden für uns. Es gibt ungefähr 200 Staaten. Es gibt ein Übermaß an Wissenschaft, und es gibt Märkte bis hin zum Weltmarkt. Im Namen dieser Götter endet in unserem Jahrhundert das blutigste Jahrhundert von allen. Man könnte daraus vielleicht schließen, daß man nicht an allem der Religion die Schuld geben kann. Man hat in ihrem Namen getötet, gewiß – aber die Nachfolger waren wohl kaum besser ...

Um dies zu untermauern, möchte ich noch etwas zur Geschichte des Mittelalters sagen, um das Thema »Staat« ein wenig genauer zu analysieren. Der moderne Staat verspricht seinen Bürgern, ihnen vieles zu garantieren, aber er verlangt von ihnen, notfalls ihr Leben für diesen Staat zu opfern. Genau das hat die Nationalversammlung im revolutionären Frankreich festgeschrieben, als sie im Jahre 1793 die allgemeine Wehrpflicht eingeführt hat – als erstes Land der Welt. Aber woher kommt dieser moderne Staat eigentlich? Um dies zu verstehen, muß man nochmals die Situation im Mittelalter untersuchen.

Es gab damals fünf Klassen – nicht drei, wie immer gesagt wird. Die Geistlichkeit, der Klerus; die Adelsleute; die Bürger; dann kamen die arbeitenden Menschen, einfache Handwerker, Landarbeiter, Leibeigene – und dann der Rest: eine Mischung aus Juden, Zigeunern, fahrendem Volk, den Rechtlosen aller Art. Doch dieses System hat nicht ewig gedauert – im 11. Jahrhundert begann eine Zeit des Aufbruchs, und in der Mitte des 14. Jahrhunderts, zur Zeit des schwarzen Todes, gab es den letzten Anstoß zum Zusammenbruch. Und es entstand etwas anderes. Wirtschaftlich gesehen, war die Lebensweise natürlich ganz und gar nicht »nachhaltig«. Man wußte nichts von Ökologie – wir heute handeln auch gegen die Ökologie, aber wir wissen das! Der Adel hatte seine Ideologie, und die bestand im Monopol auf Gewalt. Der Sohn eines Adligen wurde sozusagen auf zwei Ziele hin sozialisiert – zu töten und getötet zu werden. Auf die Lösung von Konflikten wurde keine Zeit verschwendet, eher galt: je

mehr Konflikte, desto besser. All das hatte vielleicht gewissen Stil, bedeutete aber eine klare Gewaltverherrlichung.

Das System brach zusammen, der Adel auf dem Land hatte nur noch
verringerte Einkommensquellen, die Leibeigenen flüchteten zum Teil in
die Städte – und in dieser Lage begann der Staatenbau: Es war gleichsam
das Heer auf der Suche nach einem Staat, nicht umgekehrt. Der deutsche
Friedensforscher Ekkehart Krippendorff hat diese Entwicklung genau untersucht.[2] Die hier vorgetragene These ist vielleicht – wie alle derartigen
Thesen – ein wenig überzogen, aber wenn es nur eine »82-Prozent-Wahr-
heit« wäre, wäre dies schon nicht ganz schlecht. Die adligen Gewaltmänner
finden im frühneuzeitlichen Staat also zwei Positionen, die sie monopoli-
sieren – als Heerführer, Generäle (und später auch Admiräle) und als Außenminister und Diplomaten. Noch heute findet man überall in Europa
sehr viele Adelige in diesen Tätigkeitsbereichen. Und man könnte sagen,
sie übertrugen die »schlechten Manieren« des Mittelalters noch in die neue
Zeit: zum Beispiel die Eigenart, immer leicht gekränkt zu sein, respektiert
werden zu wollen, stets von Macht zu reden und niemals »Weichheit« zu
zeigen ... Im Mittelalter gab es ja keine »Dialogbereitschaft« im modernen
Sinne, kein Interesse an gewaltfreien Konfliktlösungsstrategien. Den
Konflikt mit Gewalt zu lösen galt ja gerade als Chance, sich Ruhm und
Ehre in wachsendem Maße zu verschaffen. Wo wir heute von ökonomischem Wachstum reden, hat man sich ja damals ständig über das Wachstum der Ehre auseinandergesetzt – mit Raten von mehr als vier Prozent
pro Jahr, könnte man hinzufügen.

Das Nachfolgesystem der mittelalterlichen Weltordnung ist das moderne Staatensystem – kein sehr vielversprechendes Modell. Nach vierzig
Jahren Arbeit als Friedensforscher meine ich sogar, daß zwischen diesem
Staatensystem und einem Friedenssystem ein Grundwiderspruch besteht.
Aber das heißt überhaupt nicht, daß wir hoffnungslos sein müßten. Blik-
ken wir auf die Ordnung der mittelalterlichen Gesellschaft zurück und
betrachten wir die dritte der fünf Schichten oder Klassen, von denen ich
gesprochen habe – das waren die Bürger, die überwiegend in den Städten
lebten. Und die Städte verhielten sich im Verlauf der Geschichte eigentlich
immer recht moderat. Bildlich gesprochen: Ich glaube nicht, daß es in einer
Stadt wie Isny ein Stadtlied »Isny, Isny über alles, über alles in der Welt!«
geben könnte, mit den entsprechenden Andeutungen einer Grenzziehung
– wenn der Bürgermeister von Isny ein solches Lied anstimmen wollte,
würde vermutlich jeder lachen, oder man würde sagen: Hier ist die Anstalt,

---

[2] Ekkehart Krippendorff: *Staat und Krieg. Die historische Logik politischer Unver-
nunft,* Frankfurt a. M. 1985.

in der du Unterkunft finden kannst. Die Städte haben ja in der Regel kein stehendes Heer. Es gibt ein amerikanisches Sprichwort: Wenn du als Werkzeug nur einen Hammer hast, sieht die Welt wie ein Nagel aus. Wenn jemand ein Heer hat, ist die Welt plötzlich voller militärischer Probleme. Aber die Städte haben kein Heer, hingegen sind sie die Knotenpunkte von Wirtschaft und Kultur, es ist Austausch, man handelt pragmatisch – und bei Meinungsverschiedenheiten gibt es die Chance, in eine andere Stadt weiterzuziehen. Würde die Weltpolitik mehr von *Städten* bestimmt als von *Staaten*, wäre dies gewiß ein Fortschritt.

Dann gab es im mittelalterlichen Schichtenmodell das übrige Volk – die vierte Klasse oder Kaste. Und dieses Volk gestaltet heute eine ganze Menge von Nicht-Regierungs-Organisationen (NGOs). Es gibt heute weltweit rund 6000 davon – nicht alle sind für den Frieden, aber im großen und ganzen könnte man sagen, es kommt so zu einer Menge von Begegnungen, und es werden eine Menge von Verträgen geschlossen, die gar nicht erst in den Massenmedien erscheinen, die aber für die Menschen sehr wichtig sind. Diese Gruppierungen waren besonders wichtig beim Ende des Kalten Krieges, und man könnte pointiert sagen, dieses sei im wesentlichen von zwei Bewegungen herbeigeführt worden: der Friedensbewegung und der Dissidentenbewegung – Bewegungen, zwischen denen es auch Konflikte gegeben hat.

Wie steht es nun mit der fünften, untersten Schicht der mittelalterlichen Gesellschaft? Ihr entsprechen, so könnte gemutmaßt werden, die vielen »neuen Akteure« der Gegenwart. Man denke nur an die 75 000 vor der Leipziger Nikolaikirche am 9. Oktober 1989 – es waren überwiegend Frauen, geprägt auch vom Christentum der fünf Kirchen in Leipzig. Es gibt also auch ein »gutes« Christentum, genau wie es ein »gutes« Judentum gibt, und eben deswegen läßt sich nichts Allgemeines über jene drei großen Religionen sagen, weshalb ich kulturelle Gewalt auch als einen Aspekt, nicht als die Totalität der Religion definiere. Will man das Ende des Kalten Krieges feiern, sollte man das eigentlich an jenem 9. Oktober tun: Der 9. November steht nur für das Sichtbare, die Öffnung der Mauer. Menschen mit Kerzen in einer Oktobernacht – das war etwas ganz Neues; aber ich glaube, Deutschland ist noch nicht bereit, alles rundweg anzuerkennen. Es hat sechs Jahre gedauert, bis das neue Buch von Erich Loest erschienen ist, was die Problematik verdeutlichen mag.

Nun eine Zusammenfassung. Ich habe versucht, drei Thesen zu entwickeln. Es besteht überhaupt kein Zweifel darüber, daß es in jenen drei Religionen – Judentum, Christentum und Islam – klar gewaltverherrlichende Züge gibt. Zweitens: Das heißt nicht, daß das nichtreligiöse Zeitalter, die säkularisierte Epoche, ab wann wir sie immer datieren wollen, besser ist; es könnte sogar sein, daß diese Folgeepoche schlimmer ist. Der Staat, die Obrigkeit fordern Gehorsam in nie dagewesenem Maße. Wissenschaft und Marktkräfte spielen ein zweideutiges Spiel, und die Nationen mobilisieren eine Unmenge von Menschen für oft höchst blutrünstige Ziele. Die Bilanz fällt also zwiespältig aus.

Und drittens habe ich versucht zu zeigen, daß es im Folgesystem des Mittelalters, im modernen Staatensystem, Strukturen gibt, die die Züge des Mittelalters fortschreiben – besonders den Codex, die Kultur der Kriegerkaste, die in der gegenwärtigen Außenpolitik weitergeführt wird. Wir erleben gegenwärtig zwar eine »Feminisierung« in vielen europäischen Ministerien – vor dem Außenministerium macht sie jedoch fast regelmäßig halt. Hier wird das männliche Machtspiel ungebrochen weitergespielt.

Ich habe auch die möglichen Gegenkräfte erwähnt – die Kultur der Städte, Organisationen (z. B. NGOs) und neue Akteure auf der politischen Bühne – darunter besonders die Frauen. Worauf es ankommt, ist der Dialog. Dieser Dialog ist keine Debatte, denn die Debatte ist ein verbales Duell, in dem es Gewinner und Verlierer gibt. Der Dialog ist die gegenseitige Bereicherung. Ich habe versucht, dies zwischen Christen und Muslimen zu organisieren – es ist nicht einfach. Ich habe auch ein ökumenisches Studienzentrum in Sarajewo vorgeschlagen – für Christen aller Konfessionen, Juden und Muslime. Ich weiß nicht, ob das funktionieren wird. Von einem aber bin ich überzeugt: Ohne Dialog wird *nichts* funktionieren. Und dieser Dialog hat zur Voraussetzung, daß man akzeptiert, daß es »auf der anderen Seite« auch etwas gibt, wovon man lernen kann.

Ich habe versucht, etwas über Kultur, Gewalt und Religion zu sagen – und ich bin, das war wohl zu spüren, nicht übermäßig optimistisch auf diesem Gebiet. Ich glaube, daß unsere Schulen versagen und daß zu viele Themen mit einem großen Tabu belegt sind. Also ist es gerade *unsere* Aufgabe, über all diese Themen offen zu sprechen.

Staat, Kapital und Zivilgesellschaft: ein Kommunikationsproblem

1. Die drei Pfeiler der modernen Gesellschaft

Der europäische Gott begann, so sagt man, während der Aufklärung zu sterben. War es wirklich Voltaire, der dies alleine schaffte? Auf jeden Fall wurde damit nicht nur in Europa der Weg für die Säkularisierung frei. Doch hinterließ ER starke, feudale Nachfahren, nämlich den Fürsten und den Papst. Ersterer sah sich als *rex gratia dei*, der andere reklamierte Unfehlbarkeit für sich. Beide hatten lange als persönliche Inkarnationen Gottes gegolten und hart um die weltliche Vorherrschaft gekämpft. Der Fürst bediente sich der *ultima ratio regis* (der Waffen) und der Papst der *ultima ratio dei* (der Erlösung oder der Verdammung). Das Ergebnis war salomonisch: Die Kirche wurde auf einen Nebenschauplatz abgedrängt und verwaltete dort offiziell die geistlichen und nicht die weltlichen Belange.

Zu den weltlichen Belangen zählte nicht nur die militärische und politische Macht, sondern auch der ganze Wirtschaftssektor, mit seinen ständig sogar bis nach Übersee expandierenden Zyklen. Der Fürst mußte sich darum kümmern. Konsequenterweise übergab die frühmoderne europäische Geschichte dem Fürsten die Kontrolle über den Ost- und Westindien-Handel usw.

Die neuen Klassen der Industriellen und Händler ließen sich jedoch nicht unterdrücken. Sie erlangten die Macht durch Revolutionen (1688, 1789), Menschenrechtserklärungen (1776, 1787, 1789) und vor allem durch eine Theorie (1776), die dem *Kapital* einen göttlichen Charakter verlieh. Das Kapital schien allgegenwärtig, allwissend, allmächtig und wohlwollend, vorausgesetzt, man beließ es als *causa sui*, ausgestattet mit einer eigenen »Unsichtbaren Hand«. Es entstand eine neue Kaste von Priestern, die Ökonomen, welche die Weisheit des Marktes priesen.

Der Fürst trat ebenfalls nach und nach in den Hintergrund. Höfe wurden zu Kabinetten, mit Ministern und Ministerien. Schließlich entwickelte sich in jedem modernen Land eine Organisation, die man als *Staat* kennt. Und wieder lobte eine Priesterkaste die Weisheit des Staates. Sie beschrieben sehr detailliert wie Allgegenwärtigkeit, Allwissenheit und Allmacht mit oder ohne Wohlwollen umgesetzt werden können. Es handelte sich um die Juristen, die *Staatswissenschaftler*, die Politikwissenschaftler.

Diese beiden mächtigen Pfeiler der modernen Sozialformationen sind beide im wesentlichen Produkte der Ereignisse des 19. Jahrhunderts im nordatlantischen Raum. Sie wurden und werden auf der ganzen Welt imitiert. Aber der dritte Pfeiler, die *Zivilgesellschaft*, war schon immer da. Sie umfaßt das Volk und seine Beziehungen untereinander, vermittelt durch Blut (Familie, Clan), durch Nähe (Nachbarschaften) und durch Affinitäten (gleiche Interessen und Werte). Dies wird von den Soziologen für moderne Gesellschaften wie von Anthropologen für nicht-moderne Gesellschaften beschrieben. Das führt dazu, daß das Wissen über die sozialen Formationen unter drei oder vier Sozialwissenschaften aufgeteilt ist, wodurch umfassendere, holistische Einblicke denjenigen ganz oben vorbehalten bleiben.

In anderen Zusammenhängen habe ich eine Typologie ökonomischer Systeme aufgestellt, die sich leicht nach den drei gesellschaftlichen Pfeilern aufschlüsseln läßt:

Übersicht 1: Eine Typologie ökonomischer Systeme

Farbe	Begriff	Staat	Kapital	Zivilgesellschaft
Blau	kapitalistisch	schwach	stark	mittel oder schwach
Rot	sozialistisch	stark	schwach	mittel oder schwach
Rosa	sozialdemokratisch	mittel	mittel	mittel
Gelb	japanisch	stark	stark	schwach
Grün	lokal	schwach	schwach	stark

Wenn man von diesen Annahmen ausgeht, kann man sich nicht nur sieben, sondern sogar 27 Kombinationen vorstellen (3 × 3 × 3). Die Extreme, stark-stark-stark und schwach-schwach-schwach, sind praktisch bedeutungslos. Macht ist relativ. Ja, es muß sogar immer eine gewisse Macht geben, die für Kohäsion sorgt. Ich habe anderenorts für eine eklektische Kombination aus rosa, gelb und grün für unterschiedliche Bereiche derselben sozialen Formation plädiert.[1]

Wie sich das Wirtschaftssystem einer sozialen Formation in der Praxis entwickelt, hängt natürlich von vielen strukturellen und kulturellen Fakto-

---

[1] S. zuletzt: *Frieden mit friedlichen Mitteln*, Opladen 1998, Teil III.

ren ab, die in der Geschichte einer Gesellschaft verwurzelt sind. Doch die Logik internationaler Beziehungen zwingt den heutigen Gesellschaften einen hohen Grad an Homogenität auf. Das bedeutet nicht nur, daß sie die oben diskutierte dreiteilige Struktur benötigen, sondern auch, daß sich diese Teile bis zu einem bestimmten Grad ähneln müssen. So versuchte der sowjetisch geführte Block ultrarote Gesellschaften aufzubauen, mit einem von der Partei dirigierten Staat, der das Kapital beinhaltete und die Zivilgesellschaft unterdrückte. Doch dieser Versuch verletzte nicht nur die Rechte der Menschen und mißachtete ihre Bedürfnisse, sondern erschwerte auch die internationalen Beziehungen. Wenn zwei Gesellschaften homolog sind, dann findet sich für jedes Teil sein Gegenüber. Das führt zu einer intensiven Kommunikation im speziellen und zu Wechselwirkungen im allgemeinen. Deshalb geriet der Sowjetblock, von innen und von außen, unter einen doppelten Druck.

China hat dieses Problem viel früher verstanden und Kapital in Übereinstimmung mit der japanischen Struktur geschaffen. Das bedeutet, daß die Zivilgesellschaft relativ schwach ist, weil die anderen Faktoren so stark sind. (Man sollte dies nicht mit der Versammlungs- und Redefreiheit verwechseln, weil sich beides nicht direkt in Macht umsetzen läßt.) Man kann sicher vorhersagen, daß sich die dreiteilige Struktur weiterhin durchsetzen wird, und zwar weltweit. Logischerweise wird das auch für ihre Probleme gelten.

Heutzutage ist diese Aufteilung der modernen Gesellschaft zu einem Allgemeinplatz geworden. Aber es gibt Vorläufer, mit einer sehr ähnlichen dreiteiligen Struktur, wie zum Beispiel das Modell Rudolf Steiners (1861–1925). Für ihn war die Gesellschaft ein sozialer Organismus, eine Gesamtheit, die in drei verschiedene Lebenssphären aufgeteilt werden kann: die spirituell-kulturelle, Politik/Recht und die Wirtschaft. Sie sind zwar autonom, erlangen aber nur eine Bedeutung, wenn sie als Teil des gesamten sozialen Organismus gesehen werden. Nach Steiner funktionieren sie dann am besten, wenn sie jeweils von den drei klassischen Forderungen der Französischen Revolution geleitet werden: *Freiheit* für die spirituell-kulturelle Sphäre, *Gleichheit* für die politische Sphäre und *Brüderlichkeit* für die wirtschaftliche Sphäre. So war die Erziehung für ihn ein Teil der spirituell-kulturellen Sphäre, die von der Freiheit geleitet wird und von den beiden anderen Sphären unabhängig ist.

Selbst wenn Steiners spirituell-kulturelle Sphäre wahrscheinlich nicht so umfassend ist wie die »Zivilgesellschaft«, so macht Steiners Einbeziehung der Erziehung und ihre autonome Verwaltung die beiden Konzepte doch sehr ähnlich. Jedes Individuum ist Teil aller drei Sphären und verbindet diese. Nehmen wir die Wirtschaft als Beispiel: Für Steiner ist die Analyseeinheit nicht die Firma (mit Arbeitgebern und Arbeitnehmern), auch nicht der Markt (mit Verkäufern und Käufern), sondern der gesamte Wirtschaftskreislauf mit Produzenten, Händlern und Konsumenten. Zusammen bilden sie eine Genossenschaft. Nur dort kann die Brüderlichkeit (und Schwesterlichkeit!) realisiert werden. Der Kreislauf sollte nicht zu klein sein, damit er nicht zu teuer wird, und er sollte nicht zu groß werden, weil er sonst für die Mitglieder unübersichtlich wird. Eigentum existiert nur als treuhänderische Verwaltung, im Auftrag der Genossenschaften, welche die wahren Eigentümer sind.

Die Probleme der drei gesellschaftlichen Pfeiler sind in ihrer jeweiligen Logik begründet.

Logik des Staates

- *Göttliche Selbstwahrnehmung:* zum Teil als Inhaber der ultimativen Macht (»l'état gendarme«), zum Teil als wohlwollender Versorger (»l'état provident«);
- *Gewaltmonopol:* »Wer einen Hammer besitzt, sieht die Welt als Nagel«; die Bereitschaft, Gewalt als selbsterfüllende Prophezeiung einzusetzen;
- *Arroganz:* Als Träger der ultimativen Macht zu töten, zu herrschen und Steuern zu erheben, wird der Staat *causa sui*, werden die Staatschefs zu »Exzellenzen«;
- *Expansionismus:* eine allgemeine Tendenz, die Macht zu erweitern;
- *Konstruktion von Feindbildern:* eine allgemeine Nullsummen-Orientierung, die sich möglicherweise auf die territoriale Basis stützt; Feinde und Betrüger werden überall gesehen;
- *Informationsmonopol:* Durch Geheimhaltung werden Informationen gegenüber anderen sowie den internen und externen »Staatsfeinden« geschützt; der *Geheimrat*, der in die Ohren des Fürsten flüstert;
- *Geschlossene Zirkel:* Staatsdiener neigen dazu, sich als *corpus mysticum* zu organisieren und sind nicht geneigt, geringeren Mitmenschen zuzuhören;
- *Patriarchat:* Elemente einer Gerontokratie; Staaten werden normalerweise von älteren Männern geführt, die normalerweise der dominierenden Rasse/Nation angehören;
- *Kosmologie-Orientierung:* Vorhersehbar und stereotypisch wird die Tiefenkultur der (Elitenschichten der) Gesellschaft umgesetzt;

- *Übereinstimmung:* Bevorzugung von Staatschefs, deren Persönlichkeiten die Tiefenkultur, die Kosmologie der Gesellschaft widerspiegeln;
- *Festhalten am Hergebrachten:* Lieber etwas falsch machen, wenn man sich am Hergebrachten orientiert (also an der Kosmologie), als wenn man sich an der Ideologie orientiert: Im ersten Fall hat sich die Welt vertan, im zweiten der Akteur;
- *Universalismus-Spezifität:* ein Handeln, das auf intersubjektiven Kriterien beruht und viel Zeit benötigt, um eine konsensfähige Aktionsbasis zu entwickeln.

Logik des Kapitals

- *Göttliche Selbstwahrnehmung:* zum Teil als Erschaffer von Wohlstand und Profit, zum Teil als Problemlöser und Beschaffer von Gütern und Jobs;
- *Monopolwunsch:* ständig wachsende Marktanteile;
- *Arroganz:* Als Träger der ultimativen Macht über die Märkte sieht sich das Kapital als *causa sui*, sehen sich die Firmenvorstände als Gurus;
- *Expansionismus:* eine allgemeine Tendenz, die Macht auszudehnen;
- *Konstruktion von Konkurrenten:* Marktkonkurrenten werden überall gesehen;
- *Informationsmonopol:* Durch Geheimhaltung werden Informationen gegen andere und Konkurrenten geschützt;
- *Geschlossene Zirkel:* Topmanager neigen dazu, sich als *corpus mysticum* zu organisieren und sind nicht geneigt, geringeren Mitmenschen zuzuhören;
- *Patriarchat:* Normalerweise werden Firmen von Männern geleitet, die aber nicht unbedingt alt sein und/oder der herrschenden Rasse oder Nation angehören müssen;
- *Kosmologie-Orientierung:* Sie gehören ja alle zur selben Gesellschaft.

Logik des Volkes

- *Menschliche Selbstwahrnehmung:* fehlbar, auf der Suche nach der Befriedigung menschlicher Bedürfnisse: Überleben, Wohlbefinden, Identität und Freiheit;
- *Wahrnehmung als Objekt:* als Objekt der Macht, die von anderen ausgeübt wird;
- *Unterwürfigkeit:* Neigung, dem Staat und dem Kapital zu gehorchen;

- *Festhalten am Status quo:* wenigstens das festhalten, was man besitzt;
- *Konstruktion von Freund und Feind:* Beide werden überall gesehen;
- *Informationsmonopol und -beteiligung:* zum Erlangen der Macht;
- *Offene Zirkel:* Vernetzung zur Erlangung der Macht;
- *Patriarchat:* Staat und Kapital werden in einem gewissen Umfang widergespiegelt;
- *Kosmologie-Orientierung:* Alle sind Mitglied derselben Gesellschaft.

In der Aufstellung werden Staat und Kapital als eigenständig skizziert. Dem Staat wird das Monopol über die militärische und polizeiliche Macht zugeschrieben und dem Kapital das Monopol über die wirtschaftliche Macht. Es handelt sich also um Macht nach dem Prinzip von Zuckerbrot und Peitsche, die mit Zwangsmitteln und Verträgen durchgesetzt wird. Staat und Kapital benutzen ihre Macht, um das Volk auszubeuten, dessen einzige Machtbasis normative Macht wäre. Die Wurzeln liegen leicht erkennbar strukturell im Feudalismus und kulturell in den abrahamitischen Religionen, mit einem transzendenten männlichen Gott, dessen Wohnsitz sich jenseits der Erde befindet. Statt einer Mutter Erde handelt es sich um einen Vater im Himmel. Natürlich trifft diese Analyse nicht im selben Maße auf andere Gegenden der Welt mit einer anderen Geschichte zu. Und doch scheinen sie alle den dreiteiligen »Modernismus« des Westens zu imitieren.

Ein Großteil der Geschichte kann mittlerweile als ein Kampf zwischen den drei gesellschaftlichen Pfeilern gesehen werden. Auf der einen Seite rauben der Staat und das Kapital das Volk aus, indem der Staat die Bevölkerung unterdrückt und das Kapital die Arbeiter und Käufer ausbeutet. Das Volk wird so zweimal betrogen. Dadurch entstehen Klassenformationen oder werden zumindest verstärkt. Aber andererseits wehrt sich das Volk, indem es Vereinigungen gründet und eine Zivilgesellschaft aufbaut, die sich immer weniger auf Blut und physische Nähe gründet, sondern zunehmend auf verwandte Werte und Interessen. Die Leute verbessern ihren Status: Aus schlichten Einwohnern werden Bürger, die mit Rechten ausgestattet sind und den Staat zur Verantwortung ziehen. Zudem versuchen sie, zu Produzenten und Konsumenten, also zu unverzichtbaren Bestandteilen des Wirtschaftskreislaufes, zu werden, anstatt entbehrliche Arbeiter und Käufer zu bleiben.

Im Laufe dieses Prozesses versucht das Volk unter Umständen den Staat durch eine Revolution zu erobern und dann das Kapital durch den Staat oder durch Verbrauchergenossenschaften lenken zu lassen. Natürlich können auch das Kapital und der Staat versuchen, sich gegenseitig zu erobern, um rein blaue oder rote Lösungen durchzusetzen.

2. Drei gesellschaftliche Pfeiler – nur ein Kommunikationskanal

Die grundlegende These dieses Essays lautet: Viele Probleme der modernen Gesellschaft gehen auf den Kommunikationsmangel innerhalb der drei bilateralen Beziehungspaare zurück: Zivilgesellschaft-Staat, Staat-Kapital und Kapital-Zivilgesellschaft. Nur innerhalb des Beziehungspaares Zivilgesellschaft-Staat ist Kommunikation (1.) transparent für alle, (2.) institutionalisiert, (3.) zweiseitig und dialogisch, (4.) umfassend und offen für jedes Thema und wird (5.) für Entscheidungen genutzt, die für beide Parteien bindend sind. Diese Kommunikation wird auch als Demokratie bezeichnet, wenn sie direkt zwischen der Zivilgesellschaft und dem Staat stattfindet, und als Parlamentokratie, wenn sie indirekt, z. B. mittels politischer Parteien und Parlamente, stattfindet. Es gibt keinen klaren Kommunikationskanal, der auf ähnliche Weise innerhalb der beiden anderen Begriffspaare funktionieren würde. Hier handelt es sich um Lücken in der sozialen Praxis und Theorie der modernen Gesellschaft.

Wie kommt das? Die Theoretiker auf der Rechten sehen das Kapital als eine »causa sui«. Kommunikationsversuche enden nach dieser Sichtweise in Kontrolle, egal wie dialogisch und reziprok die »Kommunikation« auch sein mag. Das Herzstück des Kapitals, der Markt, mag dies genausowenig wie Gott, und er/ER wird seine/Seine Segnungen zurückhalten oder eine freundlichere Umgebung suchen. Ein »demokratischer und freier Markt« konzentriert sich auf das erste Paar und läßt das Kapital unberührt. Für eine »blaue« Ideologie reicht das allerdings nicht aus, genausowenig wie die »rote« Antwort.

Die Theoretiker der Linken verteufeln das Kapital, anstatt es zu glorifizieren. Sie neigen dazu, das Kapital nicht als Partner zu sehen, sondern als etwas, das kontrolliert werden muß. Diese Kontrolle sollte durch den Staat (Sozialismus) oder durch die Zivilgesellschaft (Anarchismus) ausgeübt werden. Ausgewogene symmetrische Beziehungen, wie sie zwischen dem Staat und der Zivilgesellschaft herrschen, scheinen von fast niemandem favorisiert zu werden.

Damit will ich in keiner Weise sagen, daß der Kommunikationskanal zwischen Staat und Zivilgesellschaft in Parlamentokratien perfekt ist. Aber es bedeutet, daß ein drittes Element, die Legislative, tief in den Staat eingebettet wird und dort die Exekutive überwacht und sogar dirigiert. Beide werden wiederum bis zu einem gewissen Grad von der Judikative überwacht. Dieses dritte Element repräsentiert die Zivilgesellschaft. Es läßt sich einiges gegen die indirekte Macht sagen, die von der Legislative über die staatliche Exekutive ausgeübt wird. Deshalb wird der Begriff »Demokratie« für Länder wie die Schweiz reserviert, wo es häufig Referenden und Initiativen gibt (weltweit gesehen fanden in diesem Jahrhundert 60 % aller nationalen Referenden in der Schweiz statt, wo nur ein Prozent der Weltbevölkerung lebt).

Auch über die Beschaffenheit des Kanals, der für die Artikulation der Volksmeinung innerhalb und oberhalb des Staates zuständig ist, läßt sich diskutieren: Sollten die Wahlkreise territorial oder nicht-territorial gegliedert sein (so wie bei Volksorganisationen), und sollten die Wahlen parteien-, kandidaten- oder themenorientiert sein? Vor allem treffen wir jedoch auf das Problem, welches sich durch Ashbys Gesetz über die Informationskapazität des Kanals stellt: Ein Ja-/Nein-Referendum enthält genausowenig Informationen wie ein Zweiparteiensystem, aber häufige Referenden und ein Mehrparteiensystem (und besonders beide zusammen) enthalten sehr viel Informationen für eine effektive Lenkung des Staates.

Darüber hinaus wird immer das Problem bleiben, inwieweit die gewählten Vertreter in einem indirekten System die Ansichten der Wählerschaft, des Staates, beider oder von gar keinem vertreten. Man sollte im Auge behalten, daß die Legislative normalerweise in der nationalen Hauptstadt angesiedelt ist und deshalb der Exekutive näher als der Wählerschaft ist.

3. Können die Medien oder jemand anders die Kommunikationslücke füllen?

Ist dies nicht im Prinzip der Punkt, an dem die Medien auf den Plan treten? Um die Dimension des Problems besser zu verstehen, sollte man die offensichtliche Antwort berücksichtigen:

Ja natürlich, die Medien dienen im Prinzip als Kommunikationsmedium zwischen den konstituierenden Bestandteilen einer Gesellschaft. Sie schaffen eine gegenseitige Transparenz, indem sie allseits sichtbar und/oder hörbar sind. Prinzipiell sollten die Medien in der Lage sein, herauszufinden, was innerhalb des Staates, des Kapitals und der Zivilgesellschaft passiert, um die drei gesellschaftlichen Pfeiler untereinander gegenseitig transparent zu machen. Sie sollten dabei Kommunikation ermöglichen. Nur funktioniert es in der Realität nicht immer so.

Zum einen müssen die Medien sehr stark sein, um zwischen diesen drei Pfeilern als vierter Pfeiler zu gelten. Es ist wahrscheinlich, daß sie dem einen oder anderen hörig werden: dem Staat durch Subventionen oder aus Angst, durch die Sperrung von Quellen bestraft zu werden; dem Kapital durch Einnahmen aus Anzeigen; und der Zivilgesellschaft durch die Befriedigung des öffentlichen Bedürfnisses nach Gewalt, Sex und Skandalen, ganz gleich ob das Bedürfnis real oder aufgedrängt ist. Diese drei Abhängigkeiten schließen sich nicht gegenseitig aus.

Zum anderen wird nicht nur Information und gegenseitige Transparenz über die Aktivitäten gewünscht, sondern eine *institutionalisierte* Transparenz, die nicht allein vom Wohlgefallen des Herausgebers abhängt. Zudem wird eine zweiseitige Kommunikation durch einen Dialog gewünscht, der die Möglichkeit offenhält, die Geschehnisse zu beeinflussen oder gar *Entscheidungen zu treffen*. Die Medien können sehr viel tun, um diesen Dialog zu stimulieren, indem sie Informationen öffentlich zugänglich machen, vor allem aber, indem sie den Vertretern der Großen Drei Raum und Zeit gewähren, um ihre Ansichten darzulegen. Aber das ist natürlich nicht dasselbe wie ein Dialog, der zu einer Entscheidung führt.

Mehrfach-Mitgliedschaft. Natürlich sind Staat und Kapital keine Abstraktionen, sondern werden von konkreten Personen geleitet. Diese Personen sind gleichzeitig Teil der Zivilgesellschaft. Sie haben doppelte, manchmal sogar dreifache Rollen. Informationen werden innerhalb jeder Person mit einer Mehrfach-Mitgliedschaft weitergereicht. Das führt zu einer zusätzlichen Kompetenz und einem zusätzlichen Einblick, aber nicht automatisch zu einer Kommunikation im oben definierten Sinne. Womöglich kommt es zu inneren Dialogen. Eine Person mag darüber nachdenken, welches der Geheimnisse, die sie kennt, wirklich irgend jemandem in der Zivilgesellschaft nützen wird. Manchmal belastet derartiges Wissen eine Person so stark, daß sie die Beziehungen zu den beiden formalen Pfeilern der Konstruktion komplett abbricht.

Ankündigungen. Die meisten Menschen werden darin übereinstimmen, daß die Ankündigung eines Mitglieds der staatlichen Exekutive keinen Dialog darstellt, unter anderem weil es sich um eine einseitige Kommunikation handelt. Ein klassischer russischer Ukas soll kein Dialog sein. Überraschenderweise sind viele Menschen nicht in der Lage, Werbung des Kapitals in den Massenmedien (für Produkte und Dienstleistungen) in demselben Licht zu sehen. Es handelt sich nicht um einen Dialog, sondern um eine einseitige Kommunikation.

Ein 18jähriger Amerikaner hat im Durchschnitt 340 000 Werbespots gesehen, die allesamt nicht demokratisch sind und wahrscheinlich sogar verdummen – dies nicht wegen ihres Inhalt, sondern wegen der vergebenen Chance auf einen Dialog. Deshalb würde eine ausgewogene Gewährung von Zeit und Platz für gegensätzliche Ansichten in TV, Radio, Zeitungen und Magazinen die Beschaffenheit des kommunikativen Aktes in eine Interaktion umwandeln. Warum wird dieser Platz nicht zur Verfügung gestellt, z. B. in den offiziellen Mitteilungen des Staates? Die einleuchtende Antwort lautet: weil die zwei Institutionen so heilig sind wie Gottes Nachfolger, und gegen Gott gibt es in der Kirche keine Opposition.

Menschen wählen mit ihrem Geld. Ihre Vorlieben beeinflussen die Produktion. Ein Vorstand auf der Kapitalseite bietet Produkte als Angebote an und nimmt eine starke Nachfrage als eine positive Abstimmung. Genauso kann ein autokratischer Staatschef, der seine Ideen vom Balkon seines Palastes verkündet, die Menge der Leute unter ihm zählen und dabei einen Nicht-Protest als positive Abstimmung auffassen. Sie haben beide recht, wenn sie behaupten, daß die Leute ja die Möglichkeit zur Abstimmung hatten. Schließlich hätten sie ja nicht kaufen oder kommen müssen. Sie verwechseln jedoch beide Einwilligung mit Dialog. Sie verstehen nicht, daß beide Parteien von einem Dialog lernen, daß sich beide womöglich ändern werden, und daß etwas Neues und Unterschiedliches als Ergebnis entstehen kann.

Jemanden auf seine Seite bringen ist wie eine Debatte zu gewinnen; in einem Dialog gewinnen beide. Beide Chefs versuchen, die Bürger/Kunden mit ihrem Angebot zu angeln, so wie ein Fischschwarm seinem Anführer folgt. Ein Angler versucht diese Fische an seinen Haken zu bekommen und nicht etwa davon zu befreien. Normalerweise sehen wir das Angebot eines Köders jedoch nicht als Kommunikation, unter anderem deshalb, weil alles getan wird, um die Wahlmöglichkeit des Fisches zu begrenzen. Dasselbe gilt für die Börse, die sogar noch unzugänglicher ist, aber doch eine Art von Dialog darstellt.

Meinungsumfragen. Sowohl der Staat wie das Kapital versuchen die Stimmung der Bürger/Kunden auszuspionieren, um etwas über die Präferenzen bezüglich ihrer Produkte zu erfahren. Die Produkte sind beim Staat die Politik und beim Kapital die Güter und Dienstleistungen. Auch hier handelt es sich offensichtlich nicht um Kommunikation, weil die »Sender«, die Bürger und Kunden, nicht eingeladen werden, bewußt zu kommunizieren, sondern nach möglichen Vorlieben erforscht werden, die dann ausgebeutet werden können. Gelegentlich kann es zu einem Dialog kommen, aber nur mit ausgewählten, geschlossenen Gruppen.

Gewerkschaften. Ohne Zweifel konstituieren sie eine Kommunikationsverbindung zwischen dem Kapital und der Zivilgesellschaft; institutionalisiert, dialogisch und zu einer Entscheidung führend. Aber es fehlt die Transparenz. Die Treffen, schwierige Verhandlungen, finden normalerweise hinter verschlossenen Türen statt. Darüber hinaus ist die Bandbreite der Themen begrenzt, und zwar im allgemeinen auf die Arbeitsbedingungen. Sie decken keinesfalls die ganze Bandbreite der Themen ab, welche für die

Zivilgesellschaft bei ihren Begegnungen mit dem Kapital im allgemeinen von Interesse wären. Aber es ist ein enormer Erfahrungsschatz angesammelt worden, der von Bedeutung wäre, wenn alle vier Bedingungen für einen sehr breiten Kommunikationskanal gegeben sein sollen.

Verbrauchervereinigungen. Sie existieren und artikulieren die Belange der Zivilgesellschaft in ihrer Eigenschaft als Verbraucher von Produkten, die vom Kapital hergestellt wurden. Der Fokus liegt allerdings hauptsächlich auf »Qualität für Geld«, das heißt, ob man für sein Geld etwas bekommt, was den Preis wert ist. Die Kommunikation ist in dem Sinne transparent, daß die Mitteilungen der Verbrauchervereinigungen öffentlich sind. Sie ist oftmals auch institutionalisiert, wenn jene regelmäßig veröffentlicht werden. Es ist jedoch alles andere als klar, ob es sich hierbei um einen Dialog handelt. Die Beziehung ist eher wie zwischen einem Künstler/Autoren und einem Kritiker: Ein Produkt wird angeboten, der Kritiker zeigt eine Reaktion, und der Künstler/Autor mißt dem Bedeutung bei oder nicht (oder er täuscht Mißachtung vor). Falls es zu einer Entscheidung kommt, so handelt es sich nicht um eine gemeinsame Entscheidung, weil die Parteien sich nicht wirklich zusammensetzen, um darüber zu diskutieren, wie sich das Produkt verbessern ließe, oder aber, ob es vom Markt genommen werden soll. Eine derartige Initiative kommt eher vom Staat, zum Beispiel als Ergebnis von Verbraucherbeschwerden. Und die Themenpalette ist wie gesagt begrenzt.

Ein japanisches Modell. Logischerweise ist ein Arbeitnehmer gleichzeitig auch ein Verbraucher, genau wie ein Manager. Beide können innere Dialoge über die Produkte führen, die sie auf dem Markt anbieten, und zwar als Arbeitnehmer-Verbraucher und als Manager-Verbraucher. Wenn sie sich in einem Manager-Arbeitnehmer-Kontext treffen, können sie diese zwei inneren Dialoge in einen äußeren Dialog umwandeln. Sie könnten dies sogar als einen wichtigen Bestandteil ihrer Verpflichtung gegenüber der Firma ansehen. Die Vorbedingung ist natürlich, daß sie die Produkte ihrer eigenen Firma verbrauchen. Das würde unter normalen Umständen bedeuten, daß es sich um Produkte für den Privatverbrauch handelt, denn die meisten Menschen kontrollieren nur ihre Hauswirtschaft. Dieser Kommunikationskanal erfüllt alle fünf Kriterien, bis auf eins: Transparenz. Die Kommunikation findet innerhalb der Firma statt und nicht zwischen der Zivilgesellschaft und dem Kapital als solchen. Doch auch hier werden wichtige Erfahrungen gesammelt, die umfassender sind als herkömmliche Gewerkschaftsverhandlungen.

Ein chinesisches Modell. Über dieses Modell wurde während der Kulturrevolution diskutiert. Das macht es natürlich in den Augen des Westens sofort inakzeptabel. Die Idee sah so aus: Schaffe ein Forum, in dem sich

Vertreter aus allen Knotenpunkten des Wirtschaftskreislaufs treffen und den ganzen Prozeß diskutieren können: die Baumwollfarmer, die Arbeiter/Manager der Fabriken, die spinnen und weben, die Verkäufer/Manager aus den Geschäften, in denen die Textilien verkauft werden, die Kunden aus diesen Geschäften, diejenigen, die mit den Produktionsfaktoren zu tun haben, also dem Transport, der Kommunikation und dem Müll. Die Idee ähnelt der von Steiner und ist realistisch, insofern sie widerspiegelt, wie die Wirtschaft funktioniert. Es geht nicht nur um die Beziehungen zwischen zwei benachbarten Knotenpunkten. Man sollte es sich für spätere Zeiten in Erinnerung halten.

Lobbying. Natürlich können zwei so wichtige Machtzentren wie der Staat und das Kapital nicht als Teil einer modernen Gesellschaft funktionieren ohne eine Kommunikation, welche die meisten Kriterien abdeckt. Es muß Dialoge, Entscheidungen und eine breitangelegte Agenda geben, und das auf einer ziemlichen regelmäßigen Basis. Wie üblich ist das, was sich am besten opfern läßt, genau das, was eine Demokratie am dringendsten benötigt: Transparenz. Nur mit Transparenz können alle Beteiligten erfahren, was wirklich passiert, und sich dann selbst einmischen. Kommunikation ohne Transparenz wird auch als Lobbying bezeichnet und ist natürlich der wichtigste Kanal, der vom Kapital benutzt wird, um alle drei Zweige des Staates zu erreichen: die Exekutive, die Legislative und, möglicherweise seltener, die Judikative. Aber nicht nur das Kapital, sondern auch die Zivilgesellschaft bedient sich dieses Kanals, wie zum Beispiel die Waffenlobby oder die Abtreibungsgegner in den USA.

Die sehr enge Kooperation zwischen dem Staat (MITI) und dem Kapital (Kedanren) in Japan kann als gegenseitiges Lobbying aufgefaßt werden. Das gilt auch für die zahllosen Treffen zwischen dem Staat und dem Kapital in jedem sozialdemokratischen Staat, und nicht nur da. Vielleicht wurde bis jetzt das Lobbying des Staates beim Kapital nicht genügend erforscht, da der Schwerpunkt auf der entgegengesetzten Richtung lag. Aber der Staat hat ein großes Interesse am Kapital als Steuerquelle und als Träger der nationalen und der Klasseninteressen, im In- und Ausland. Wenn es dem Kapital gut geht, bedeutet dies für den Staat hohe Einnahmen, so daß sich Anreize im Vorfeld lohnen. Falls ein Anreiz von A für B dazu da ist, daß B das tut, was A möchte, dann handelt es sich hierbei selbstverständlich um die Ausübung von Macht. Der Unterschied zur Korruption liegt dann allenfalls darin, daß es transparent geschieht und daß es vom Parlament, das heißt der Zivilgesellschaft, legitimiert wird. Natürlich ist dies ein bedeutender Unterschied.

4. Eine Mini-Theorie der Korruption

Selbstverständlich möchte das Kapital immer etwas vom Staat, zum Beispiel Genehmigungen und Verträge. Korruption kann zum Teil als die Folge von Kommunikationsdefiziten gesehen werden. Das Kapital ist natürlich auch bereit, für den Service ein »Trinkgeld« in Höhe von 5, 10, 15 oder mehr Prozent zu bezahlen. Die schöne Formulierung »der Mißbrauch von öffentlicher Macht für privaten Profit«, die von »Transparency International« geprägt wurde, trifft die Versuchung von Staatsbediensteten sehr genau: Er/Sie verfügt über öffentliche Macht, und das Kapital kann Gewinne gegen Genehmigungen/Verträge verschaffen. Das Kapital kann das als Spesen abschreiben. Für den Politiker, Funktionär, Richter, Beamten oder leitenden Beamten, Minister oder sogar für den Staatschef bedeutet es eine Unterstützung seines/ihres (manchmal kargen) Einkommens. Also läuft alles wie geschmiert. Als der moderne Staat aus den feudalen sozialen Formationen in Europa hervorging, wurden die Vasallen und Lords immer noch von unten, von den Knechten, bezahlt, anstatt von oben, in Form von Gehalt. Die Bestechungsgelder flossen. Darüber hinaus fusionierten der Staat und das Kapital im Laufe der europäischen Geschichte auf den höchsten Ebenen, und das Geld floß von einer Tasche in die andere. Die Dritte Welt sagt, daß sie sich jetzt in genau dieser Phase befindet. Was ist dann falsch daran?

Zum einen müssen die schlechten Aspekte der europäischen Geschichte nicht kopiert werden. Auf jeden Fall wird aus zwei Fehlern nicht etwas Richtiges. Zum anderen muß das Bestechungsgeld irgendwo herkommen. Letztlich ist es der Kunde/Bürger, der durch höhere Preise oder Steuern dafür bezahlt. Drittens kann Korruption die Wirtschaft verzerren, indem sie den falschen Projekten Vorrang verschafft. Viertens wird Korruption dem ganzen Land schaden, weil es die falschen Leute an die Macht bringt. Und fünftens führt Korruption den gesamten demokratischen Entscheidungsprozeß ad absurdum.

Anstatt nun die Schuld mehr oder weniger gleichmäßig zwischen dem Bestechenden und dem Bestochenen zu verteilen, die vielleicht sogar in manchen Bestechungsfällen ein und dieselbe Person oder sehr leicht austauschbar sind, sollte man sich eine Struktur überlegen, die Korruption unwahrscheinlicher machen würde. Zu heuristischen Zwecken sollte man noch einen anderen Fall bedenken, der auch als blockierte Kommunikation gewertet werden kann: politische Proteste wie Massendemonstrationen, Hungerstreiks und Terrorismus.

Eine Minderheit zweifelt nicht im geringsten an ihrem Recht auf einen Platz an der Sonne. Dieser kann durch Autonomie oder gar Unabhängigkeit erreicht werden, mit einer partiellen oder totalen Kontrolle über den eigenen Teil oder irgendein Gebiet der Erde. Das Problem besteht darin, daß niemand derselben Meinung ist und nicht einmal zuhört. Oder eine Gruppe von Verbrauchern ist davon überzeugt, daß ein bestimmtes Produkt auf dem Markt giftig ist. Sie gehen vielleicht wie selbstverständlich von ihrem Recht auf Kompensation aus sowie von ihrer Pflicht, andere zu warnen und das Produkt letztlich vom Markt entfernen zu lassen und die Firma dafür zu bestrafen.

Niemand hört zu, und falls doch, hinterläßt dies keine nennenswerten Spuren.

Was macht diese Minderheit also? Sie greift natürlich auf unkonventionelle Methoden der Kommunikation zurück. Falls sie in einer gewalttätigen politischen Kultur lebt, wird sie sich den Weg dorthin freischießen, wo man ihr zuhört. Und wenn man die Asymmetrien zwischen Terrorismus, der jederzeit und überall zuschlagen kann, und Antiterrorismus, der jederzeit und überall auf der Hut sein muß, in Betracht zieht, dann werden sie damit auch Erfolg haben. Falls diese Minderheit in einer gewaltfreien Subkultur lebt oder in der Lage ist, eine solche aufzubauen, dann wird sie ihr Ziel wahrscheinlich viel schneller erreichen, nämlich durch Methoden, wie sie Gandhi, King oder in der Intifada angewandt wurden. Die Begegnung wird nicht transparent sein, aber das Ergebnis.

Dasselbe gilt für die Verbrauchergruppen. Früher oder später wird es durch Sitzstreiks vor der Firma, stille Proteste, Blickkontakte mit Managern beim Betreten oder Verlassen der Firma, zu einer verbalen Kommunikation kommen, die dann irgendwann alle fünf Charakteristiken umfaßt. Genau wie die Minderheiten werden sie wahrscheinlich von eingefleischten Nicht-Zuhörern als »Aktivisten« abgestempelt. Dieser Begriff wird in den USA sehr häufig angewandt und bedeutet implizit, daß bestimmte andere »Passivisten« sind.

Im ersten Fall funktioniert der Kommunikationskanal zwischen der Zivilgesellschaft und dem Staat nicht, obwohl er doch im Prinzip den besten Kanal innerhalb der Triade darstellt. Die Aktivisten engagieren sich in außerparlamentarischer Politik, weil ihre Vertreter sie nicht repräsentieren oder weil sie selbst nur über eine ungenügende Anzahl von Wahlerstimmen verfügen und/oder weil ihr Thema jenseits des politischen Diskurses innerhalb des Landes liegt (das galt zum Beispiel lange Zeit für Homosexuelle). Im zweiten Fall ist der Kommunikationskanal unzureichend oder nicht existent. In beiden Fällen führt der Mangel an formaler Kommunikation zu informeller, außergewöhnlicher und manchmal gewalttätiger Kommunikation.

Wir sehen häufig unterdrückte Minderheiten und vergiftete Verbraucher als Träger von legitimen Ansprüchen, die Korrumpierenden jedoch nicht. So einfach ist es aber nicht. Die Mehrheit wird die Minderheit als anmaßend sehen, weil sie nicht den ihr zugedachten Platz einnimmt und außerparlamentarische Politik nicht etwa betreibt, weil die legitime Politik blockiert ist, sondern weil sie nicht über genügend Gewicht in der Mehrheitsdemokratie verfügt. Die Firma sieht ihr Produkt vielleicht als Angebot für den Markt. Es bleibt den Kunden überlassen, die Kosten und den Nutzen des Produktes gegeneinander abzuwägen, bevor sie es kaufen. Wenn sie es nicht mögen, werden sie es nicht kaufen.

Das Kapital kann davon überzeugt sein, daß es ein Produkt hat, für das es eine Nachfrage gibt. Der potentielle Kunde kann darüber entscheiden. Der Staat steht dabei im Weg. Den Kommunikationskanal mit Bestechungsgeld zu schmieren, um den Markt zu öffnen, liegt im Interesse aller. Der »private Profit« ist schwer verdient. Mit anderen Worten, der Übeltäter sieht sich nicht unbedingt als solcher. Nichtsdestotrotz ist ein moralisches Urteil nötig, um Standards und Verhaltensregeln zu etablieren, die im Falle der Mißachtung durch Strafmaßnahmen unterstützt werden. Vielleicht könnte es auch Belohnungen geben, wenn man sich an die Regeln hält, was eine Kombination aus Zuckerbrot und Peitsche bedeuten würde.

Aber es gibt noch einen anderen, sanfteren und weniger legalistischen Ansatz, der den Bestechenden als jemanden mit einem Kommunikationsproblem sieht. Man stelle sich vor, daß alle Angebote des Kapitals einem bestimmten Land oder einer Kommune gegenüber öffentlich gemacht würden. Man stelle sich weiter vor, alle Kommunen veröffentlichten ihre Standards für die Annahme von Angeboten, also nicht nur wieviel Quantität und Qualität für welchen Preis, sondern auch die Umweltstandards für die Produktions- und Verbrauchsprozesse, die Schaffung von Arbeitsplätzen usw. Die Zivilgesellschaft, also eine Anzahl von Verbrauchergruppen, veröffentlichten ihre Standards ebenfalls, was zum Beispiel die Beschäftigung von Frauen und Minderheiten oder die Beteiligung an der Atomindustrie umfassen könnte. Diese Dimension wird zum Beispiel vom »*Rat für wirtschaftliche Prioritäten*« beim »*Einkaufen für eine bessere Welt*«[2] benutzt. Es ist kein Zeichen für eine reife Gesellschaft, wenn so etwas nicht in einem offenen Dialog auf seine Verträglichkeit hin untersucht werden kann und Kommunikation statt dessen die Form des Lobbying, der Beste-

---

[2] Die Originaltermini lauten: »Council for Economic Priorities« und »Shopping for a Better World«, d Ü.

chung, des Betrugs der Öffentlichkeit und der organisierten Käuferstreiks annimmt.

5. Das Kapital tritt in den Dialog: das Wirtschaftsparlament

Nach der Logik des Staates, des Kapitals und des Volkes ist völlig klar, wie die drei gesellschaftlichen Pfeiler agieren: Der Staat wird seine Macht anwenden, unter anderem in Form von Gewalt. Das Kapital wird Geld benutzen, und das Volk oder die Zivilgesellschaft wird moralische Macht anwenden, was letztlich moralisches Verhalten, also Gewaltfreiheit und moralische Sprache bedeutet. Es sollte zum Gütesiegel des gesellschaftlichen Fortschrittes werden, militärische/polizeiliche und wirtschaftliche Macht durch moralische Macht zu ersetzen. Es sollte zudem ein Zeichen der persönlichen Reife sein zu versuchen, diejenigen, die über Gewalt und Geld verfügen, durch Worte zu überzeugen, anstatt der Gewalt zu weichen oder durch Geld bestochen zu werden. Selbstverständlich muß, wie schon erwähnt, der Kommunikationskanal verfügbar sein, damit Dialoge schrittweise Gewalt und Geld als Überzeugungsmittel ersetzen können. Wenn nicht Gewalt, dann werden Geld und eine nonverbale moralische Kommunikation, wie zum Beispiel Streiks, benutzt, und das mehr, als für eine Gesellschaft gut ist. Gewalt trifft nicht nur die Opfer, sondern hinterläßt auch Traumata, die räumlich und zeitlich zu Gewaltzyklen und -spiralen führen. Die Wirtschaft wird durch Streiks geschwächt und durch Korruption verzerrt. Ein offener Dialog scheint hier vielversprechender zu sein.

Damit dies passiert, müssen die drei Parteien organisiert sein. Die Zivilgesellschaft ist bereits in Parteien organisiert, die über Parteisprecher als Repräsentanten verfügen. Daneben gibt es noch die Vielzahl von nicht-parteigebundenen, nicht-gewinnorientierten Organisationen, die oft adäquate Diskurse besser transportieren als die politischen Parteien. Der Staat ist ebenfalls, in Form von Ministerien, organisiert, die durch ihre Minister als oberste Staatsdiener repräsentiert werden. Und das Kapital ist in Firmen organisiert, die durch Geschäftsführer und Vorstände vertreten werden. Die Grundlage ist also gegeben.

Aber genau wie für Parteien ein gewisses Mindestmaß an Wählerstimmen erforderlich ist, um vertreten zu sein, so sollte es für das Kapital auch ein gewisses Mindestmaß an Aktienkapital geben. Für Ministerien oder für andere Bereiche der Regierung sollte es ebenfalls ein Mindestmaß an Staatsbeteiligung (ausweislich des Haushalts?) geben. Damit dies nicht zu einer ernsten Unterrepräsentierung der Kleinen führt, sollten sie vielleicht einen Vertreter bekommen, den sie selbst auswählen können: den Vertreter der Neuen Parteien, der Kleinen Geschäftsleute und der Kleinen Regierung. Natürlich gibt es gewisse Obergrenzen für die Anzahl der Vertreter, aber große Versammlungen sind besser als überhaupt keine. Man kann ja auch in einem gewissen Umfang bündeln oder aggregieren.

Die Version des Kapitals zeigt heutzutage zwei interessante Varianten: Die *Handelskammern*, mit der *Internationalen Handelskammer* (gegründet 1920, Sitz in Paris, 93 Angestellte, nationale Komitees in 59 Ländern sowie UN-Verbindungsbüros in Genf und New York), und das *Weltwirtschaftsforum* (gegründet 1971, Sitz in Genf, 100 Angestellte, seit 1990 jedes Jahr öffentliche Treffen in Davos). Es gibt in der europäischen Geschichte bedeutende Vorgänger, die *Gilden*. Sie waren Vereinigungen zur gegenseitigen Hilfe, und vor allem die Handelsgilden waren im 12. und 13. Jahrhundert sehr einflußreich. Sie wurden langsam durch die Handwerksgilden ersetzt, die auch die Händler vertraten, die mit einem bestimmten Handwerk zu tun hatten. Im ersten Viertel dieses Jahrhunderts gab es vor allem in England eine Bewegung, um dieses System wiederherzustellen.[3] Diese Bewegung war sozialistisch. Die Gilden sollten von den Arbeitern kontrolliert werden, das Kapital sollte in einem Treuhandfonds sein, und die große Bürokratie des »Arbeiterstaates« wurde abgelehnt.

Weder dieser sozialistische Ansatz noch der Unternehmensansatz, der mit dem Faschismus des zweiten Viertels unseres Jahrhunderts in Verbindung gebracht wird, sollte von dem heutigen Hauptanliegen ablenken: Kommunikation und wirklicher Dialog. Am besten wäre es, wenn dieser Dialog in einer dreigeteilten Gesellschaft trilateral wäre. Man könnte sich ein recht großes Gebäude vorstellen, in dem es drei Versammlungen vor drei Wänden gäbe: die Parteienvertreter, die Ministeriumsvertreter und die Firmenvertreter, wobei letztere womöglich nach Branchen zusammengefaßt würden. Und vor der vierten Wand stünde natürlich das Volk, für das der Prozeß transparent sein sollte. Die Medien sollten in den ersten Reihen sitzen, so wie heute auf den Rängen vieler nationaler Parlamente.

Wenn man eine der ersten drei Seiten leerräumt, dann hat man die Bühne für die drei bilateralen Dialoge. Alles ist jederzeit für das Volk und die Journalisten transparent, die im Prinzip die Augen und die Ohren des Volkes sein sollten. Bei diesem Gedankenexperiment fällt auf, daß wir nicht ganz die heutige Legislative haben, weil hier der Staat nicht so stark repräsentiert ist. Der Grund dafür ist einfach: Historisch gesehen entwik-

---

[3] Vgl. A. J. Penty: *The Restoration of the Guild System* und S. G. Hobson: *National Guilds*.

kelte sich die Legislative, um einen unwilligen Staat zu kontrollieren (»L'état, c'est moi«, oder die moderne Version à la Jelzin, die ungefähr so zu lauten scheint: »La démocratie, c'est moi«). Der Staat ist manchmal in einer speziellen Kabine anwesend, abseits der Öffentlichkeit, der Journalisten und der Gesetzgeber. Er hört zu, redet nur, wenn man ihn anspricht, und zeigt ein mißmutiges Gesicht. In einem System, das den Staat stärker beteiligen würde, hätte jeder Zweig der Exekutive eigene Vertreter, die eifrig an den Dialogen innerhalb beider Kammern und zwischen diesen teilnehmen würden.

Was wären typische Dialogthemen in den zwei neuen Kommunikationskanälen?

Zwischen *Staat und Kapital* gibt es eine ganze Reihe von Konflikt- und Kooperationsthemen, die sicher in einer zeitgenössischen, modernen Gesellschaft diskutiert werden, bloß nicht vor diesem Hintergrund. Jeder Staat möchte, daß das Kapital mehr Steuern abführt, und das Kapital möchte immer, daß der Staat die Ausgaben für die Infrastruktur übernimmt (beziehungsweise für das, was das Kapital als Infrastruktur ansieht) und außerdem einen Plan entwirft, um nicht nur höhere Einnahmen zu erzielen, sondern auch nachhaltige Beschäftigungsverhältnisse zu schaffen, die reproduzierbar sind. Warum sollte dies nur unter Parlamentariern diskutiert werden, die Gefahr laufen, zwischen zwei Stühle zu geraten? Warum sollte es vorher keinen transparenten Dialog zwischen den zwei mächtigen Pfeilern der Gesellschaft geben, wobei die letztliche Entscheidungsgewalt bei der Legislative verbleibt? Es dürfte dabei nicht zu einer Erosion der Demokratie kommen, was die direkte oder indirekte Herrschaft des »demos« angeht, sondern nur einen verbesserten Kommunikationsprozeß geben, bevor die endgültigen Entscheidungen getroffen werden. Im Prinzip sollte dies auch die Korruption verringern. Manchmal bekommt das Kapital das, was es möchte, weil die offen dargelegten Argumente gut sind und sie sowohl den Dialog mit dem Staat wie mit der Legislative relativ unbeschadet überstanden haben. Ein anderes Mal wird es nicht seinen Willen bekommen, und dann wird die Versuchung da sein, sich mit Bestechung den Markt zu öffnen. Aber in diesem Fall wird es ein viel höheres Problembewußtsein geben. Zudem könnte es Regeln geben, damit alle ›Geschäfte‹ zuerst offen auf einem, zwei oder drei der bilateralen Dialogforen diskutiert werden. Die Korridore des Staates und des Kapitals würden zugänglicher, insbesondere die dunklen Korridore, wo die beiden sich früher für ihre geheimen Deals trafen.

Zwischen *Zivilgesellschaft und Kapital* würde die Themenliste die gesamte Palette dessen reflektieren, was in der politischen Ökonomie diskutiert wird. Auf seiten der Zivilgesellschaft beträfe das eher die Volksorganisationen als die Parteien, weil diese ihre Meinung dann kundtun können, wenn der Dialog früher oder später die Legislative erreicht. Einige Themen wurden schon oben angedeutet. Aber die wichtigste allgemeine Formel wäre eine Beteiligung der Öffentlichkeit bei der Entwicklung neuer Produkte. Warum sollten die Menschen nicht ihre Wünsche äußern und das Kapital veranlassen, genau für ihren Bedarf zu produzieren? Dies könnte anstelle oder zusätzlich zur jetzigen Methode des Kapitals geschehen: im Geheimen neuen Bedarf schaffen, dann mit Guerillamethoden an die Leute heranschleichen, um sie als Käufer zu angeln, das neue Produkt vorzustellen, ein PR-Feuerwerk loszulassen und dann die Leute in die Geschäfte zu locken. Warum sollte es nicht einen symmetrischeren Ansatz geben, zumal wenn der Markt den Verkäufern, Käufern und Händlern gleichermaßen gehören soll? Hieran wäre einiges neu. Natürlich wird ein Maßanzug genau nach Order hergestellt. Viele Produkte können bestellt werden, aber dabei handelt es sich wahrscheinlich eher um Spezifizierungen als um neue Produkte. Es geht hier mehr um neue Produkte, die von einer Gruppe von Leuten bestellt oder gewünscht werden, und nicht um individuellen Verbrauch. Der Wunsch würde in einen bestimmten Bereich des Kapitals gehen, genauso wie bei staatlichen Ausschreibungen für öffentliche Aufträge. Dies schließt in keinem Fall Wettbewerb aus, der Wettbewerb würde sogar gestärkt. Und warum sollte der Staat mehr Rechte darauf haben, ein neues Produkt zu bestellen, als das Volk? Was soll dieser indirekte Weg, mit der Nachfrage der Bevölkerung umzugehen? Ist dieser Kommandokapitalismus so viel besser, als wenn der Staat über die Nachfrage im Kommandosozialismus entscheidet?

6. Den Dialog zwischen Staat, Kapital und Zivilgesellschaft internationalisieren

Auf der internationalen bzw. globalen Ebene organisieren sich die Staaten in verschiedenen Intergouvernementalen Organisationen (IGOs), deren wichtigste die Generalversammlung der Vereinten Nationen (UNGA) ist, die auch als Regierungsversammlung der UN angesehen werden kann. Das Kapital organisiert sich in transnationalen Unternehmen, die sich auch in Branchen zusammenfassen lassen. Die Internationale Handelskammer und das Weltwirtschaftsforum sind zwei interessante Organisationsformen. Die Zivilgesellschaft organisiert sich zunehmend als eine internationale Zivilgesellschaft in internationalen Volksorganisationen (IPOs). Die paneuropäische Variante ist zum Beispiel als Bürgerversammlung von Helsinki (Helsinki Citizens' Assembly) bekannt.

Eine klare Vorhersage: Innerhalb einer Generation wird die UNO eine zweite Versammlung haben, die fähiger ist, die Belange der Menschen auszudrücken, also eine UN-Völkerversammlung. Es wird auch eine dritte Versammlung geben, die fähiger ist, die Interessen des Kapitals zu vertreten, eine UN-Unternehmensversammlung. Nach Artikel 23 der UN-Charta können derartige neue Organe der Generalversammlung eingerichtet werden. Es ist also nicht nötig, die Charta zu ändern, solange sich das Machtgefüge nicht verschiebt. Dies kann vielleicht sogar passieren, bevor viele Länder derartige Kommunikationskanäle einrichten. Der globale Bedarf für ein Arbeitsbeschaffungskonzept seitens der transnationalen Unternehmen (sie erwirtschaften ein Drittel des Bruttoweltproduktes und haben rund ein Viertel des Handels in ihren Händen, doch schaffen sie bloß drei Prozent der Arbeitsplätze) sowie für eine nachhaltige Entwicklung ist längst da. Und es gibt keinen Ersatz für einen direkten Dialog. Es gibt auch keinen Ersatz für einen wirklichen Weltdialog zum Thema Korruption. Hier wäre das Forum.

7. Schlußbemerkung

»Sag mir, in welchem Verhältnis Staat, Kapital und Zivilgesellschaft zueinander stehen, und ich sage dir, was für eine Gesellschaftsform du hast.« Das ist die Moral der Geschichte, die in diesem Aufsatz vorgetragen wurde. Als Inhaber ungeheurer Macht über Zwangsmittel und Verträge können der Staat und das Kapital das ganze »Spiel« alleine oder gemeinsam bestreiten. Dabei entstehen verschiedene politische und wirtschaftliche Systeme, je nachdem, wie die beiden sich kombinieren und miteinander in Beziehung treten. Die Zivilgesellschaft kann normative und ausgleichende Macht einsetzen. Die vierte Art von Macht, Entscheidungsmacht, sollte diese drei im Gleichgewicht halten, indem die Zivilgesellschaft dazu benutzt wird, die beiden anderen Gesellschaftspfeiler zu zivilisieren. Heutzutage geschieht dies dadurch, daß zwischen der Zivilgesellschaft und dem Staat ein Gleichgewicht geschaffen wird und das Kapital unter sich bleibt, so, als ob es durch die beiden anderen repräsentiert oder aber unantastbar wäre. Wenn man die Stärke des Kapitals in der modernen Gesellschaft berücksichtigt, dann läßt sich die Macht der anderen mit der Macht eines Stationsvorstehers eines kleinen Bahnhofs vergleichen, dessen Aufgabe es ist, das grüne Fähnchen bereit zu halten, wenn der Schnellzug vorbeidonnert. In der modernen Gesellschaft gibt es vielleicht weniger Klassenunterdrückung, weil es möglich ist, sich gegen den Staat aufzulehnen, aber es gibt viel Klassenausbeutung, weil das Kapital nicht herausgefordert und zur Verantwortung gezogen wird.

Die Essenz der Demokratie ist ein transparenter Dialog als Auftakt zur sozialen Transformation. Natürlich treffen sich die Chefs der drei genannten Mächte, zum Beispiel in den Rotary Clubs. Sie führen Dialoge und entscheiden, sind aber nicht der weiteren Öffentlichkeit gegenüber verantwortlich.

Und doch, wie schon J. F. Kennedy sagte, haben sie die Macht, sowohl die Menschheit zu vernichten als auch die Armut zu beseitigen. Es gibt also keine Alternative, als gemeinsam nach kooperativen Lösungen für die wichtigen Probleme unserer Zeit zu suchen.

Geopolitik nach dem Kalten Krieg: ein Essay zur Agendatheorie

1. Grundlegende Konzepte und Hypothesen

Damit eine Elite regieren kann, oder allgemeiner gesprochen, damit Anführer führen können, bedarf es eines *Programms*, bei dem das Ziel und die Mittel relativ klar definiert sind.[1] Jenseits davon existiert eine *Vision*. Dies ist der ferne Horizont, also zum Beispiel »Entwicklung«, »Ruhm«, »Sicherheit« oder »Frieden«. Unterhalb dieser Ebene befindet sich die *Agenda*. Hier handelt es sich um die alltäglichen Tätigkeiten, also um etwas Konkretes, was jede Stunde des Tages, jeden Tag des Jahres und jedes Jahr getan werden muß, jedenfalls so lange, wie die Elite an der Macht bleiben will.[2] Zur selben Zeit muß die Elite nach Toynbee kreativ sein, um das Volk bei der Stange zu halten. Darin liegt der Widerspruch.

Es gibt viele Möglichkeiten, die Legitimität des eigenen Machtanspruchs zu verlieren. Ein Agendadefizit ist eine der wichtigeren. Eine geheime Agenda reicht nicht immer aus. Die Elite wird von sich selbst und vom Volk für die offene Agenda, also das gesprochene Wort, verantwortlich gemacht. Eine Elite mit einer Agenda ist eine programmierte Elite; eine Elite ohne eine Agenda hat verloren und kann sich nur durch Trägheit oder durch große Stärke an der Macht halten. Aber das Volk ist ebenfalls durch seine Kosmologie (Tiefenkultur und Tiefenideologie) programmiert, so wie eine Person durch seine/ihre Persönlichkeit geprägt ist. Ein Einverständnis kann nur erzielt werden, wenn die offene Agenda mit der Kosmologie kompatibel ist.[3] Ein Schiffskapitän, der in Schwierigkeiten steckt,

---

[1] Es sollte nicht nur definiert werden, *was* getan werden sollte, sondern auch *warum* und *wie*, und vor allem *wo*, *wann* und *von wem* (die letzten drei Punkte machen die eigentliche Agenda aus). Vielleicht sollte auch gesagt werden, *für wen* (und damit implizit auch *gegen wen*).

[2] Die französischen Bezeichnungen sind hier hilfreich: »projet« für Vision und »l'ordre du jour« für Agenda, also das zugrundeliegende Projekt und (in militärischen Begriffen) der Tagesbefehl.

[3] Für eine kurze Einführung in die Kosmologie-Theorie siehe: Johan Galtung, Tore Heiestad and Erik Rudeng: »On the Last 2,500 Years in Western History, And

muß zumindest so handeln, als ob er einen Kurs hat. Sollte er durchscheinen lassen, daß er nicht die geringste Ahnung hat, was zu tun ist, dann rückt eine Meuterei oder Apathie immer näher.

Zwei grundlegende Fragen der Agendatheorie lauten[4]: Wie entstehen Agenden, und wie finden sie ein Ende? Diese Fragen sollen das Verständnis für das Entstehen und Verschwinden einer Agenda fördern. Logischerweise können sich diese Theorien auf die Agenda oder aber auf die Träger derselben, das heißt die Elite, beziehen. Agenden halten die Eliten am Leben, aber Eliten halten auch Agenden am Leben. Wer war zuerst da? Dies ist das Problem von der Henne und dem Ei. Aber wie entstehen Agenden?

Die augenscheinlichste, wenngleich leicht tautologische Antwort lautet: durch ein Agendavakuum, das danach schreit, gefüllt zu werden. Etwas muß verschwinden, damit etwas anderes entstehen kann. Mit anderen Worten sind die Theorien zum Entstehen und Verschwinden von Agenden sehr eng miteinander verbunden. Aber dies führt sofort zu der Frage: Wie verschwinden Agenden wieder?

Die einfachste Antwort darauf lautet: Sie sind realisiert worden. Die Elite hat die Arbeit erledigt und wird zu einem Gefangenen des eigenen Erfolgs. Die erfolgreich umgesetzte Agenda hinterläßt ein Vakuum.

Die zweite Antwort beinhaltet das genaue Gegenteil: Die Elite war nicht in der Lage, die Agenda umzusetzen. Vorzugeben, daß sie an einer umfassenderen Agenda gearbeitet habe, ist zu durchschaubar. Die Elite verschwindet mit ihrem Versagen zu handeln. Oder sie entwickelt eine neue Agenda, eine, die nur einen einzigen Punkt beinhaltet, nämlich unter allen Umständen an der Macht zu bleiben. Oder die Elite wird mit ihrer Agenda zusammen entmachtet, nachdem sie selbst oder die Agenda oder beide widerlegt worden sind.

Die dritte Antwort ist stärker situationsgebunden: Neue Umstände machen die alte Agenda irrelevant. Der Kontext hat sich so verändert, daß die Mittel nicht länger relevant sind, und schlimmer noch, das Ziel selbst ist bedeutungslos geworden. Der Kalte Krieg ist einfach vorbei.

Wie produziert das System dann neue Agenden?

Dazu sollte zunächst gesagt werden, daß eine Agenda eine handhabbar gemachte Ideologie ist, und daß die Ideologie mit der zugrundeliegenden

---

Some Remarks on the Coming 500«, in: Peter Burke (Hrsg.): *Companion Volume to the New Cambridge Modern History*, XIII, Cambridge 1979, S. 318–361.

[4]   Für einige allgemeine Ausführungen zur Agendatheorie vergleiche: R. O. Keohane und J. S. Nye: *Power and Interdependence*, Boston 1977, S. 32–33. Sowie R. W. Mansbach und J. A. Vasquez: »Agenda Politics«, Kap. 4 in ihrem Buch *In Search of Theory: A New Paradigm for Global Politics*, New York 1981. S. 87–142.

Kosmologie kompatibel sein sollte. Es gibt also mit anderen Worten nur eine begrenzte Auswahl. Aber es gibt wichtige Leitpunkte für diejenigen, die suchen. Einzelne Gruppen werden wahrscheinlich mit ihren Ideologien oder Agenden identifiziert werden. Das heißt, daß die Träger einer Agenda verschwinden, wenn die Agenda aus dem einen oder anderen Grund selbst verschwindet, es sei denn, die Träger sind in Fraktionen organisiert, die ihrerseits unvereinbare Agenden verfolgen.[5] Logischerweise wäre der Schlüsselmechanismus eine Agenda-Warteschlange, die der Elite-Gegenelite-Warteschlange entspricht. Dabei bringen sich beide für eine Machtübernahme in Stellung, falls ihre Agenden relevant werden. Parlamentokratie ist ein System, welches diesen Prozeß ordentlich reguliert. Demokratie ist natürlich ein viel breiter angelegtes Konzept, welches auch die Agenden der einzelnen Menschen miteinbezieht (im Gegensatz zu den Parteiagenden, falls diese Mechanismen sind, um die Eliten an die Macht zu bringen). Demokratien, oft »direkte Demokratien« genannt, geben nicht nur entstehenden Gegeneliten, die noch nicht die Standardform einer Partei erreicht haben, eine Stimme, sondern auch Anti-Eliten, welche indirekte Demokratie als Widerspruch in sich ansehen.[6]

Parlamentokratie ist im Prinzip auch ein geordneter Prozeß für einen Agendawechsel. Dann gibt es noch andere Prozesse, deren Grenzen alles andere als deutlich sind: der Putsch, die Revolution und der Betrug. Was sie gemeinsam haben, ist das Vorhandensein von alternativen Agenden in alternativen Eliten sowie die Zuweisung von Macht auch an Anti-Eliten, die am Ende der Macht und der indirekten Demokratie vielleicht gar nicht so feindlich gegenüber stehen[7].

Aber was passiert, wenn das politische System, Elite und Volk, aus dem einen oder anderen Grund völlig ohne Agenda dasteht? Ein Grund könnte

---

[5] Die Argumentation wird verständlich, wenn man sich Einparteiensysteme anschaut: Japan (die LDP, *ji-min-to*, die »Liberal«-»Demokratische« »Partei« ist genau so eine Partei) und die ehemalige Sowjetunion. Erstere präsentiert ständig (einigermaßen) neue Agenden; die KPdSU war dazu nicht in der Lage, unter anderem aufgrund der Intoleranz gegenüber Fraktionsbildung.

[6] Referenden und andere Meinungsäußerungen der Europäer in den letzten Jahren zum Thema Maastrichter Vertrag und Europäische Union (im Gegensatz zu einer bloßen Gemeinschaft) zeigen eine deutliche Kluft zwischen der politischen Klasse/Kaste (Eliten und Gegen-Eliten, die zum Thema EU weitaus geeinter sind als die EU-Bürger) und dem Volk als solches. Je indirekter die Demokratie ist, desto weniger perfekt ist natürlich die direkte Demokratie.

[7] Eine Ausnahme scheinen bislang die grünen Parteien zu sein, die eine Art von aufrichtigem Widerstand an den Tag legen, wenn es darum geht, in Machtpositionen vorzurücken – jedenfalls bislang. Ausnahme sind hier die bescheideneren kommunalen und substaatlichen Ebenen.

zum Beispiel ein plötzlicher Situationswechsel sein. Der Zustand wird als ziemlich tiefe und existentielle Krise angesehen. Die einzige Heilmethode ist natürlich eine neue Agenda. Aber wo soll diese herkommen?

Eine Möglichkeit ist allgemein bekannt: Miteinander konkurrierende Eliten erklären einen Notstand und bilden eine Koalitionsregierung mit einer gemeinsamen Agenda. Dies kann der kleinste gemeinsame Nenner sein oder die größte gemeinsame Menge, die jeder beitragen kann, oder was auch immer. In solchen Situationen finden die Konkurrenten womöglich heraus, daß es durch den Austausch von Einzelpunkten zu einer beachtlichen Agendaosmose kommt und die Aufgabe dadurch nicht so anstrengend wird, wie man vorher gedacht hatte. Nach einem Krieg oder einer Naturkatastrophe ist dies wahrscheinlich der typische Ansatz zum *Wiederaufbau*: Es gibt nichts Neues aufzubauen, also läßt sich leicht ein Konsens herstellen.

Aber man stelle sich eine ganz neue Situation vor, welche *Aufbau* und nicht Wiederaufbau erfordert. Nichts wurde wirklich zerstört, und die Eliten durchforsten erfolglos die offizielle Träger-Warteschlange mit der dazugehörigen Agenda-Warteschlange, um vielversprechende Agenden zu finden. Vergeblich – es läßt sich nichts Neues entdecken.

In solchen Situationen gibt es zwei Möglichkeiten, um neue Agenden zu finden oder zumindest neue von erfahrenen Agendaschmieden herstellen zu lassen.

Zunächst wäre da die *Geschichte*. Im Rückgriff auf die Vergangenheit kann man Sedimente und Schichten von Agenden ausgraben, von denen nur wenige vollendet oder widerlegt worden sind. Die meisten wurden schlicht von neuen Agenden überholt.[8]

Als zweites wäre da die *Geographie*. Agenden können woanders gesucht und nachgeahmt werden, oder man kann sich den Agenden anderer Eliten unterwerfen.

Die Situation nach dem Kalten Krieg stellt eine Kombination beider dar.

---

8 Natürlich bietet das Unvollendete eine beträchtliche Attraktion. Ein Beispiel dafür ist Schuberts Symphonie in h-moll mit demselben Namen (nur zwei Sätze). Oder Henrik Ibsens »Ein Puppenhaus«, welches den Leser/Zuschauer mit einem Gefühl der Verzweiflung und Frustration zurückläßt – was passiert als nächstes!

2. Die Tristesse nach dem Kalten Krieg: das Agendavakuum

An dieser Stelle wird logischerweise damit argumentiert, daß der Kalte Krieg reichlich Agenden geliefert hat. Die Eliten hatten weltweit genug zu tun, um sich zu beschäftigen, wenn es sie auch nicht vor Mißgeschicken bewahrte. Drei Agenden stellten sich leicht als übergreifende Superagenden heraus, die sich nicht wesentlich von Land zu Land, von einer Elite an der Macht zur nächsten unterschieden.

Die westliche Agenda: der Kampf gegen den »Kommunismus« durch Blockbildung unter Führung der Supermacht sowie Aufrüstung, um eine militärische Überlegenheit auf allen möglichen Kriegsschauplätzen und bei allen Waffensystemen zu erreichen. Ebenso sollten die Demokratie und der Kapitalismus durch das Marktsystem aufgebaut werden.

Die östliche Agenda: der Kampf gegen den »Imperialismus« durch Blockbildung unter Führung der Supermacht sowie Aufrüstung, um im großen und ganzen ein militärisches Gleichgewicht zu erreichen. Ebenso sollten ein Ein-Parteien-»Führungs«-System und der Sozialismus durch Planung aufgebaut werden.

Die blockfreie/Dritte-Welt-Agenda: keinem Block beitreten und nicht von einem der beiden Supermächte politisch abhängig werden; statt dessen beide gegeneinander ausspielen. Ebenso sollten moderne Nationalstaaten mit jeweils eigenem Mix von Demokratie/Einheitspartei und Kapitalismus/Sozialismus aufgebaut werden.

Alle drei Lager hatten Negatives wie Positives in ihren Agenden, die über 40 Jahre hinweg aktiv umgesetzt wurden (1949/NATO bis 1989/Mauerfall). Die Agenden dienten der Konsensbildung innerhalb der drei Blöcke, inklusive der Feindseligkeit gegenüber alternativen Agenden, welche die negativen wie positiven Zielsetzungen gefährden konnten.

Im Herbst 1989 fand der Zusammenbruch des sozialistischen Blocks und der Zusammenbruch aller drei negativen Agenden statt.[9] Zwei Jahre später waren die Ein-Parteien-Systeme und der Planungssozialismus ebenfalls von der Bildfläche verschwunden.

Es entstand ein riesiges weltweites Vakuum: Was nun?

---

[9] Für einen Versuch, die Geschehnisse zu analysieren, vgl. Johan Galtung: »Eastern Europe Fall 1989: What happened, And Why?«, in: Louis Kriesberg (Hrsg.): *Research in Social Movements, Conflicts and Change*, Vol. 14, Greenwich 1992, S. 75–97. (Deutsch: »Osteuropa, Herbst 1989: Was ereignete sich, und warum?«, in: Johan Galtung: *Eurotopia. Die Zukunft eines Kontinents*, Wien 1993, S. 43–70.)

Genau genommen war fast dasselbe bereits eine politische Generation früher geschehen, nämlich nach dem Zweiten Weltkrieg. Das Weltsystem hatte seit einiger Zeit eine sehr ungeordnete Warteschlange von Welteliten gesehen. Als erstes gab es die großen westlichen Kolonialmächte, wie die USA, Großbritannien, Frankreich, die Niederlande und Belgien. Zweitens waren da die Gegeneliten (Deutschland, Italien, Japan), die auch eine Agenda für die Welt besaßen (Status quo gegen ihre Art von »Neuordnung«). Beide buhlten um Anhänger unter den anderen Mächten, die später entweder zu den »Alliierten« oder den »Achsenmächten« stießen. Einige Länder wechselten das Lager, als der alliierte Sieg wahrscheinlicher wurde. Die Sowjetunion mußte schließlich ihr großes Gewicht auf der alliierten Seite einbringen, nachdem sie von der zweiten Gruppe angegriffen worden war.[10]

Weil das Kolonialsystem als ein Vehikel für kriegerische Aktivitäten diente, wurde der europäische/pazifische Krieg beinahe zu einem Weltkrieg, wenn auch nicht ganz.[11] Aber selbst die (mehr oder weniger) neutralen Staaten besaßen eine Agenda, welche vergleichbar war mit derjenigen der Blockfreien im Kalten Krieg. Es gab einen ganz eindeutigen Auftrag auszuführen, nämlich *zu gewinnen*.

Der Mai 1945 in Europa und der August 1945 im Pazifik hinterließen jedoch kein Agendavakuum. Es mußten Wiederaufbauarbeiten geleistet sowie Besatzungs-, Reparations- und Friedensverträge ausgehandelt werden. Doch auch dies konnte keine Ewigkeit dauern, sondern mit Hilfe moderner Technik allenfalls vier bis fünf Jahre. Das hinterließ 1949/50 ein großes Vakuum. Der Kalte Krieg in Europa und der Korea-Krieg im Pazifik kamen da gerade *rechtzeitig*. Sie wurden ohne Zweifel zum Teil vom Agendavakuum mitverursacht und aktivierten eine alte, einfache Agenda, die sich so leicht umsetzen läßt: kämpfen und Kriege gewinnen.

Die Kolonien taten genau dasselbe, indem sie Befreiungskriege für die Selbstbestimmung begannen. Gegner war ein Westen, der sich plötzlich in

---

[10] Das führt natürlich zu zwei interessanten Fragen: Was wäre passiert, wenn Hitler nicht die »Operation Barbarossa« gestartet hätte? Und was wäre passiert, wenn Hitler nur die »Operation Barbarossa« gestartet hätte?

[11] So blieb ein Großteil Afrikas außen vor, ebenso Südamerika und Südafrika. Darüber hinaus schafften es sechs der damals existierenden 28 europäischen Staaten (die *Minis* nicht mitgerechnet), mehr oder weniger neutral zu bleiben. Von den verbliebenen 22 schafften es nur vier, nicht besetzt zu werden (Großbritannien und die drei Inseln Island, Malta und Zypern). Aber die europäischen Großmächte haben die alte Angewohnheit, sich selbst als Europa zu sehen und Europa als die Welt.

einem Zwei-Fronten-Krieg befand, und beide Male gegen den »Kommunismus«[12].

Kurz gesagt hatten wir zwischen 1939 und 1989 fünfzig Jahre kontinuierlichen Krieg oder die Vorbereitung eines solchen. Dieses spielte sich sowohl territorial (die ganze Welt war beteiligt) wie auch vom Umfang (Krieg und Kriegsvorbereitung waren beide potentiell »total«) auf der Weltebene ab. Es ist vielleicht gar nicht so erstaunlich, daß es nach dem Ende des Kalten Krieges so viel Krieg und Gewalt gibt, und zwar aus einem einfachen Grund: *Wenn man überrascht wird, dann ist der Status quo ante eine der möglichen Lösungen*, schon aus reiner Trägheit heraus. Sowohl die Verhaltensmuster wie die Handlungsmuster sind schon *präpariert*. Die Zukunft wird zu einer Imitation der Vergangenheit. Wenn Aktionen gefordert werden, dann verkürzt dies den Schritt von der Deaktivierung zur Aktivierung von Agenden. Die Rhetorik muß auf den neuesten Stand gebracht werden.[13] Innovationen sind unnötig, und neue Agenden müssen nicht produziert werden.

Noch bedeutender als Trägheit sind *die unvollendeten Agenden der Vergangenheit.* Diese Formulierung ist allerdings ziemlich allgemein. Man sollte sich hier ins Detail begeben. Der Teufel steckt im Detail, genau wie die interessantesten Einblicke. Die Agendakrise stellt sich nach dem Ende des Kalten Krieges im Westen, im Osten und in der blockfreien Welt jeweils ganz anders dar. Ein wichtiger Aspekt ist auch, ob wir uns auf die ehemaligen Supermächte, andere Großmächte oder die kleineren Staaten konzentrieren. Die Kommentare sollen sich hier auf die USA, die EU und Japan im »Westen«, auf Rußland im »Osten« sowie auf die muslimische Welt, Indien und China für die »Blockfreien« beschränken. Hinzu kom-

---

12 Der sowjetische Block war zumindest offiziell »kommunistisch«, aber die nationalen Befreiungsfronten waren dies nicht unbedingt. Allerdings gewöhnte es sich die Erste Welt sehr schnell an, alles, was gegen sie war, mit dem Label »kommunistisch« zu versehen. Erst zwanzig Jahre später gerieten sie im Falle Japans mit dieser Technik in große Schwierigkeiten.

13 Der reibungslose Übergang vom Kampf gegen die Achsenmächte zum Kampf gegen den »Kommunismus« (zusammen mit den früheren Achsenmächten und einigen ihrer Hauptvertreter) kann hier als Beispiel dienen. Alte Formeln wie »Diktaturen sind inhärent aggressiv und benutzen äußere Aggression für den inneren Zusammenhalt« können *mutatis mutandis* angewandt werden. Natürlich gab es auch ein allgemeines Grundprinzip: der Kampf gegen alles, was dem westlichen Expansionismus und *Sendungsbewußtsein* im Wege stand und eine Veränderung der Welt forderte.

men Länder, die im Kalten Krieg geteilt wurden (Deutschland und Korea), und als letzter Fall Jugoslawien.[14]

Vorher soll jedoch noch ein weiterer Punkt angesprochen werden, der sich auf das Weltsystem als Ganzes bezieht: *Eine kleiner werdende Welt erfordert einen immer höheren Grad an Agendasynchronisierung.* Der Zweite Weltkrieg und der Kalte Krieg wurden dieser Funktion sehr wohl gerecht, indem sie nahezu die ganze Welt beteiligten. Asynchron, das heißt eine Agenda zurück oder voraus, kann man nur auf Kosten einer deutlich spürbaren Marginalisierung sein. Dies können sich nur Länder leisten, die groß genug sind, die Kosten dafür zu bezahlen.

3. Agenden nach dem Ende des Kalten Krieges: der Westen

Die Agenda des Westens war in den letzten 500 Jahren ziemlich klar: Die Welt sollte kulturell missioniert werden (auch religiös), sie sollte ökonomisch ausgenutzt werden, politisch gelenkt und, als *ultima ratio regis*, militärisch kontrolliert werden, falls einer oder mehrere der drei anderen Aspekte versagen sollten. Der Zweite Weltkrieg drehte sich im wesentlichen um Rivalitäten innerhalb des Westens, wobei (das militaristische) Japan den westlichen Herausforderern hinzugerechnet wurde: (Nazi-) Deutschland und (das faschistische) Italien, mit den (faschistischen) Ländern Spanien und Portugal im Hintergrund. Der Kalte Krieg war eine bedeutende Konfrontation mit einem bedeutenden Herausforderer: dem sozialistischen Block. Mit der erfolgreichen Erledigung beider Unter-Agenden, dem Sieg über die Achsenmächte und die Sozialisten, wäre die augenscheinlichste Vorhersage, daß der Westen sich wieder seiner allgemeinen Agenda zuwendet, und dabei die Welt auf neue Herausforderer abklopft.

Es gibt deren zwei: Nach der Zweiten Welt, der ehemaligen sozialistischen Welt, kommen jetzt die Dritte Welt, also die »Entwicklungs«-Länder, und dann die Vierte Welt, die südöstliche Welt, welche in punkto Wirtschaftswachstum der buddhistisch-konfuzianische Gegenpol zum Westen, also der Ersten Welt, ist. Diese zwei Kandidaten für mögliche Konfrontationen sind ziemlich unterschiedlich. Lateinamerika/die Karibik, Afrika, die arabische Welt, West- und Südasien befinden sich in der ersten

---

[14] Ende 1992 waren die drei zuletzt Genannten wichtig, während sie schon Anfang 1993 von Ereignissen in ganz anderen Ländern teilweise verdrängt wurden. Um zu verstehen, was geschehen ist, kann diese Art der Analyse jedoch ganz leicht auf neue Nachrichtenbrennpunkte übertragen werden.

Gruppe, während Südost- und Ostasien in der zweiten Gruppe sind. Letztere umfaßt so bedeutende Mächte wie China, Korea, Vietnam und Japan.

Die offensichtlichen konkreten Agenden des Westens wären deren kulturelle und wirtschaftliche Durchdringung, zum Beispiel durch die Anwendung der neoklassischen Wirtschaftstheorie als Paradigma. Ebenso stünde die politische Lenkung durch vom Westen dominierte Weltorganisationen auf dem Programm, zum Beispiel durch die Weltbank und den Internationalen Währungsfonds. Das Ganze würde im Bedarfsfall durch militärische Aktionen untermauert. Dies ist so offensichtlich, daß es langweilig ist.

Ohne Kalten Krieg stehen die USA wieder dort, wo sie in der zweiten Hälfte der vierziger Jahre schon einmal waren. Das Land sah damals durch seine relative Macht unangreifbar aus. Diese Situation wiederholt sich in den Neunzigern, wobei die USA praktisch stillstehen und die anderen sich gewissermaßen entwaffnen. Dies gilt zumindest, was die Militärausgaben angeht.[15] Die hier vertretene Theorie, daß die erste unvollendete Agenda der Vergangenheit wiederbelebt wird, verweist auf die vierziger Jahre, wo die Ambitionen der USA detailliert in der berühmten Denkschrift JCS 570/2 an Präsident Roosevelt[16] dargelegt wurden, sowie auf deren stärker auf den Kalten Krieg bezogenes Pendant NSC 68.

Wie steht es jedoch um die EU? Die Agenda von 1945 kann in einem einzigen Wort zusammengefaßt werden: Wiederaufbau. Dabei half der nicht-geschädigte Westen dem in Mitleidenschaft geratenen Westen durch den Marshall-Plan. Es gab zudem kein ausreichendes Zeitfenster, um vor dem Kalten Krieg eine alternative Agenda zu formulieren. Erst 1990–91, also eine Generation nach dem Wiederaufbau und nach dem Ende des Kalten Krieges, kündigte sich eine neue Agenda an, die noch ambitionierter als die US-Agenda wirkte: die Europäische Union. Sie soll den Teil des Westens, der nicht US-amerikanisch ist, bis zum Punkt eines föderalen Superstaates stärken. Dabei soll es sich um einen Bundesstaat handeln und nicht nur um eine im wesentlichen konföderative Europäische Gemeinschaft. Eigentlich handelt es sich dabei um nichts Neues, denn die Idee

---

15 So belief sich Anfang der Achtziger der US-Anteil an den weltweiten Militärausgaben auf unter 25% und erreichte 1990 30%. Die Schätzung für 1997-98 liegt bei 47 bis 48%. Das bedeutet, daß zum Ende dieses Jahrhunderts, gemessen an den Militärausgaben, ein Land womöglich über die Hälfte der weltweiten militärischen Kapazität verfügt. Vgl. *The Nation* vom 8. Juni 1992, S. 789.

16 Vgl. Peter Hayes, Lyuba Zarsky and Walden Bello: *American Lake: Nuclear Peril in the Pacific*, 1986.

stammt schon mindestens aus dem Jahre 1306[17] oder sogar von Karl dem
Großen, wobei Napoleon und Hitler ihre Ansätze hinzufügten. Am Ende
des Wiederaufbaus wurde dieses Thema europäischer Geschichte 1950 von
den Franzosen wieder aufgegriffen (Monnet, Schuman), diesmal jedoch mit
mehr Realismus: Kein Land sollte den Rest dominieren.[18] Es ist augenscheinlich, daß eine sich verringernde Abhängigkeit von den USA und eine
sich verändernde Agenda früher oder später zu einem offenen Konflikt
zwischen den USA und der EU um die ultimative Weltherrschaft führen
können.[19]

Wie steht es um Japan auf der anderen Seite der Welt, das im Sinne des
Kalten Krieges, und nur in diesem Sinne, ein Teil des Westens ist?

Es wäre ein großer Fehler anzunehmen, daß Japan dieselbe Agenda
verfolgt wie der Westen, obwohl dieser Fehler häufig gemacht wird. Aus
der japanischen Geschichte lassen sich leicht zwei sich nicht ausschließende Agenden ableiten: erstens, *die Überlegenheit über die Nachbarn*[20] und
zweitens Projekte in Richtung *Asien für die Asiaten.* Letztere führte zu
zwei großen Kriegen: gegen Rußland 1904–05 und gegen die Kolonialmächte Großbritannien, Frankreich, die Niederlande, Portugal und die
USA 1941–45. Sie waren in allen Fällen erfolgreich, außer im Falle der
USA als einer bedeutenden Nicht-Kolonialmacht in der asiatisch-pazifischen Region.[21]

---

[17] Vgl. Abbé Pierre DuBois: *De recuperatione terrae sanctae* (1306).

[18] Vgl. Jean-Baptiste Duroselle: *L'Europe: Historie de ses peuples,* Perrin 1990. Hier
wird versucht, die verschiedenen Bemühungen zur Einigung Europas zu unterscheiden.

[19] Es wird hierbei angenommen, daß nach der Logik der »Neuen Weltordnung« die
USA nicht nur eine Hegemonialmacht ist (über die westliche Hemisphäre und den
Nahen Osten), sondern sich selbst auch als Hegemonialmacht der Hegemonial-
mächte sieht, also als Sitz der ultimativen Macht im Weltsystem.

[20] Aus dieser Perspektive können Vorhaben wie »dai-to-a-kyoeiken« (»gemeinschaftli-
cher Wohlstand für Groß-Ostasien«) als ein spezielles aber sehr bedeutendes Beispiel der Politik des »hakko ichiu« (»Acht Ecken der Welt unter einem Dach«) gesehen werden.

[21] Die Franzosen zogen sich aus Indochina zurück, die Niederländer aus »Niederländisch Ostindien«, die Briten aus Burma (und aus Südasien im allgemeinen, und wie
die Franzosen von einer Reihe pazifischer Inseln), die Portugiesen aus Osttimor und
die USA von den Philippinen. Genau das hatte Japan gewollt. Von den westlichen
Mächten gelang es nur den USA, einen neokolonialen Fuß in die Tür zu bekommen.
Es wurde oft gesagt, daß dieser eher auf »weicher Macht« (wirtschaftlich und kulturell) beruhe und nicht so sehr auf »harter Macht« (politisch und militärisch). Dabei
wird nicht beachtet, daß wirtschaftliche Macht brutaler als militärische Macht sein

Nach der Logik beider Agenden ist zu erwarten, daß sich Japan mit den USA auf Kollisionskurs befindet. Die militärische Niederlage führte 1945 zu einer Suspendierung derselben. Der Kalte Krieg verwandelte Japan von einer passiven in eine aktive US-Klientel. Die beiden langfristigen Agenden wurden jedoch wirtschaftlich verfolgt und werden es immer noch. Wenn Krieg tatsächlich Politik mit anderen Mitteln ist, läßt sich dann auch sagen, daß Wirtschaft Krieg mit anderen Mitteln ist? Die Rhetorik ist anders, aber die organisatorische Form und viele Akteure sind dieselben. Eine enge Kooperation zwischen Staat und Kapital ist ein wesentlicher Aspekt der japanischen Wirtschaftsstruktur. Eine sehr enge Kooperation zwischen Staat und Militär ist eine unabänderliche Vorbedingung für einen Krieg.

Durch das Ende des Kalten Krieges läßt sich vielleicht erwarten, daß Japan langsam seinen Klientenstatus aufgibt. Dabei kann Japan schneller oder langsamer als die Europäer sein, die dasselbe versuchen. Nur die USA benutzen das Wort »Verbündete« für beide und deuten damit eine Übereinstimmung der Agenda an, die vielleicht gar nicht existiert. Die beiden anderen Akteure wissen dies besser, und der Anti-Amerikanismus nimmt hier zu. Zwei Kollisionskurse nehmen Gestalt an. Japan gegen die USA ist womöglich der wichtigere. Japan wurde erst ein einziges Mal besiegt.

4. Agenden nach dem Ende des Kalten Krieges: der Osten

Die Sowjetunion erlitt zwischen 1989 und 1991 einen dreifachen Agenda-Verlust: Man verabschiedete sich nicht nur vom Kalten Krieg, wodurch er als Konsequenz ganz aus der Geschichte verschwand. Es wurde auch die Agenda Kapitalismus-Sozialismus-Kommunismus aufgegeben sowie das Gerüst einer multikulturellen Gesellschaft (mit russischer Dominanz), also die Sowjetunion selbst. Es mußte weit in der Geschichte zurückgegangen werden, um aus dem Trümmerhaufen eine Agenda der Vergangenheit zu finden; nicht nur Petrograd, sondern St. Petersburg.

Die Formulierung einer Agenda, die das meiste von dem abdeckt, was in Osteuropa passiert, ist *die Wilsonsche Agenda* (nach dem US-amerikanischen Präsidenten Woodrow Wilson) der nationalen Selbstbestimmung. Sie wurde seinerzeit benötigt, als das österreichisch-ungarische Habsburger-Imperium aufgelöst wurde. Als Ergebnis dessen entstanden Polen, die Tschechoslowakei, Ungarn und die Illusion eines Jugoslawiens. Die Welle

---

kann, und daß letztere oft als Hilfsmittel benutzt wird, wenn die wirtschaftliche Macht herausgefordert wird.

der Selbstbestimmung, die ostwärts rollte, kollidierte mit einer anderen Welle, die westwärts rollte, nämlich der kommunistischen Revolution, die bis Ungarn und Bayern gelangte. Für rund 70 Jahre hatte sie sich in der Sowjetunion stabilisiert, welche die weltgrößte Landmasse und weltweit drittgrößte Bevölkerung hatte.

Die erste Agenda nach dem Ende des Kalten Krieges war und ist daher die unvollendete Agenda aus den vorrevolutionären Jahren: Nation, und nicht Klasse. Wäre nur der Kalte Krieg verloren worden (symbolisiert durch die Auflösung des Warschauer Paktes), hätte das Ziel der Aufbau eines besseren Sozialismus und einer besseren Sowjetunion sein können. Das hätte Sozialdemokratie im ersten und etwas Konföderaleres im zweiten Fall bedeuten können. Das war mehr oder weniger Gorbatschows Doppelagenda. Sie sollte nicht sein, womöglich weil der Bruch mit der Vergangenheit für eine Bevölkerung, die klare Alternativen verlangte, nicht ausreichend war.[22]

Dies ist jedoch nur eine Agenda für eine oder zwei Generationen, und sie wird Rußland selbst sehr hart treffen. Das gilt auch, wenn der riesige Komplex, der einst als sozialistischer Block bezeichnet wurde, mit den bisherigen Praktiken blutig beschäftigt bleibt. Und dann kommt die tiefere Agenda eines jeden östlichen Landes mit einem singularistischen, universalistischen Monotheismus: selbstgerechter Expansionismus, der vom Wunsch beflügelt wird, den Körper, den Geist, die Seele, die Struktur und die Kultur anderer zu transformieren. Je größer das Land ist, desto größer sind im allgemeinen die Ambitionen und das Potential dafür. Und Rußland ist sehr, sehr groß.

Merkwürdigerweise diente der Marxismus-Leninismus eher als Begrenzung des Expansionismus denn als sein Motor. So mußte nach der *Stufengang*-Theorie der geschichtlichen Entwicklung sowie der Theorie der endogenen sozialen Dialektik zuerst der Widerspruch zwischen Arbeit und Kapital reifen. Erst dann war eine Gesellschaft für die Machtübernahme durch die kommunistische Partei reif. Dies konnte unter Umständen mit Geburtshilfe der Sowjetunion geschehen, die das Pionierland auf dem Gebiet des Sozialismus war. Als logische Folge griff die Sowjetunion immer dann ein, wenn eine Gesellschaft in den Kapitalismus zurückfiel und dauernde Aufmerksamkeit erforderte (Ungarn 1956, Tschechoslowa-

---

[22] Der Grund dafür lag nicht in der konkreten Person und Politik Gorbatschows, sondern in einem tieferen Aspekt der russischen Kultur, dem Monotheismus: der Glaube an die eine Lehre und den einen Gott. Die Geschichte hatte die Sowjetunion verraten, also war der historische Materialismus komplett »out«. Gott war »in«, inklusive der Marktwirtschaft.

kei 1968 und Afghanistan 1979 können auch aus dieser Perspektive gesehen werden). Die Perspektive war mit anderen Worten messianisch. Die
Gelegenheiten für eine Intervention waren jedoch, mit Ausnahme des un-
zuverlässigen sozialistischen Blocks, angesichts der Bemühungen der Ersten Welt, die marxistische *Stufengang*-Hypothese zu widerlegen, selten.

Heute ist Rußland ein normales, expansionistisches östliches Land. Eine Agenda, die nur ansatzweise konkret wäre, würde auf der slawischen
Kultur und religiöser Orthodoxie beruhen und versuchen, eine Zweite
Sowjetunion aus Rußland, Weißrußland, der östlichen Ukraine und dem
nördlichen Kasachstan aufzubauen.

5. Agenden nach dem Ende des Kalten Krieges: die Blockfreien

Der Ruhm, die objektive Mitte zu sein, schwindet zusammen mit der Bipo-
larität. Das gilt jedenfalls so lange, bis die Regierungen verstehen, daß es
auch in einer Welt mit sechs oder sieben Polen sinnvoll ist, blockfrei (und
nicht verlästert?[23]) zu sein. Auch die Unteragenda, eine Weltmacht gegen
die andere auszuspielen, ist von der Tagesordnung verschwunden. Früher
wurde jeder der beiden Supermächte ein Preis dafür abverlangt, daß man
blockfrei blieb oder sich in gleichem Umfang an beide anlehnte.

Für die Länder der Dritten Welt, die meistens ja ehemalige Kolonien
der Ersten Welt gewesen waren, gab es noch eine zweite, begleitende
Agenda der Befreiung und der darauf folgenden Nationenbildung. Die Balance zwischen Kapitalismus und Sozialismus war ein Maß für den Grad
der Blockfreiheit. Diese Agenda ist mit dem Zusammenbruch des Sozialismus in den Vorzeigestaaten des sozialistischen Blocks zur Zeit hinfällig
geworden.[24] Und da nahezu alle Länder der Dritten Welt einige Elemente
der sozialistischen Agenda aufgegriffen hatten, kam es zu einem doppelten
Agendadefizit.

Hier kommt nicht nur die Zeit, sondern auch der Raum ins Spiel: Genau wie den sozialistischen Ländern wird ihnen die Doppelagenda Demo-
kratie/Kapitalismus vor allem durch Sanktionen des internationalen Systems von außen aufgezwungen. Diese Agenda ist eines jenes berühmten
Angebote, die nur (sehr) schwer zurückzuweisen sind.

---

23 Unübersetzbares englisches Wortspiel: nonaligned/non-maligned; d. Ü.

24 Die Aufmerksamkeit sollte sich jedoch auf die vielen Facetten des Begriffs »Sozialismus« richten, so wie sie aufgeführt werden in: Johan Galtung: »Socialism is dead,
Long live socialism«, in: *Festschrift to George Fernandez*, New Delhi 1990.

Aber man kann immer noch die Frage stellen, welche Agendaprogrammpunkte die Länder endogen bestimmen können. Die Antwort lautet genau wie für die ex-sozialistische Zweite Welt: die *Zweite nationale Befreiung.* Die Einheit, welche die Last des westlichen Kolonialismus abgeschüttelt hat, war in sich selbst eine westliche Konstruktion, nämlich ein Konglomerat von Nationen, die in einer Kolonie zusammengepfercht waren, wobei einige Nationen durch koloniale Grenzen geteilt wurden.[25]

Es gibt in dieser Gruppe drei bedeutende Akteure: Westasien, Indien und China.

Der nicht-arabische Teil Westasiens, also die Türkei (inklusive des kleinen europäischen Teils), die sechs ehemaligen muslimischen Sowjetrepubliken (normalerweise als Zentralasien bezeichnet, obwohl bis auf das Farsi sprechende Tadschikistan alle dem Türkischen verwandte Sprachen sprechen) sowie Iran und Pakistan waren nicht blockfrei. Drei Länder zählten zum Westen und sechs zum Osten. Die Agenda des Kalten Krieges war säkular in dem Sinne, daß sie nicht-islamisch war (der Kalte Krieg fand unter der Christenheit statt, indem wie üblich die westliche Kirche der östlichen gegenüber stand). Das Agendavakuum nach dem Kalten Krieg kann nun durch einen Islam gefüllt werden, der aus dem Iran und aus Pakistan inspiriert wird. Das bedeutet einen Abschied vom Säkularismus, was vom Westen als »Fundamentalismus« interpretiert werden wird.

Aber es gibt noch eine zweite Agenda, die vor allem von der Türkei verfolgt wird: *ein Zweites ottomanisches Imperium.* Die Türkei hält sich von der arabischen Welt und dem Balkan zurück, bis sich die islamische Lage deutlich verbessert oder sich noch weiter verschlechtert (was sie wahrscheinlich tun wird). Eine islamische Türkei kann mit Sicherheit als Vollmitglied der EU ausgeschlossen werden, wenn man die nicht-säkulare Natur eines solchen Projektes zugrunde legt. Es gibt Signale, die darauf hindeuten, daß die Türkei statt dessen ihre eigene Union aufbauen wird, also eine Türkei, die dem oben skizzierten Rußland ähnelt.

Die arabische Welt besteht aus 22 Staaten (Palästina mitgezählt) und die Doppelagenda liegt offen zutage: Islam und das pan-arabische Projekt, das der Westen so sehr enttäuscht hat, unter anderem durch die Gründung des Staates Israel in der Mitte der arabischen Welt. So wurde der Maghreb vom Maschrik getrennt. Es scheint logisch zu sein, daß man eine Agenda um so stärker aktiviert, je mehr eine andere Agenda enttäuscht wird. Eines Tages werden beide Projekte realisiert sein, aber wahrscheinlich erst später als

---

[25] Neuere Afrikastudien scheinen zu betonen, daß der Westen eher sehr verschiedenartige Nationen künstlich zusammenfügte denn teilte, unter anderem, weil die Nationen sehr klein waren.

das Türkei[+]-Projekt, wenn man die tiefen Gräben und das westliche Hinauszögern berücksichtigt.

Indien leidet zur Zeit unter dem doppelten Defizit der zwei nicht mehr existierenden Agenden der Blockfreiheit und des Sozialismus. Es gibt die neue Agenda, eine Gesellschaft der freien Marktwirtschaft aufzubauen, welche die Eliten für einige Zeit beschäftigen wird, vor allem, wenn sie »Recht und Ordnung« gegen Lawinen des Volksprotests von Menschen am Rande des Existenzminimums verteidigen müssen. Aber dann gibt es noch eine weitere und stärkere Agenda, die tiefer in der Kultur und den Leuten verwurzelt ist: Hinduisierung. Es gibt dabei ein Element einer (zweiten) nationalen Befreiung. Aber dies läßt sich nicht mit Eritrea vergleichen, das sich von Äthiopien befreit hat, oder mit den Kurden, die gegen fünf nicht-arabische und arabisch-westasiatische Länder kämpfen. Gemeint ist hier eine Befreiung der Mehrheit vom Säkularismus und dem daraus resultierenden Kollisionskurs mit religiösen Minderheiten, man denke an deren größte, die Muslime (Ayodhya) und die Sikhs (»Operation Blue Seal«, der Tempel von Amritsar). Es handelt sich um eine sehr alte Agenda, die in der *Mahabharata* (wörtlich: Großindien) verankert ist und noch auf die Zeit der Maurya- und Gupta-Imperien und davor zurückgeht. Jahrhunderte der Erniedrigung durch die Mogule, die Briten und die säkular-sozialistische/kapitalistische Nehru-Dynastie werden abgeschüttelt. Ein Expansionismus in Südasien (in die SAARC-Länder)[26] ist wahrscheinlich.

Natürlich wird es in Indien noch für lange Zeit eine westliche, säkulare und marktorientierte Elite geben, die in bezug auf die politischen Parteien pluralistisch ausgerichtet ist. Doch wird sie zunehmend irrelevant, weil die oben skizzierte Entwicklung in ihrem Interesse liegt. Aber sie wird unter Umständen von Hunderten von Millionen Hindus komplett verdrängt werden, die eine ganz andere Agenda verfolgen. Dies kann aus einem sehr einfachen Grund vielleicht früher als erwartet passieren: Für die Massen hat das säkulare Projekt mit dem Namen (materialistische) »Entwicklung« versagt. Die Zeit ist gekommen, in die religiöse Dimension zu wechseln – in ihre.

Schließlich ist da noch *China*, welches eine jahrtausendalte Tradition hat, Barbaren fernzuhalten, ob sie nun aus dem Norden, dem Osten, dem Süden oder dem Westen stammen. Ebenso soll das Land als Einheit bewahrt werden, was Hongkong, Macao und Taiwan umfaßt (aber vielleicht nicht Tibet). Dem gesellt sich nun wie in Rußland die neue Agenda hinzu, die im Kapitalismus angelegt ist (im Falle Rußlands[+] gilt dies sogar stärker,

---

26 SAARC = South Asian Association for Regional Cooperation; d. Ü.

falls es eintritt). Ein kapitalistisches Land muß expandieren, um seine Roh-stoffbasis und seine Märkte zu sichern, auch wenn das eine oder das andere oder beide außerhalb der eigenen Grenzen liegen. Das führt uns zu derselben Schlußfolgerung wie im Falle der Sowjetunion/Rußlands: Solange sie kommunistisch waren, warteten sie darauf, daß sich um sie herum die Apokalypse ereignete. Als kapitalistische Länder müssen sie ihre Wirtschaftszyklen sichern, genau wie jedes andere kapitalistische Land auch. Dazu gehören auch bei Bedarf militärische Mittel. Der Westen, der sich nicht einmal selbst versteht, züchtet zwei Monster.

Vor allem setzt sich China eine eigene Agenda, dessen erster Punkt der Selbstschutz vor Barbaren jeder Art ist. Punkt zwei: Gleich welches andere Projekt die Eliten haben, sie sind nur sich selbst gegenüber verantwortlich. Sie haben keinen Vertrag unterzeichnet, wonach das Wort »Kommunismus« dasselbe bedeuten muß wie in den USA. Es könnte zum Beispiel ein »soziales Marktsystem« bedeuten, welches sich gar nicht so sehr vom deutschen System unterscheidet, das unter dem Logo »christlich« von der herrschenden Partei, der CDU, präsentiert wird. Ein Land dieser Größe kann sich diese Arroganz erlauben. Aber dahinter steckt noch mehr. Indien ist ebenfalls sehr groß, wird jedoch weit stärker von quälenden Selbstzweifeln geplagt. Aber sozialistischer Säkularismus ließ sich mit Demokratie in Einklang bringen, kommunistischer Konfuzianismus im Reich der Mitte wahrscheinlich nicht.

6. Die geteilten Länder: Deutschland und Korea

Es gibt zahllose Unterschiede, aber sowohl Deutschland wie Korea sind stolze Nationen, die in der Lage sind, ihre eigenen Agenden zu entwickeln und umzusetzen. Diese stehen im ersten Fall im Einklang mit dem Protestantismus und im zweiten mit dem Konfuzianismus. Beide Länder wurden jedoch im Gefolge des Zweiten Weltkrieges geteilt, und beide Teile wurden jeweils sofort in den Kalten Krieg eingespannt, ohne daß genügend Zeit blieb, eine eigene Agenda auszuarbeiten. Die jeweilige Agenda wurde ihnen von den Supermächten diktiert, wobei die Vergebung für den Zweiten Weltkrieg gegen die Unterordnung im Kalten Krieg eingetauscht wurde. Alle vier Teile waren erfolgreich und errichteten Kapitalismus und Sozialismus in einer europäischen und einer ostasiatischen Variante.

Dann verschwand der Kalte Krieg, aber es gab einen großen Unterschied: Ostdeutschland implodierte. Für Nordkorea war das weniger wahrscheinlich, aber immerhin möglich. Es gab keine Agenda des Kalten

Krieges und in Ostdeutschland keine sozialistische Agenda mehr. Auch wenn Nordkorea die Agenda abhanden kam, so blieb dennoch der kapitalistische und sozialistische Aufbau. Doch was sollte in Ostdeutschland ohne Agenda passieren?

Für Deutschland gab es im Prinzip drei Möglichkeiten.

Zunächst das, was man hätte tun sollen, nämlich *eine neue Agenda* für die vereinte Nation *zu entwickeln.* Dazu hätte man sich die nötige Zeit nehmen sollen, mit Runden Tischen und den besten Frauen und Männern aus allen Bereichen der Kultur, Politik und Arbeit.

Zweitens das, was man getan hat und definitiv nicht hätte tun sollen, nämlich *die westdeutsche Agenda Ostdeutschland mit allem Drum und Dran überzustülpen.* Dies ist wahrscheinlich die einfachste Definition für Kolonialismus.

Drittens und als Folge des soeben Konstatierten, daß man nicht getan hat, was man hätte tun sollen und statt dessen getan hat, was man nicht hätte tun sollen: Die Menschen wenden sich wieder den zwei unvollendeten Agenden der Vergangenheit zu:

1. *die* gewalttätige *Nazi-Agenda eines Deutschlands für die Deutschen;*

2. *die alte deutsche geopolitische Agenda, sich (süd-)ostwärts auszubreiten.* Das läßt sich natürlich einfacher verwirklichen, wenn die DDR nicht mehr existiert und Osteuropa am Boden liegt.

Die zwei Alternativen innerhalb der dritten Option schließen sich nicht gegenseitig aus. Sie können von denselben Leuten umgesetzt werden. Die Nazis taten genau dieses: »Vernichtung« und »Ostmark«. Die Punkte können jedoch auch klassenspezifischer gesehen werden. Die oben erwähnte Nazi-Agenda ist vulgär und eignet sich hervorragend für ein wirtschaftlich frustriertes »Lumpenproletariat«. Die andere Agenda findet sich eher unter der gehobenen Gesellschaft, in eleganten Salons oder in Büros des Außenministeriums. Natürlich wird sie in Einklang mit dem heutigen Diskurs formuliert: Den entsprechenden Ländern soll bei den schwierigen Fragen der Demokratie und freien Marktwirtschaft geholfen werden. Bei Bedarf wird Friedenserhaltung hinzugefügt, wenn man ihre ethnische Zersplitterung bedenkt.

Wann wird die dritte Agenda realisiert werden? Die Antwort liegt auf der Hand: solange wie die politische Klasse in Deutschland unfähig ist, eine neue Agenda zu entwickeln, und in dem Ausmaß, wie die zweite Agenda versagt. Daß diese dazu verurteilt ist zu versagen, wird niemanden überraschen, der die alte DDR kannte. Aber sie wird eines Tages womöglich auch in Westdeutschland versagen, wenn der Versuch scheitert, sich mit 17 Millionen »Ossis« zu vereinen, die im Prinzip dazu verdammt wurden, nur den »Wessis« vom Seitenaus zuzuschauen.

Natürlich gibt es theoretisch eine vierte Möglichkeit, nämlich die unvollendete sozialistische Agenda Ostdeutschlands. Eines Tages mag sie gemäß der Theorie der sedimentierten Agenden wieder an die Oberfläche kommen. Aber die Zeit dafür ist noch nicht reif, denn der Eindruck ihres Versagens ist noch zu frisch. Es gibt noch keine neue Generation, die bereit wäre, den Traum aus den Trümmern neu zu beleben. Genauso mußte der Nationalsozialismus mindestens eine Generation warten, um für eine nennenswerte Bevölkerungsgruppe wiederbelebt zu werden. Ohne Zukunft sind wir dazu verdammt, die Vergangenheit erneut zu durchleben. Dabei handelt es sich im allgemeinen nicht um die jüngste Vergangenheit, wenn diese zu abgeschlossen oder zu traumatisch war.

7. Ein Spezialfall: Jugoslawien

Jugoslawien mußte ebenfalls einen doppelten Agendaverlust hinnehmen: Sozialismus und Blockfreiheit. Die augenscheinliche Heilmethode wäre die Entwicklung einer neuen Agenda gewesen. Aber die von Tito gezüchtete politische Klasse, die ein Land der Dritten Welt in ein mitteleuropäisches (nicht osteuropäisches) Land umgewandelt hatte, zeigte sich unfähig, bei einer derart kurzen Warnzeit eine neue Agenda zu produzieren. Zwei Faktoren sprachen zudem gegen eine schnelle Agenda-Entwicklung: Fraktionen waren in der Partei (der Liga) verboten. Es gab also keine alternativen Träger innerhalb des »Apparates«, die mit alternativen Agenden auf eine Machtübernahme warteten. Darüber hinaus war das System nicht demokratisch, und es gab keine alternativen Parteien mit alternativen Agenden sowie keine offene Debatte. Die Lage deutete hin auf die Wiederbelebung der letzten unvollendeten Agenda, nämlich die gemeinsame Agenda einer großserbischen/großkroatischen ethnischen Säuberung.

Und das setzten sie um. Es gibt ein wilsonsches Element, das sie mit Osteuropa teilten. Doch die extreme Gewalt läßt sich am besten dadurch erklären, daß man dort ansetzte, wo die verschiedenen Parteien beim letzten Mal aufhörten, nämlich beim Ende des Zweiten Weltkrieges. Damals rächten sich die Serben für die Morde der kroatischen Ustascha.[27] Die

---

[27] Wie jede andere Formel für Ex-Jugoslawien ist diese zu einfach. Darüber hinaus sind die Leiden der jugoslawischen Völker, die sie sich gegenseitig zugefügt haben und die ihnen von außen zugefügt wurden (Türken und Deutsche, um nur zwei zu nennen), schier unermeßlich. Auch zeitlich gibt es keinen Anfang, und momentan scheint es so, als gäbe es auch kein Ende.

schreckliche Schlußfolgerung, die sich ableiten läßt, falls keine neue Agenda gefunden wird, lautet:

– Sie werden weiterhin ihre Agenda umsetzen, bis sie realisiert worden ist, das heißt, bis es ein ethnisch gesäubertes Großkroatien und Großserbien gibt. Oder:

– Sie werden von außenstehenden Mächten daran gehindert, indem letztere ihnen alternative Agenden aufzwingen (Bestrafung der Schuldigen, Selbstbestimmung). Oder:

– Sie entwickeln neue Agenden, die friedlicher sind. Genau das versucht die ex-jugoslawische Friedensbewegung zu erreichen.

8. Geopolitik nach dem Kalten Krieg: Wie soll die Welt aussehen?

Die Schlußfolgerung lautet, daß die politische Klasse dieser Erde ein momentanes geopolitisches Agendavakuum mit unvollendeten Agenden der Vergangenheit füllt, weil sie nichts Besseres zu tun hat. In der Innenpolitik ginge dies nicht so leicht, da sie öffentlicher ist. Selbst wenn eine Gesellschaft nicht demokratisch ist, ist das Monopol einer politischen Klasse bei der Festlegung der Agenda nicht so groß. Eine weitere Ausnahme sind sehr starke oder marginalisierte Länder (der Prototyp dafür wäre China). Ihr Autismus isoliert sie von dem, was für den Rest der Welt epochale Ereignisse sind, wie zum Beispiel der Fall der Berliner Mauer. Geschichte wird hier auf einmal geschmeidig. Aber wir werden kurz abgefertigt von zweitklassigen Politikern in der Zwangsjacke der Gegenwart, die in die Vergangenheit schauen, wenn sie sich der Zukunft stellen sollten. Sie sind unfähig, den Frieden zu denken.

Also bekommen wir wahrscheinlich das, was wir verdienen, nämlich das Entstehen einer Welt mit sieben Polen und sieben Hegemonialmächten. Die größeren sind

– die *USA* in der westlichen Hemisphäre und im Nahen Osten, mit klaren Bestrebungen, die Hegemonialmacht der Hegemonialmächte zu werden;

– die *Europäische Union* in Europa und den AKP[28]-Ländern, die ihre jüdisch-christliche und römisch-germanische Identität entdeckt. Sie versucht eine Union zu werden und befindet sich auf dem alten Kollisionskurs mit Rußland und der Türkei;

---

28 AKP-Staaten = Staaten Afrikas, der Karibik und des Pazifik.

- *Rußland*[+] in der Ex-Sowjetunion und vielleicht Teilen Osteuropas, auf der Suche nach einer (größeren) orthodoxen und slawischen (»Narodniki«) Identität;
- die *Türkei*[+] (neun Länder) im eigenen Land, aber mit geringem Druck in alle Richtungen, auf der ostwärts gerichteten Suche nach einer islamischen Identität;
- *Indien* im eigenen Land, aber mit ein bißchen Druck in alle Richtungen, auf der Suche nach einer (größeren) hinduistischen Identität;
- *China* im eigenen Land, Taoismus-Buddhismus-Konfuzianismus, kapitalistisch;
- *Japan*, Schintoismus-Buddhismus-Konfuzianismus, mit einem Neo-»dai-to-a«-Konzept.

Kurz gesagt handelt es sich also um eine Welt mit sieben Polen. Weniger amateurhaft ausgedrückt: sieben parallele, unipolare Regionen mit Hegemonialmächten, die ihr Recht und ihre Ordnung durchsetzen. Das wird bis zu einem bestimmten Grad von der Hegemonialmacht der Hegemonialmächte koordiniert, nämlich den Vereinigten Staaten von Amerika. Eine sehr kurze journalistische Formel lautet: die weniger entwickelten Länder ganz unten, darüber die stärker entwickelten Länder und ganz oben Washington DC. Zwei Regionen haben eine gemeinsame Zivilisation: der US- und der EU-Block (protestantisch-katholisch-jüdisch; demokratisch-kapitalistisch). Der Kalte Krieg fand innerhalb einer Makro-Zivilisation statt, dem Okzident. Er überschattete die schnelle Artikulation aller möglichen Zivilisationskonflikte. Es gibt drei protestantisch-katholische Nuklearmächte, drei orthodoxe Nuklearmächte, wahrscheinlich drei islamische Nuklearmächte (mit einer kleineren, jüdisch-zionistischen im Hintergrund), eine hinduistische Nuklearmacht, eine taoistisch-buddhistisch-konfuzianische Nuklearmacht, während wir nicht wissen, in welche Richtung die schintoistisch-buddhistisch-konfuzianische Macht driftet. Unter den sieben ist sie die einzige ohne ein nachweisbares nukleares (Beinahe-) Potential.

Bei sieben Hegemonialmächten, die jeweils eine wichtige Weltregion beherrschen, gibt es 21 mögliche bilaterale Beziehungen. Vier der sieben Mächte haben sich bereits etabliert (die USA, Japan, Indien und China), und drei weitere befinden sich im Entstehungsprozeß. Ich selbst würde vor allem USA-Japan und das Dreieck EU-Rußland[+]-Türkei[+] fürchten, wobei ich natürlich Türkei[+]-Indien hinzufügen würde. Die unilateralen, das heißt die intra-hegemonialen Beziehungen sind für alle mit Ausnahme Japans problematisch. Japan ist ein erstaunlich homogenes Land, in dem sich jedenfalls dem Augenschein nach keinerlei Widersprüche entwickeln. Alle sieben könnten jedoch große Probleme mit ihren Peripherien bekommen.

Es wird wahrscheinlich große Anstrengungen hin zu einer vertikalen, regionalen Integration geben. Das heißt, daß die Bemühungen von den Hegemonialmächten geleitet und dirigiert werden. Gleichzeitig werden diese aber eifersüchtig darauf achten, daß der Grad ihres inneren Zusammenhalts mindestens so hoch ist wie der anderer Hegemonialmächte und auf jeden Fall höher als derjenige der regionalen Integration. Die EU bewegt sich in Richtung eines Superstaates oder zumindest einer Super-Föderation: gemeinsame Finanzen, gemeinsame Außen- und Verteidigungspolitik, womöglich mit gemeinsamer Staatsbürgerschaft und einer föderalen Polizeibehörde. So wird die EU den Kohäsionsgrad der USA erreichen. Doch wird der innere Zusammenhalt viel größer sein als die Beziehungen, die sie zum Europäischen Wirtschaftsraum (EWR) aufbaut oder zu den osteuropäischen Staaten, ganz zu schweigen von den AKP-Staaten. Dasselbe gilt für die USA und die NAFTA-Region und für einen möglichen ostasiatischen Gemeinsamen Markt (China-Japan-Korea-Vietnam).

Daß es militärische Allianzen geben wird (z. B. USA-EU-Rußland[+], also die Absorbierung des Warschauer Paktes durch die NATO, gegen China-Japan-vereinigtes Korea-Vietnam), versteht sich von selbst. Die politische Klasse hat nicht umgedacht, und das liegt nur teilweise daran, daß sie keine Zeit für kreative Aktivitäten hatte. Die nukleare Komponente existiert bereits und wird nicht so schnell abgebaut, wie sich neue Konfliktformationen aufbauen. Angesichts der Tatbestände, daß alle sieben zusätzlich zum eigenen den Fundamentalismus der anderen sechs hervorrufen werden (gerade weil alle in Tiefenkulturen verwurzelt sind) und daß alle sieben kapitalistisch sind und sich konsequenterweise bei der Suche nach Rohmaterialien und Märkten auf einem Kollisionskurs befinden, wird die UNO wahrscheinlich nur dann ins Spiel gebracht werden, wenn die Vetomächte einer Meinung sind. Diese Phase ist vielleicht schon vorüber.

Die Aussichten sind also, kurz gesagt, nicht gut. Aus diesem Grund wird es jedoch wahrscheinlich eine steigende Nachfrage nach einer ernsthaften Friedensagenda geben. Hoffentlich geschieht dies vor dem 22. Jahrhundert.

TEIL III: ENTWICKLUNG

Entwicklungsziele und -prozesse: eine integrierte Perspektive

1. Entwicklung aus der Vogelperspektive

Lange teilten wir die Welt in West und Ost, dann in Nord und Süd, in dem Versuch, uns davon zu überzeugen, daß es einen Ost-West-Konflikt und einen Nord-Süd-Dialog gäbe. Heute gewährt das keine tieferen Einsichten und hält noch nicht einmal einer kleinen Betrachtung der Weltkarte stand (liegt z.B. Japan im Westen?). Doch wenn wir beide Kategorisierungen gleichzeitig benutzen, erscheint eine erstaunlich fruchtbare Einteilung der Welt in *vier Welten der Entwicklung oder Fehlentwicklung*:

Abbildung 1: Vier Welten der (Fehl-)Entwicklung

	WEST	OST
NORD	*Erste Welt*: Privatkapitalismus OECD-Staaten	*Zweite Welt*: (ehemaliger) Staatssozialismus CMEA[1]-Staaten
SÜD	*Dritte Welt*: NIEO[2] Südamerika, Karibik, Afrika, Arabische Welt, Westasien, Südasien	*Vierte Welt*: Ichi-ban Japan, China, Ostasien, Südostasien, Australien, Neuseeland, Pazifische Inseln

Teilt man die Welt in dieser Weise, werden einige Positionen deutlich:

– Es gibt keinen »Norden« als Akteur; die kapitalistischen und ehemals sozialistischen Teile sind unterschiedlich und stehen in unterschiedlicher Weise in Beziehung zur Dritten Welt.

– Es gibt auch keinen »Süden« als Akteur; die Länder Ost- und Südostasiens, besonders die »Mini-Japans« (Korea, Taiwan, Hongkong und Singapur) sind sowohl reich wie industrialisiert und spielen in der Welt eine Rolle ähnlich der Japans. China und andere Länder der Region

---

1 Council for Mutual Economic Assistance, bekannt als COMECON oder Rat für gegenseitige Wirtschaftshilfe (RGW).

2 New International Economic Order = Neue Weltwirtschaftsordnung.

passen auch besser in dieses Bild, besonders auf etwas längere Sicht, als in irgendeine andere Hauptgruppe.

- Es gibt keinen »Nord-Süd«-Konflikt (außer im Sinne von Hautfarbe, Rasse), aber ganz sicher einen bedeutenden ökonomischen Konflikt zwischen der nordwestlichen Welt und der südöstlichen Welt und einen bedeutenden Konflikt bezüglich Abhängigkeit im allgemeinen zwischen der nordwestlichen Welt und der südwestlichen Welt. Die Vorstellung eines Nord-Süd-Konfliktes verschleiert die Weltrealität.

- Es gibt keinen »Ost-West«-Konflikt, aber ganz sicher einen bedeutenden bipolaren politischen Konflikt zwischen der nordwestlichen Welt und der nordöstlichen Welt, der sich nach 1989 möglicherweise in einen ökonomischen Konflikt verwandelt, wobei der Nordosten dem Südwesten ähnlicher wird und der Nordwesten hegemoniale, unipolare Macht in Europa ausübt.

Folglich erscheint die nordwestliche Welt, also die reichen privatkapitalistischen Länder, als ein Angelpunkt in den Konflikten: im Konflikt über die grundsätzliche ökonomische Restrukturierung der Welt mit der südwestlichen, der Dritten Welt; im Konflikt des sich zunehmend verschärfenden ökonomischen Wettbewerbs mit der südöstlichen Welt; und im Konflikt mit der nordöstlichen Welt, der in einer bedeutenden militärischen Konfrontation hätte ausbrechen können.

Diese drei Konflikte sind sicher nicht ohne Beziehung. Die gemeinsame Wurzel ist die Struktur, die den nationalen Ökonomien wie der globalen Ökonomie vom *Projekt* der Ersten Welt aufgezwungen wurde: Privatkapitalismus. Die anderen drei Welten sind dialektische Reaktionen auf diese Struktur, deren Zentrum in der Ersten Welt liegt und die in besonderen Aspekten der okzidentalen Kosmologie wurzelt.

Die erste Reaktion, die nun aufgegeben wurde, war in der Zweiten Welt zu finden, die von der Sowjetunion geleitet und dominiert wurde, und bestand darin, sich teilweise aus dem System zurückzuziehen, um ein alternatives Projekt aufzubauen: Staatssozialismus. Die zweite Reaktion ist in der Dritten Welt zu finden mit ihrem Projekt der Neuen Weltwirtschaftsordnung (NIEO) – im Grunde ein Versuch, Subjekte statt Objekte des globalen Marktes zu werden, indem auf nationaler Ebene einige Aspekte der Ersten oder Zweiten Welt oder von beiden imitiert werden (was manchmal damit endet, daß keines davon umgesetzt wird). Und die dritte Reaktion (obwohl Japan den beiden anderen Welten vorausgegangen ist) findet sich in der Vierten Welt, die die anderen mit deren eigenen Mitteln schlägt und dadurch Nummer 1 wird – *ichi-ban.*

Ich behaupte, daß einige Länder der Vierten Welt damit bereits erfolgreich waren, nicht nur aufgrund ihrer eigenen Fähigkeiten, das Spiel zu spielen, sondern auch aufgrund der Schwächung der Ersten Welt durch den Kalten Krieg-Konflikt und den Rüstungswettlauf (incl. allgemeiner Militarisierung) mit der Zweiten Welt, der Grenzen der Ausbeutung der Dritten Welt, die sich in den Ölkrisen der 70er und der Schuldenkrise der 80er Jahre zeigten, der Grenzen der Ausbeutung ihres eigenen Proletariats und der Grenzen der Ausbeutung der Natur. Historisch wichtig war natürlich die OPEC-Aktion 1973, die zu einer teilweisen Institutionalisierung der NIEO führte.

Doch die OPEC-Länder wurden auf die falsche Weise reich, durch Besitz, nicht durch Verarbeitung und harte Arbeit, und spielten deshalb keine dauerhafte Rolle in der Weltwirtschaft. Zusätzlich wird die islamische Kritik an Zinsen und die Tatsache, daß die meisten OPEC-Länder islamisch sind, es vermutlich beinahe unmöglich machen, vom Handels- zum Industriekapitalismus fortzuschreiten – außerdem gibt es noch den Mangel an Organisationsinfrastruktur. Die Schwellenländer (Newly Industrializing Countries – NICs) schließen auch einige Länder der Dritten, Zweiten und Ersten Welt ein, aber sie stellen als industrialisierte Anbieter kaum eine Bedrohung für die Länder der Vierten Welt im Kampf um globale ökonomische Hegemonie dar. Es ist eine intellektuell brüchige ökonomische Kategorie.

Diese drei bedeutenden Weltkonflikte, die nun auf zwei reduziert sind und durch die künstliche Ost-West- und Nord-Süd-Grenzziehung verborgen wurden, werden sich weiter entwickeln und miteinander interagieren in Formen, die schwer vorauszusagen sind, zumal durch die zunehmende Abhängigkeit der Dritten von der Vierten Welt auch noch ein neuer struktureller Konflikt Gestalt annimmt. Genau wie das größte Land der Vierten Welt, China, es schließlich schaffen wird, sich von der Logik der nicht mehr existierenden Zweiten Welt zu befreien, könnte auch die Dritte Welt es zunehmend schaffen, sich von der Ersten Welt zu befreien. Die Versuche der Ersten Welt, in den anderen Welten bedeutende und verläßliche Alliierte zu finden – wobei die Zweite Welt als Teil des »Nordens« die Belastungen einer vom »Süden« geforderten gerechteren Weltordnung teilen soll, die Dritte Welt im Konzept der »Freien Welt« der Verteidigung gegen »Kommunismus« und die Vierte Welt als Teil einer Trilateralen Allianz dem Management des Weltkapitalismus dienen soll –, sind vermutlich zum Scheitern verurteilt. Tatsächlich ist die Erste Welt (USA + EU) vermutlich vom Schicksal dazu bestimmt, im Wettbewerb mit der Vierten Welt (China + Mini-Japans + Japan) eine *ökonomische* Niederlage zu erleiden und in ihrem Versuch, fortwährend die Dritte Welt zu manipulieren

(z. B. durch Drogenkontrollen), eine *politische* Niederlage zu erleiden. Und in der Tat hätte sie in einer Konfrontation mit der Zweiten Welt auch eine *militärische* Niederlage erleiden können – nicht, weil die Zweite Welt effektivere zerstörerische Macht hat, sondern weil die Erste Welt verwundbarer ist.

Der relative ökonomische Niedergang der Ersten Welt (niedrige oder negative Wachstumsraten, Arbeitslosigkeit und Inflation, abnehmende Marktanteile) wird sich wahrscheinlich fortsetzen, ebenso wie das Wirtschaftswachstum der Vierten Welt und die Stagnation der beiden anderen Welten – mit einigen Ausnahmen. Die Vierte Welt wird durch eine relativ gute Verteilung des Reichtums geschützt, obwohl China immer noch einen Weg finden muß, um dies zu erreichen. Die drei anderen Welten werden auf Apathie oder interne Revolten zusteuern in dem Maß, in dem die zunehmend ungleiche Verteilung in den konservativeren Ländern der Ersten, Zweiten und Dritten Welt kritischer wird. Westeuropa könnte dem entgehen in dem Maß, in dem es sein soziales Profil aufrechterhält.

2. Entwicklung: der gesellschaftliche Raum

Warum geschieht all das? Zu einem gewissen Grad ist hier »Entwicklung« am Werk – ein Ausdruck, der weiter unten kritisiert wird. Hier wird er im wesentlichen als Synonym für »Modernisierung« oder »nation-building« benutzt. Unabhängig davon, wie der Begriff verstanden wird, gibt es sicher ein Einvernehmen darüber, daß irgendeine Art sozialen Wandels gemeint ist, und da sozialer Wandel Politik ist und es in Politik um Macht geht, ist Entwicklung eine beabsichtigte Ausübung von Macht. Das Folgende ist die Skizze einer allgemeinen Theorie dieser Ausübung.

Die Theorie beginnt mit drei Typen der Macht: der Macht von Ideen, der Macht des Zuckerbrots und der Macht der Peitsche – oder ernsthafter ausgedrückt: normativer, profitabler und Zwang ausübender Macht. Im großen und ganzen werde ich die These vertreten, daß *Entwicklungsmanie* als ein Haupttrend, als Welttrend sogar, diese drei Aspekte von Macht auf die folgende Weise konkretisiert – mit nur geringen Abweichungen (außer in bezug auf das relative Vorhandensein dieser drei Komponenten) zwischen den vier Welten der Entwicklung:

Normative Macht:

zurückzuführen auf das beinahe universale Ziel eines *bourgeoisen Lebensstils*:

- *nicht-manuelle Arbeit*; Vermeidung des Schmutzigen und Schweren, des Langweiligen und Gefährlichen
- *materieller Komfort*; Kontrolle der Schwankungen in der Natur, Ausstattung mit dem 1–2–3–4-Syndrom (ein Ehepartner, zwei Kinder, Drei-Zimmer-Wohnung, Vierradantrieb des Autos)
- *Privatismus*; Rückzug in die Familie und die Peer-Group
- *Dauerhaftigkeit* im Sinne eines Musters beständiger Ansprüche

Profitable Macht:
zurückzuführen auf eine Struktur, die Güter und Dienstleistungen liefert:
- *Staats-Artikulation*, Bürokratien mit nationalen Plänen
- *Kapital-Artikulation*, Konzerne, nationale Märkte
- *Artikulation der Intellektuellen/der Professionellen*, die beiden dienen

Zwang ausübende Macht:
zurückzuführen auf eine Struktur, die für Stärke und Schmerz sorgt:
- *Polizei*, für innerstaatliche Stärke
- *Militär*, für internationale Stärke
- *Partei*, zur Legitimation der Stärke

Die Syndrome werden im folgenden entsprechend als BLS[3](-Komplex), BKI[4](-Komplex) und PMP(-Komplex) bezeichnet werden. »Entwicklung« ist dann die Artikulation von allen dreien, die ineinander integriert sind, *auf der nationalen Ebene*, wobei BLS das Ziel, BKI das erklärte Mittel und PMP die *ultima ratio* ist. Natürlich hat es alle drei Typen der Macht immer gegeben, und es wird sie immer geben. Aber in »traditionellen« Gesellschaften war das Ziel in einem hohen Maß von der Religion bestimmt: die Pläne wurden auf der Ebene der (Groß-)Familie entwickelt; der Markt war der Dorfmarkt; Menschen waren ihre eigenen Intellektuellen; es gab Polizei und Militär, aber die ersteren operierten auf der lokalen Ebene und die letzteren nach außen, beide jedoch nicht auf nationaler Ebene.

Natürlich macht, soweit dieses Bild korrekt ist, »Entwicklung« eine enorme Machtkonzentration auf nationaler Ebene erforderlich. Die Festsetzung des Ziels wird zu einer nationalen Ideologie über den angemessenen materiellen Lebensstandard: *materieller Individualismus*, der nach Ansicht seiner Anhänger vermutlich die populärste Ideologie ist, die die Welt

---

3   Im Original: BWL – bourgeois way of life; d. Ü.

4   Im Original: BCI – bureaucracies, corporations, intelligentsia; d. Ü.

je gesehen hat. Dann gibt es nationale Pläne und Märkte, die Güter und Dienstleistungen liefern, und den PMP-Komplex, der dort schiebt, wo BLS und BKI nicht ausreichend ziehen. Diese Machtkonzentration findet in dem statt, was hier der *gesellschaftliche* Raum genannt wird, womit das Land oder (fälschlicherweise) die »Nation« gemeint ist. Doch es gibt auch andere Räume: den *menschlichen* (oder inneren), den *lokalen*, den Raum *Welt* und den Raum *Natur* (oder äußeren Raum). Eine schwache Artikulation von Plan oder Markt auf der nationalen Ebene bedeutet nicht, daß es keine Pläne oder Märkte gibt; aber sie werden auf der lokalen Ebene artikuliert. Nationale Artikulation beinhaltet im allgemeinen eine Nicht-Artikulation auf lokaler Ebene, zumindest relativ; obwohl Prozesse, bei denen das lokale und das nationale Machtniveau steigen, nicht undenkbar sind. Das gleiche trifft auf die Welt in bezug auf die nationale Artikulation zu.

Wenn wir nun die nationale Plan- und Markt-Artikulation als Schlüsselaspekte der Entwicklung des gesellschaftlichen Raumes nehmen, die wiederum die Schlüsselinstrumente für Entwicklung sind, können die *vier Welten der Entwicklung* recht gut in ein Raster von *fünf Entwicklungsmodellen* eingepaßt werden (siehe Abbildung 2).

In dieser Abbildung sind die Erste und Zweite Welt (immer noch) mit der Ausübung der Markt- bzw. Plan-Artikulation beschäftigt; sie bauen sehr mächtige Aktiengesellschaften und sehr mächtige Bürokratien zur Verteilung der Güter und Dienstleistungen auf. Auch wenn in der nun historischen Sowjetunion der Staat stärker als das Kapital war und in den Vereinigten Staaten das Kapital stärker als der Staat ist (»Staat« wird hier als Lieferant von Gütern und Dienstleistungen gedeutet, nicht als Zwangsinstrument), so sind doch in vielen Ländern beide ebenbürtiger. Einige dieser Länder werden aus verschiedenen historischen Gründen »Sozialdemokratien« genannt. Sie wurden hier auf die Kompromißlinie S(taat) + K(apital) = konstant plaziert; von der klassischen Sowjetunion aus betrachtet, sehen sie kapitalistisch aus, von den Vereinigten Staaten aus sozialistisch. In diesen Ländern ist die Bereitstellung von Gütern und Dienstleistungen gemischt: zum Teil durch Planung, zum Teil durch den Markt; zum Teil durch Bürokratien, zum Teil durch Konzerne (die moderne Artikulation von Firma/Betrieb/Unternehmen) als Lieferanten. *Gemischte Wirtschaftsformen* müssen auch *Verhandlungswirtschaften* sein, da sie eine Menge Verhandlungen zwischen Staat und Kapital beinhalten, um machbare Kompromisse zu finden, wenn nicht einer dem anderen automatisch überlegen ist.

Abbildung 2: Entwicklung als nationale Plan- und Markt-Artikulation

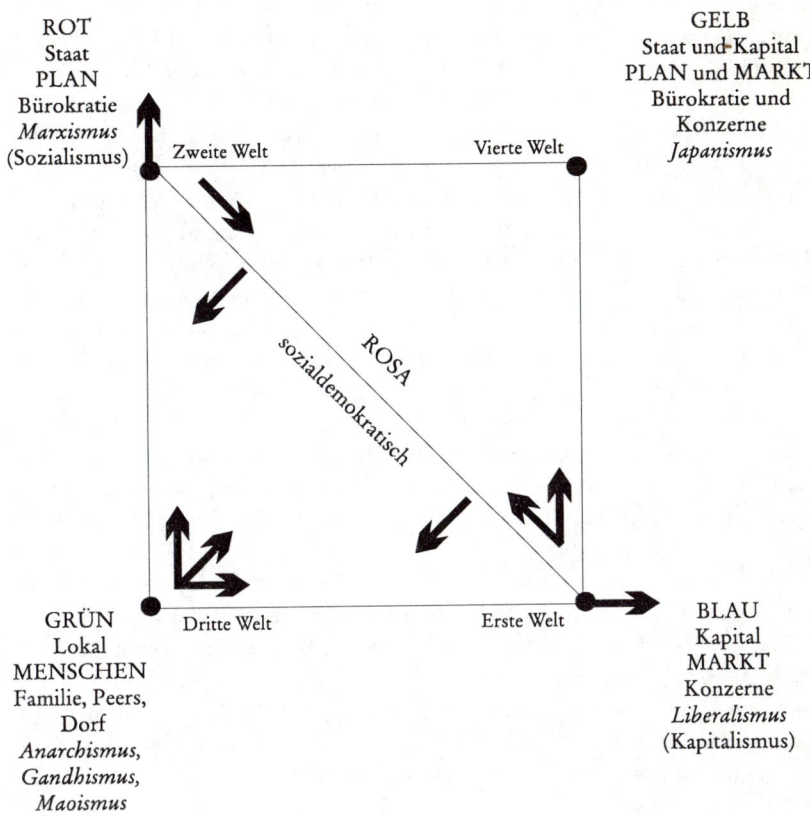

Vor einiger Zeit gab es die berühmte Konvergenz-These, die besagte, daß die Erste und die Zweite Welt sich irgendwie in der Mitte treffen würden, vielleicht in der sozialdemokratischen *Ersten und einer halben Welt*. Doch auch wenn es eine Menge zugunsten der nordwesteuropäischen Wohlfahrtsstaaten als normativem Modell im Vergleich zu vielen anderen Systemen in der Welt zu sagen gibt, so bedeutet das nicht, daß sich im konkreten historischen Prozeß die Erste und die Zweite Welt jemals dort treffen müssen. Die Flugbahnen im Raum von Abbildung 2 könnten komplexer sein, als durch die Pfeile angedeutet wird, und es gibt sicher keinen klaren *Endzustand*. Zum Beispiel: Selbst wenn sich ein Teil der Ersten Welt

eher in der Mitte als in der Ecke befindet (die Ecke ist dort, wohin die
Reagan/Bush- bzw. Thatcher-Regierung versuchten, die USA und Großbritannien zu bringen), kann er zu anderen Stellen wandern, bevor die
Zweite Welt, indem sie mehr Markt-Artikulation durch einen expandierenden Privatsektor einführt, dort ankommt. Das Rosa kann Blau werden
und das Blau wird Gelb, während Rot versucht, Rosa oder Blau zu werden.

Das Etwas, das »Entwicklung« genannt wird, scheint die Länder der
Dritten Welt, mit ihrer sehr schwachen Superstruktur auf nationaler Ebene, aus der Ecke, in der sie traditionell (wie wir alle) waren, zu irgendei-
nem Platz auf der Diagonalen zu ziehen – von der grünen Ecke zur blauen
Ecke, wenn sie »Hilfe« von der USA/Ersten Welt erhalten, zur roten Ecke,
wenn sie »Hilfe« von der UdSSR/Zweiten Welt erhalten, und in Richtung
auf den rosa Abschnitt mittendrin, wenn sie »Hilfe« von solchen »Erste
und ein halb«-Ländern wie Jugoslawien und Norwegen erhalten. Da alle
diese Länder Mitglieder der Vereinten Nationen sind, ist es für die Vereinten Nationen nicht so einfach, sich in Entwicklungshilfe allgemein zu engagieren; ein Problem, das häufig dadurch gelöst wird, daß sie sich an das
Elementare halten, für das es ausreichend Konsens gibt, wie die Lieferun-
gen für materielle Grundbedürfnisse und Vorsorge für die »elementare ad-
ministrative Infrastruktur«.

Kurz: »Entwicklung« ist ein Weg, auf dem sich bestimmte Länder, die
sich auf nationaler Ebene stark artikulieren, selbst reproduzieren. *Warum*
sie das tun, ist Anlaß zur Diskussion: um im Raum Welt Alliierte zu haben, um ihr eigenes System zu bestätigen, um in etwas, das durch »Entwicklung« gestaltet wird, besser einzudringen, aus Solidarität mit den Armen und Unterdrückten? Zu welcher Bewertung man auch kommt, es ist
klar, daß das das einzige ist, was sie tun können; sie tun, was sie wissen,
und hoffen, daß sie wissen, was sie tun. Es gibt einen breiten Konsens, daß
man, um modern und entwickelt zu sein, sich irgendwo auf dieser Diago-
nale befinden muß oder jenseits davon.

Ein breiter Konsens, ja, aber mit drei sehr bedeutenden Ausnahmen.

Die erste findet sich unter den Abtrünnigen von dieser Linie, der *grünen Welle* von Menschen auf oder jenseits der Diagonalen, die von zuviel
Plan- und/oder Markt-Artikulation enttäuscht sind und nach Systemen
suchen, die stärker auf der lokalen Ebene der Familie und der Peer-Group
verwurzelt sind und darin, was als wahre menschliche Bedürfnisse angesehen wird. Zur gleichen Zeit, in der es das Bemühen gibt, Länder der Dritten Welt auf irgendeinen Landeplatz dieser Diagonalen zu ziehen und zu
schieben, versuchen viele Menschen in Ländern, die dort angekommen
sind, zu entkommen. Sie versuchen, die lokalen Ebenen (Produktions-

und/oder Konsumkollektive in Ländern der Ersten Welt, selbstverwaltete Gewerkschaften und Unternehmen in den Ländern der Zweiten Welt) zu beleben bis zu dem Punkt, daß sie sich befreien können. Diese Freiheit scheint, aus Gründen, die weiter unten diskutiert werden, augenblicklich am besten im rosafarbenen Abschnitt der Diagonalen umzusetzen zu sein, den Ländern der Ersten und einer halben Welt. All dies wirft ein widersprüchliches Bild des gesamten Prozesses auf: Warum sollte man ankommen, wenn so viele, die angekommen sind, versuchen zu entkommen?

Und das ist die zweite Ausnahme. In der Dritten Welt gibt es jene, die fest im grünen Pol von Entwicklung verwurzelt sind, nicht nur weil es das Realistischste ist, sondern weil es auch das Wünschenswerteste ist. Wie alle diese Vorstellungen von Entwicklung klingt die ideologische Formulierung fundamentalistischer, als sie wirklich gemeint ist. Es gäbe weiterhin einen Staat und sogar irgendeine Form von staatlicher Planung auf nationaler Ebene. Aber der Schwerpunkt läge auf der lokalen Ebene. Eindeutig bedeuten, was der Liberalismus für den blauen Pol von Entwicklung bedeutet hat und der Marxismus für den roten Pol, der Gandhismus und der Maoismus (und Anarchismus im allgemeinen) für den grünen Pol – jene zwei kolossalen Theorien, die aus der Dritten Welt selbst kamen (bevor China – und ich denke: besser – als Teil der Vierten Welt klassifiziert werden konnte).

Und dann gibt es die dritte Ausnahme: den gelben Pol von Entwicklung mit Japan als überragendem *Exemplar*. Es gibt eine ungeschriebene japanische Ideologie von Entwicklung, die nur als »Japanismus« bezeichnet werden kann – aber eindeutig erfolgreich, eindeutig mit Entwicklung beschäftigt, wie auch immer man sie definiert, und eindeutig anders als die anderen aufgrund der Art und Weise, in der Staat und Kapital, Plan und Markt etc. Hand in Hand zu gehen scheinen.

Also haben wir fünf Modelle oder Theorien von Entwicklung: drei (Liberalismus, Sozialdemokratie, Marxismus) entlang einer Diagonalen (der Bidiagonalen) und zwei (Gandhismus/Anarchismus/Maoismus und Japanismus) entlang der anderen. Natürlich weicht die Praxis von der Theorie ab und muß immer von ihr abweichen. Kein tragfähiges kohärentes Gebilde sozialer Gedanken kann jemals die komplexe und widersprüchliche soziale Realität widerspiegeln, ohne sie zu verzerren.

Und trotzdem ist es lohnend, gemäß dieser fünf Farben Modelle oder Theorien zu denken. Es gibt soviel menschliches Sehnen und Träumen und soviel ehrliches Bemühen, mit den menschlichen Bedingungen im allgemeinen zurechtzukommen und mit der *Entwicklungsproblematik* im besonderen, die darin eingebettet ist! Und genau darum fragt man sich, ob sie sich wirklich gegenseitig ausschließen oder ob sie nicht auch Ausdruck von sozialer und intellektueller Polarisierung sind: die einer Gruppe, die die Ideologie aufnimmt, die ein Intellektueller vorgestellt hat, dem dann von einem anderen Intellektuellen widersprochen wird, der *seine* (für gewöhnlich »seine«, Frauen scheinen an diesen verbalen Spielereien weniger interessiert zu sein) Theorie vorstellt, die dann von einer Gruppe aufgenommen wird, deren Interessen als im Widerspruch zu denen der ersten Gruppe stehend gesehen werden. Und so weiter und so fort.

Aber wenn das der Fall ist, könnte die Suche nach lebensfähigen Kombinationen interessant sein, da die Polarisierung dann eher auf den Theorieprozeß als auf irgendeinen tieferen gesellschaftlichen Prozeß zurückzuführen ist. Wenn wir die beiden Achsen von Abbildung 2, Kapital-Artikulation und Staat-Artikulation, als die beiden grundlegenden ideologischen Vektoren verwenden in diesem Bemühen, den gesellschaftlichen Raum theoretisch zu fassen, dann sind die Ideologien oder Theorien entlang der Hauptdiagonalen, von grün nach gelb, bereits eklektisch – einschließlich der rosafarbenen. Auf der Diagonalen S(taat) = K(apital) ist die Frage, wie hoch S + K sein sollen: minimal, wie bei der grünen Lösung, in der Mitte liegend, wie bei der rosafarbenen Lösung, oder maximal, wie bei der gelben Lösung?

Meine eigene Vorliebe läge in einem Bereich zwischen Grün und Rosa, da dies eine Gesellschaft mit einem hohen Niveau an *Komplexität* ergeben würde, mit sowohl lokaler wie mit Staats- und Kapital-Artikulation. Ökologie weist uns auf die Bedeutung der *Reife* eines Systems hin, die in seiner *Diversität* und der *Symbiose* seiner Elemente gründet. In dem Bereich zwischen Rosa und Grün gäbe es mindestens drei Wurzeln für die Entwicklung des gesellschaftlichen Raums (die grüne, die blaue und die rote) – nicht nur eine wie in der blauen und roten Ecke (oder zwei wie in der gelben, Vierten Welt/Japan-Ecke). Solche Systeme besitzen eine hohe Elastizität. Sollte ein Pfeiler versagen, gibt es immer noch zwei andere; und symbiotische Beziehungen können in alle Richtungen gesponnen werden. Systeme, die nur auf Kapital-/Markt-Artikulationen oder nur auf Staat-/Plan-Artikulationen basieren, werden zu verwundbar: wenn ein Pfeiler versagt, versagt alles, und alle Formen von Fehlentwicklungen auf allen Ebenen sind die Folge. Dies ist heute eindeutig in den absurden Aspekten der bedeutenden blauen und roten Gesellschaften zu beobachten: den Vereinigten Staaten und der (bereits zusammenbrechenden) Sowjetunion. Es mag auch andere Gründe geben, aber hier hat das Komplexitäts- (bzw. Mangel-an-Komplexität-)Argument schon alleine einige Bedeutung.

Es besteht ein interessanter Unterschied zwischen der (nicht eingezeichneten) Hauptdiagonalen und der Bidiagonalen in Abbildung 2. *Die letztere stimmt mit dem Spektrum der politischen Parteien, wie es im We-*

sten bekannt ist, überein. Das Eintreten für starkes Kapital und einen schwachen Staat wird traditionell mit einer »rechten« Position verbunden, wohingegen das Eintreten für einen starken Staat und schwaches Kapital als »linke« Position angesehen wird, sogar als eine progressive Position, in der der Staat möglicher Beschützer der Opfer des Kapitals ist – der Arbeiterklasse (man befrage polnische Arbeiter oder osteuropäische Arbeiter im allgemeinen zu dieser Idee). So vieles der politischen Diskussion in der Welt ist die Spiegelung dieser Einteilung in Parteien entlang einer politischen Achse, die nur wenige Alternativen aufnimmt – und auch die nur aus der letzten Zeit der Sozialgeschichte einiger Teile der Welt. Die Konzentration auf die Bidiagonale verschleiert, reduziert sogar den gesamten Entwicklungsdialog zu einer unrealistischen und ethnozentristischen Simplifizierung, was von liberalen und marxistischen Denkern gleichermaßen betrieben wird – die beide dem »archaischen« grünen Pol und dem eklektischen, unreinen rosafarbenen Pol feindselig gegenüberstehen und beide verwirrt sind bezüglich des gelben Pols. Es ist höchste Zeit, diesen Dialog von einem bipolaren zu einem (mindestens) pentapolaren zu erweitern.

Machen wir dies noch komplexer, indem wir die anderen beiden Typen von Macht erforschen: die normative und die Zwang ausübende; und nicht nur die Struktur, die geschaffen wurde, um Güter und Dienstleistungen zu liefern, die Menschen dazu bringt, als Produzenten zu fungieren, da sie sonst nicht Konsumenten sein können. Um dies ein wenig mit Marx zu erweitern: ein Hauptschlüssel der Macht ist, die Produktionsmittel zu besitzen (nicht notwendigerweise individuell, sondern als Klasse, der Kapitalisten oder der Bürokraten oder beider), so daß man sagen kann: Produziere zu unseren Bedingungen oder laß es bleiben – hungere dich zu Tode, weil du sonst nicht das erhältst, was du konsumieren mußt. *Do ut des,*[5] *quid pro quo.*

Doch Menschen müssen auch die Güter und Dienstleistungen, die produziert werden, konsumieren wollen, nicht andere Güter und Dienstleistungen, und müssen bereit sein, in der Weise zu produzieren, wie sie von B(ürokratie) und K(apital) und ihren Helfern unter den Intellektuellen artikuliert wird. Die Verbreitung von BLS als Ziel dient dem als zweiten Punkt aufgeführten Zweck: »materieller Komfort«. Das Problem besteht darin, wie all diese materiellen Güter produziert werden sollen, wenn nicht-manuelle Arbeit auch Teil des Ziels ist. Der Widerspruch wird vermutlich durch sehr hohe Produktivität und Automation gelöst, auf Kosten der Menschen in den anderen Welten, die weiterhin manuelle und niedrige

---

5   Ich gebe, damit du gibst; etwas für etwas (anderes); d. Ü.

Arbeit verrichten müssen, was den Unterschied zwischen Zentrums- und Peripherieökonomien sehr real macht. Der Bedarf an Dienstleistungen ist sichergestellt durch den dritten und vierten Punkt: Privatismus bedeutet Rückzug von der lokalen Ebene in eine Mikroebene, die möglicherweise weder Güter noch alle Dienstleistungen liefern kann. »Liebe und Fürsorge« vielleicht, aber keine medizinische Versorgung und Schulausbildung. Folglich ist die lokale Ebene vakant gelassen, und die nationale Ebene mit dem Monopol wichtiger Dienstleistungen entsteht. Lokale ökonomische (Güter- und Dienstleistungs-)Zirkel werden aufgebrochen, die Zirkel expandieren und werden national, gesponnen von B(ürokratie) und/oder K(apital). Der Staat, nicht die lokale Ebene und nicht einmal das Kapital, wird als letztendlicher Sicherheitsgarant angesehen – nicht nur im begrenzten Sinne des Schutzes vor Gewalt, sondern im Sinne *sozialer* Sicherheit, der dauerhaften Versorgung der Grundbedürfnisse: das berühmte soziale Netz.

Aber die BLS-Ideologie ist nicht alles, was in bezug auf normative Macht benötigt wird. Man muß auch die strukturelle Lösung akzeptieren. Stimmen wir für einen Moment mit der konventionellen Weisheit überein und sehen den grünen Pol nicht als einen Ansatz für Entwicklung an, sondern als Mangel an Entwicklung. Ein grünes Land ist ein Land, das un- oder unterentwickelt ist (im Verhältnis zu seinem Potential). In diesem Land führen wir nun die Prozesse von Kapital und/oder Plan ein. Ein einfacher, aber ziemlich wichtiger Lehrsatz der Soziologie wird nützlich: Menschen gehorchen am besten, wenn sie das, was sie tun müssen, tun wollen; mit anderen Worten: wenn die fundamentalen Werte, die *institutionalisierten* Strukturen zugrunde liegen, *internalisiert* sind, was bedeutet, daß sie persönliche Werte geworden sind. Und es ist leicht zu erkennen, welches diese Schlüsselwerte wären:

- *für den Markt: Wettbewerb*, zwischen Produzenten, um der schlaueste Verkäufer zu sein; zwischen den Konsumenten, um der schlaueste Käufer zu sein
- *für den Plan: Rationalität*, auf der sozialen und der individuellen Ebene, um die »besten« sozialen Lösungen zu akzeptieren
- *für Bürokratie und Konzerne: Disziplin*, Respekt vor der Autorität und der Glaube an ihre Überlegenheit

Diese drei Werte dienen bereits als Grundlage für das Verständnis, warum grün und gelb getrennte Pole sind. Die meisten anarchistischen Philosophien/Ideologien würden eher Zusammenarbeit und Solidarität als Wettbewerb betonen, Partizipation eher als Plan (von oben) und eher Solidarität als Disziplin (statt Disziplin könnte man auch Loyalität zu den oben

Aufgeführten sagen – also vertikale Disziplin im Gegensatz zur horizontalen Disziplin der Solidarität). In Japan sind andererseits alle diese Werte internalisiert – oder zumindest sieht es so aus. Disziplin findet sich sowohl in der Form von Loyalität zu Staat und Nation im allgemeinen (*shinto*), Respekt vor Autoritäten (*Konfuzianismus*) und Solidarität mit anderen (*Buddhismus*). Wettbewerb und Rationalität gab es immer in der *Bushido*-Tradition, kann aber auch als Teil der Okzidentalisierung Japans gesehen werden – als Werte oder Orientierungen zusätzlich zu ihren drei Lehren. Der Werteeklektizismus macht es Japan sehr viel einfacher, sich auf einen so mannigfaltigen Entwicklungsprozeß einzulassen.

Wenige Nationen haben diese Wertediversität. Im Okzident zum Beispiel dauerte es eine lange Zeit, das Christentum (ursprünglich eine Religion, die stark mit grünen Werten vereinbar war) so hinzubiegen, daß ein guter Christ dem Staat (Kaiser Konstantin, Römisches Reich) und/oder dem Kapital (Calvin) dienen würde. Um sicherzustellen, daß man auch gegen den eigenen Willen tut, was man tun muß, wird soziale Kontrolle (ein Euphemismus für Härte) benötigt: nicht das Zuckerbrot der Produkte, wenn man in der vorgeschriebenen Weise produziert (als Sklave, Leibeigener, Arbeiter), sondern die Peitsche der auferlegten Strafen. Grundwerte, die unzureichend internalisiert sind, müssen zumindest *institutionalisiert* werden. Und so wird die Geschichte von Entwicklung auch die Geschichte von Zwang, Härte und Gewalt; PMP, der notwendige Zwang, um das System in einer bestimmten Region im Raum von Entwicklung zu erhalten (Abbildung 2), der notwendige Zwang, um diesen zu verlassen (durch die Zerstörung der Strukturen, die das vorherige Modell aufrechterhielten, zum Beispiel) und der notwendige Zwang, sich in einer neuen Region niederzulassen. Jede Formation dient den Interessen einiger Gruppen mehr als anderer, und im allgemeinen würde man erwarten, daß die Überprivilegierten sich einem Wandel widersetzen und die Unterprivilegierten ihn unterstützen.

Ist eine der Entwicklungswelten von Natur aus repressiver als die anderen? Empirische Studien werden sicherlich Korrelationen zwischen dem Standort eines Landes und dem Grad an Repression angeben können. Aber solche Studien können schwierig zu interpretieren sein. Ist die Repression ein intrinsischer Teil der Formation oder ist sie eine Reaktion auf Versuche, den Status quo zu verändern, von innen und/oder außen? Ist es ein Versuch, den Status quo in und durch sich selbst zu verändern, oder befindet sich die Formation auf dem Weg zu etwas anderem?

Die sicherste Position diesbezüglich ist vermutlich, daß jedes System mit und ohne einen hohen Grad an Repression zu finden ist, mit und ohne braune Elemente, sozusagen. Entsprechend war Feudalismus zum großen

Teil Repression, die auf fragmentierte, sich relativ selbstversorgende lokale Gemeinschaften ausgeübt wurde. Der Übergang zum Kapitalismus setzte einige Öffnungen im Zirkel der lokalen Selbstversorgung voraus, damit Arbeitskräfte auf den nationalen Arbeitsmarkt gezwungen werden konnten (auf Plantagen zum Beispiel, um Steuern in Geld bezahlen zu können). Ein nationaler Kapitalmarkt mit Monetarisierung größtmöglicher Teile der Ökonomie wurde aufgezwungen, der Güter und Dienstleistungen von zentralen Punkten dieser monetarisierten Ökonomie aus lieferte. Die grüne Ökonomie, mit der Produktion für den eigenen Gebrauch oder für Tauschgeschäfte oder für monetarisierten Tausch, dann aber in kleinen ökonomischen Zirkeln, nimmt an Umfang und Bedeutung in dem Maße ab, in dem die blaue Ökonomie zunimmt. Härte ist notwendig und wird eingesetzt, damit alle diese Veränderungen stattfinden.

Dies trifft auch auf den Übergang zum Sozialismus zu, der angeblich vor allem in reifen kapitalistischen Ökonomien, in denen Kapital und Markt völlig artikuliert sind, stattfinden soll. Die Revolution soll die strukturelle Diktatur der Bourgeoisie über das Proletariat umformen in eine direkte Diktatur des Proletariats über die Bourgeoisie, und dann werde der Staat als Zwangsinstrument schwinden.

Jedoch

– fand die Revolution nicht in einer reifen, sondern einer semi-artikulierten, peripheren kapitalistischen Gesellschaft statt,

– fand sie auch in feudalen Gesellschaften statt, »den Kapitalismus überspringend« (wie in der Mongolei und Afghanistan),

– wurde die Diktatur nicht so sehr vom Proletariat als vom PMP-Komplex ausgeübt, und nicht so sehr über die Bourgeoisie als

1. über die Bauern, damit sie weiterhin Nahrungsmittel zu niedrigen Kosten ablieferten,

2. über die Arbeiter, damit sie weiterhin Güter zu niedrigen Kosten produzierten, und

3. über die Intellektuellen, damit sie eine dienende Intelligenzia würden,

– schwand der Staat nicht, sondern konsolidierte sich als gastfreundliche Umgebung sowohl für den PMP- als auch für den BKI-Komplex. Von dem angenehmen BLS für jedermann blieb wenig mehr als das 1–1–2–2-Syndrom (ein Ehepartner, ein Kind, zwei Räume, zwei Räder eines Motorrades).

Offensichtlich gibt es einige Probleme mit der marxistischen Theorie. Aber sie ist der liberalen Theorie weit überlegen, die nur die fortwährende und kumulative Artikulation des Kapitals sieht, mit immer mehr Produktion, Profit und Akkumulation. Der Marxismus reflektiert zumindest einige der Diskontinuitäten, die wir aus der Geschichte kennen. Die Schwierigkeit liegt in der Art, wie er eine lineare Abfolge voraussetzt; in unserer Begrifflichkeit: *grün* (Feudalismus) – *blau* (Kapitalismus) – *rot* (Sozialismus) – *grün* (Kommunismus). Der Übergang vom Sozialismus zum Kommunismus scheint zuerst in einem Schwinden des Staates als Repressionsinstrument zu bestehen, um sich dann als Instrument der zentralen Planung kleinerer und selbstbewußten lokalen Gemeinschaften zu öffnen (deshalb ist Kommune-ismus ein grünes Modell). Das grüne Argument gegen Kommunismus ist offensichtlich: warum nicht direkt von Grün zu einem höheren Niveau von Grün? Warum dieser dramatische Umweg?

Aus der Position, daß repressive Strukturen überall zu finden sind, folgt nicht, daß nicht-repressive Strukturen genauso überall zu finden sind. Politische Entwicklung mit *Partizipation*, die den Menschen nicht nur erlaubt, etwas zu sagen, sondern das letzte Wort zu haben, was bedeutet, daß die Obrigkeit letztendlich den Menschen rechenschaftspflichtig ist, sollte als genauso wichtig angesehen werden wie ökonomische Entwicklung, was dem Raum in Abbildung 2 eine dritte Dimension hinzufügt. Wie das?

Es gibt viele Arten, auf die das geschehen kann. Parlamentarische, möglicherweise auch präsidiale Demokratie wird als eine Komponente angesehen; Rechtsstaatlichkeit als eine zweite; Verfassungsgarantie der grundlegenden Menschenrechte als eine dritte. Hier wird jedoch der Standpunkt vertreten, daß eine Versammlung, die sehr leicht aufgelöst werden kann, oder eine Verfassung, die genauso einfach verletzt werden kann, unzureichend sind, um die Zwangsgewalten des PMP-Komplexes aufzuhalten. Ihnen gehört der Staat als Organisation, ein Staat, der zusätzlich Güter und Dienstleistungen organisiert und Ideologie verbreitet. Damit dieser Staat nicht repressiv ist, muß er durch etwas anderes als Versammlungen und Worte ausbalanciert werden – eine andere Struktur, die etwas Festigkeit hat. Und es muß einige eingebaute Widersprüche, sogar Antagonismen zwischen seinen Strukturen geben, damit sie sich so *ausbalancieren*, daß Menschen etwas Spielraum erhalten, etwas Raum dazwischen.

Es scheint hier zwei Möglichkeiten zu geben: Eine entstammt der liberalen Theorie, aber tatsächlich eher der sozialdemokratischen Praxis, und eine entstammt der föderativen Theorie und Praxis. Beide weisen auf die Untrennbarkeit von Entwicklung und politischer Theorie.

Das erste ist die alte und sehr bourgeoise Idee, daß das Kapital den Staat ausbalanciert. Mit Staat ist gewöhnlich nur der PMP-Teil, nicht der BKI-Teil gemeint. Aber wenn der Staat in einem breiteren Sinne verstanden wird, so daß er auch die Planung und Bereitstellung einer Reihe von

Gütern und Dienstleistungen umfaßt, dann befinden wir uns im sozialdemokratischen Teil des gesellschaftlichen Entwicklungsraums.

Es kann kein Zufall sein, daß jene Wohlfahrtsstaaten in Nordwesteuropa (und einige Commonwealth-Länder, die stark von ihnen inspiriert sind) sowohl gemischtwirtschaftlich und recht demokratisch im gewöhnlichen Sinne des Wortes sind. Natürlich gilt das auch anders herum: aufgrund einer demokratischen Tradition drängt eine Gruppe oder gar eine Klasse den anderen nicht völlig ihren Willen auf. Kompromisse müssen erzielt werden, um eine Grundlage für einen Konsens zu liefern, der es ermöglicht, das demokratische Spiel weiter zu spielen. Andererseits wird dadurch, daß Staat und Kapital beide in die Streitigkeiten und Konflikte verwickelt sind, etwas Raum für die Menschen im allgemeinen gegeben.

Doch wenn beide harmonisiert sind, wie in Japan, dann lautet die These, daß es für die Menschen sehr schwierig wird, gehört zu werden, ganz zu schweigen davon, das letzte Wort zu haben. Die Kruste ist zu dick, die Last zu schwer. Und dies kann aufgrund des hohen Niveaus der Elitenintegration über die Staat-Kapital-Trennlinie bzw. -Wasserscheide hinweg zu einem gewissen Grad auch in Frankreich und der Schweiz der Fall sein: in Frankreich durch die Grandes Écoles, in der Schweiz durch das Militär, in dem sich Menschen wiederholt treffen, in zweiwöchigen Wiederholungen pro Jahr über zwanzig Jahre hinweg, nachdem der Grundwehrdienst von zwei Monaten absolviert wurde. Beide Schemata sind Japan ähnlich, wo eine starke Bindekraft in der Absolventenklasse der Universität besteht, deren Angehörige in einer beinahe parallelen Art aufsteigen, wo immer sie sich in der japanischen Gesellschaft befinden (B(ürokratie) oder K(apital) oder I(ntelligenzia); oder P(olizei) oder M(ilitär) oder P(artei), was das betrifft), aufgrund der Prinzipien der lebenslänglichen Beschäftigung und der Beförderung nach Dienstalter. In allen drei Fällen ist die Gesellschaft an der Spitze verwoben, beinahe nahtlos.

Das zweite ist die Idee, die nationale Ebene mit der lokalen Ebene auszubalancieren. Die Bedingung ist, daß die lokalen Einheiten kooperieren können; wenn sie fragmentiert sind, kann sich die zentrale nationale Ebene leicht durchsetzen. Die Idee wäre, die nationale Ebene mit einem Bund der lokalen Ebenen auszubalancieren – wie gegen Peking einen Bund von 70 000 Volkskommunen aufzustellen, wie es einst getan wurde! Verschiedene Standpunkte ermöglichen es, verschiedene Perspektiven zu artikulieren, was es den Menschen ermöglicht, die endgültigen Schiedsrichter der strukturellen Schlüsselkonflikte zu werden. Es ist schwierig, die öffentliche Meinung zu organisieren, bewußt zu machen und zu mobilisieren. Die Strukturen arbeiten ständig, und die Schlüsselpersonen in ihnen arbeiten in Vollzeit; eine öffentliche Demonstration oder Manifestation ist ein *Er-*

eignis, keine »permanente« Situation. Folglich sollten die Menschen *Macht erhalten* und/oder die Strukturen Gegengewichte erhalten.

Man könnte jetzt als *dritte* Möglichkeit eine völlig grüne (dunkelgrüne) Gesellschaft mit direkter Demokratie in allen lokalen Einheiten hinzufügen, da sie ausreichend klein sind. Aber ist das eine Gesellschaft oder nur eine Ansammlung lokaler Einheiten? Damit es eine Gesellschaft wird, sind einige zentrale strukturelle Elemente notwendig, nennen wir es eine staatliche Ebene oder was auch immer. Und es reicht nicht aus, daß jede lokale Einheit demokratisch in dem Sinne ist, daß die Autoritäten den Menschen völlig rechenschaftspflichtig sind und abberufen werden können. Die lokalen Ebenen müssen auch in der Lage sein, gemeinsam zu agieren, sonst wären sie eine zu einfache Beute der zentralen Mächte – eine nach der anderen.

Aber dann gibt es noch die *vierte* Möglichkeit, die lokale Einheit als eine selbständige Gesellschaft zu haben! Schließlich war der klassische europäische Staat ein Ministaat – es gibt immer noch einige Überreste dieses Systems (wie Andorra, San Marino, Liechtenstein). Dies wäre eine Lösung, wiederum vorausgesetzt, sie werden nicht zur leichten Beute der größeren Fische im globalen Gewässer. Mit anderen Worten: Dies kann nur eine Lösung sein, wenn der globale Kontext stimmt.

Gemäß dieser Denkweise wäre die potentiell am wenigsten repressive Gesellschaft eine, in der beide Balancemechanismen funktionieren: Der Staat balanciert das Kapital aus, und die nationale Ebene ist in Balance mit der lokalen Ebene. Die Schweiz? Das trifft kaum zu: Staat und Kapital arbeiten zu gut zusammen, und die Kantone sind zu fragmentiert. Folglich kann es selbst in dem Land mit sehr häufigen Referenden für die Bevölkerung sehr schwierig sein, sich über ein zu gut aufeinander abgestimmtes Zentrum hinwegzusetzen, wenn die Menschen geographisch und administrativ fragmentiert sind.

Wieder scheinen die Lösungen entlang der Hauptdiagonalen im Entwicklungsraum plaziert zu sein. Das Prinzip der *Balance* sollte dem weiter oben genannten Prinzip der *Komplexität* hinzugefügt werden, das sich wiederum auf die Hauptdiagonale konzentriert, besonders auf den Bereich zwischen Grün und Rosa, und nicht so sehr in Richtung auf Gelb, da es dort an der Spitze zu schwer wird. Die ökonomischen Wahlmöglichkeiten sind politisch nicht neutral.

3. Entwicklung: der menschliche Raum

So weit so gut: Dies ist Entwicklung, wie sie gemeinhin verstanden wird, als soziale Entwicklung, die mit dem ökonomischen Aspekt beginnt, wie

Güter und Dienstleistungen geliefert werden können, um dann zu den politischeren Aspekten fortzuschreiten, ständig mit einer unterschwelligen Betonung der Bedeutung der kulturellen Aspekte. Stellen wir uns nun vor, daß innerhalb des Entwicklungsraumes eine gute Region definiert wurde. Gibt es irgendeine Garantie dafür, daß das, was für die soziale Entwicklung gut ist, auch gut für die menschliche Entwicklung ist? Wir wissen, daß eine Formation auf der Bidiagonalen und darüber hinaus (hinein in den »gelben Raum«) sich günstig auf *Wirtschafts*wachstum auswirken kann, gleichgültig ob von Plan oder Markt, Staat oder Kapital gesteuert oder von beidem. Aber in welcher Beziehung steht dies mit irgendeiner sinnvollen Konzeptualisierung menschlicher Entwicklung?

Ich verstehe menschliche Entwicklung im Sinne *menschlicher Grundbedürfnisse*, jener Grundlage, die, wenn nicht befriedigt, es mit sich bringt, daß Menschen sehr viel weniger sind, als sie sein könnten, sogar bis zu dem Punkt von Zusammenbruch und Persönlichkeitszerfall. Menschliche Bedürfnisse sind natürlich verschieden in Zeit und Raum; sie sind keine Konstanten, wenn sie ausreichend präzisiert werden. Auch die Arten, sie zu befriedigen, die Befriediger, sind nicht konstant. Aber auf einem allgemeinen Niveau, nehme ich an, können vier *Klassen* von Bedürfnissen erkannt werden: Bedürfnisse des *Überlebens*, des *Wohlergehens*, der *Identität* und der *Freiheit*. Die ersten beiden Klassen werden in der Literatur oft als *Defizitbedürfnisse* bezeichnete: eine Person hat ein Defizit an Wohlergehen, wenn Nahrung, Luft, Wasser, Schlaf, Sex, Schutz gegen die Unbilden der Natur (hierzu gehören Kleidung und Obdach) unzureichend sind oder unzureichende Gesundheit vorliegt (Morbidität) – um von unzureichendem Leben nicht zu reden (vorzeitige Sterblichkeit – hier kommt das Überleben ins Spiel). Das Defizit muß durch die Befriedigung dieser Bedürfnisse beseitigt werden, die als somatisch, materiell angesehen werden oder werden können.

Aber es gibt auch die *Wachstums*- oder *Entwicklungsbedürfnisse*, die eher geistig/spirituell und weniger materiell sind, obwohl es sicherlich auch eine materielle Basis für sie gibt, zum Beispiel ein niedrigstes Niveau der Befriedigung materieller Bedürfnisse. Bedürfnisse nach Identität und Bedürfnisse nach Freiheit sind *Seinsbedürfnisse*, im Gegensatz zu den *Habensbedürfnissen*, die gerade erwähnt wurden. Politische Entwicklung bringt einige Befriedigung. Aber es gibt keine Grenzen ihrer Befriedigung, wie es sie in bezug auf die physischen, wie Hunger, gibt. Es gibt eine Leiter, die erklommen werden kann, von den trüben Sümpfen der Entfremdung und Repression hinauf ans Tageslicht. Wie Jakobs Leiter in der Bibel hört diese Leiter nicht auf, sie endet noch nicht einmal im Paradies, im Himmel. Es gibt kein Ende. Und es gibt viele Leitern, nicht nur eine. Zudem muß man viel selbst klettern, weder Schieben noch Ziehen von außen ist ausreichend, wie notwendig es auch an bestimmten Sprossen sein mag. Eine Person kann mit Lebensmitteln versorgt und gekleidet usw. werden, aber ihr kann keine Identität und keine Freiheit gegeben werden. Diese sind Aspekte der Persönlichkeit einer Person, die Innenseite der politischen Entwicklung, die durch Anstrengung zunehmend entstehen und dann weiter zunehmen. *Es gibt keine Grenze für das Sein*, oder zumindest ist sie weit weg, wie in Goethes *Faust* (*wer immer strebend sich bemüht, den können wir erlösen*) oder in der buddhistischen Vision menschlichen Wachstums, das in einem Zustand maximaler Entropie endet, dem *nibbana*.

Hier ist nicht der Platz, um eine Theorie der Identität und Freiheit gründlicher zu untersuchen. Würden wir in einem weniger ökonomistisch-materialistischen, mehr humanistisch-spirituellen Zeitalter leben, wäre das Vokabular für eine schnelle, aber auch tiefe Kommunikation dieser Theorie vorhanden. Das tun wir nicht. Es möge genügen zu sagen, daß es viele Fokusse gibt, mit denen sich eine Person identifizieren kann: dem Selbst (einschließlich der Arbeitsprodukte), Personen im Mikroraum, der einen umgibt, dem lokalen Raum, dem Makroraum (ein Land mit seinen Institutionen, eine Nation mit ihrer Kultur), der Region, der ganzen Welt (Menschheit); dem Außenraum (Natur – auf den Ebenen des Mikro-, Meso- und Makrokosmos) und jenem, was darüber hinaus geht, das Transpersonale und Transnatürliche, womit sich Religion, aber auch Ideologie beschäftigen. Es gibt ein breites Band an Fokussen der Identifikation, bekannt als Einheit, sogar Vereinigung – das letztere auch in der Bedeutung, die ihm im Mystizismus eignet. Aber man könnte sagen, daß wenn das Band sehr eng geworden ist, dann hat, wie tief auch immer die Identität ist, tatsächlich Fehlentwicklung stattgefunden statt Entwicklung. Und hier kommt Freiheit ins Bild, indem man einen Pfad zur menschlichen Entwicklung verläßt und einen neuen betritt.

Unter welchen Bedingungen ist menschliche Entwicklung am wahrscheinlichsten, sogar für eine hohe Bandbreite von Konzeptualisierungen? Zwei Faktoren scheinen herauszuragen, die beide sehr bedeutend sind für die Entwicklungstheorie und -praxis.

Erstens, um im Sein zu wachsen, sollte es weder zuviel Defizit noch zuviel Überfluß entlang der Defizitbedürfnisdimension geben. Ein Minimum sollte garantiert sein. Aber man sollte sich des Maximums bewußt sein: der Decke und nicht nur des Bodens. Wenn nicht, *wird »Zuviel-Haben« dem Wachstum des Seins im Wege stehen*, worauf schon viele hingewiesen haben, aber vielleicht niemand so deutlich wie Buddha mit der Idee des Mittleren Weges.

Zweitens findet menschliche Entwicklung auch im Sinne von Wachstum an Identität und Freiheit am besten in einem menschlichen inneren Raum statt, der einen Mikroraum von Freunden und Familie fördert und von ihm gefördert wird, und in einem lokalen Raum, der durch größere Räume, die Menschen auf nationaler, regionaler und globaler Ebene konstruiert haben, nicht allzusehr durcheinandergebracht wird. Enger Kontakt mit der Natur kann auch sehr bedeutsam sein. Aber es gibt die allgemeine Bedingung von Ruhe, die meist besser im Kleinen als im Großen erlangt werden kann – obwohl bekannt ist, daß jedes Familienleben sehr geräuschvoll sein kann und daß Gelassenheit inmitten des Gedränges einer Megalopolis zu finden ist. Es gibt hier keine perfekte Korrelation. Und dennoch haben Personen, die entlang dieser Straßen weit gekommen sind – wenn auch nicht den Zustand eines Buddha, so haben sie doch den einer »Person« im emphatischen Sinne erworben und anderen dies durch schöpferisches Handeln mitgeteilt –, das erreicht, während sie in kleinen, manchmal sogar isolierten, unbelasteten Umgebungen mit weder zu wenigen noch zu vielen materiellen Dingen lebten.

Wie steht das dann in Beziehung zu den Entwicklungsanstrengungen, wie wir sie vom gesellschaftlichen Raum mit seinen drei Machtartikulationsdimensionen kennen: normative Macht, ausgedrückt in BLS als allgemeinem Ziel, profitable Macht, ausgedrückt in den Gütern und Dienstleistungen, die BKI produzieren kann, und Zwang ausübende Macht, die PMP als Kontrolle, Härte und Strafe ausüben kann? Die Schlußfolgerungen sind so schlicht wie offensichtlich und bekannt, aber sie müssen gezogen werden und sogar so oft wie möglich. Halten wir aber zunächst die (nicht zufällige) Übereinstimmung zwischen den Machtdimensionen und den Bedürfnisklassen fest. Normative Macht definiert, womit man sich identifizieren soll. Lukrative Macht definiert Güter und Dienstleistungen – die für Überleben und Wohlergehen sehr bedeutend sind. Und Zwang ausübende Macht setzt die Grenzen der Freiheit fest.

Es kann kaum Zweifel geben, daß die Stärke der Entwicklungsstile, die oben im Text als blau, rot und gelb bezeichnet wurden, in ihrer Fähigkeit – zumindest im ersten Anlauf – liegt, genug zu produzieren, um die materiellen Bedürfnisse für das Überleben und für das (materielle) Wohlergehen zu befriedigen. Es gibt keinen Mangel an Habe für viele Menschen der Ersten und Vierten Welt. Tatsächlich *tut das System so, als gäbe es keine Grenzen für das »Haben« oder als sollte es sie nicht geben*. Aber bezüglich der anderen zwei Kategorien von Bedürfnissen sieht das Bild negativer aus. Normative Macht wird so ausgeübt, daß der BKI-Komplex mit seiner termitenähnlichen Produktionsmanie legitimiert und die Identifikation mit den Zielen des sehr materialistischen BLS verlangt wird unter Ausschluß anderer Anliegen, wenn sie von diesem Zielmuster abweichen. Mehr noch: Es gibt auch die Werte Wettbewerb, Rationalität und Disziplin, die alle auf der Ebene der Nation definiert und den Menschen eingeimpft sind. In der Sozialdemokratie bedeutet dies sowohl den Glauben an die Rationalität von etwas Wettbewerb wie auch den Glauben an konkurrierende Rationalität – in der Tat sehr komplex, wie man es von einer Entwicklungsposition in der Mitte des Entwicklungsraumes auch erwarten kann.

Aber das bedeutet eine allgemeine Identifikation mit privater Konsumtion und BKI-verträglicher Produktion – kurz: menschliche Fehlentwicklung, gemäß der weiter oben dargelegten Position. Und wenn zusätzlich Repression durch den PMP-Komplex ausgeübt wird – die nicht die Freiheit gewährt, andere Lebensstile zu suchen, Alternativen, die mehr Reflexion, Vertiefung, Identität bis hin zu Einheit ermöglichen –, dann wird die Fehlentwicklung eingefroren und zu einem dauerhafteren Muster.

Also lautet die Schlußfolgerung eindeutig, daß Entwicklung im gesellschaftlichen Raum stattfinden kann um den Preis einer beachtlichen Fehlentwicklung im menschlichen Raum, wenn wir mit Entwicklung blaue und rote Stile oder Welten meinen. Dies ist weniger der Fall in Gesellschaften, die ausreichend pluralistisch sind, um alternatives Denken und sogar alternative Praxen zu erlauben, zumindest in einem gewissen Ausmaß, und hier könnte man erneut auf die Sozialdemokratien Nordwesteuropas und einige Commonwealth-Länder schauen. Wenn alternative Bewegungen, grüne Wellen etc. in diesen Gesellschaften deutlicher zum Vorschein treten, dann nicht notwendigerweise, weil es ihrer dort mehr bedürfte als anderswo, sondern weil es dort für solche Bewegungen mehr Raum gibt als in den absolutistischen, weniger komplexen, weniger ausbalancierten blauen und roten Gesellschaften. Daß es in allen Gesellschaften Personen gibt, die so stark an materieller und/oder spiritueller Macht sind, daß sie den Standardnormen entfliehen können und ein für andere beispielloses Niveau an Identität und Freiheit erlangen, ist kein geeignetes Gegenargument.

Im großen und ganzen sind die bekanntesten Entwicklungsstile Zerrbilder menschlicher Entwicklung, aufgrund der Art, wie das Haben das Sein überschattet, und aufgrund des allgemeinen Musters von Entfremdung und Repression. Wenn der menschliche Raum primordial wäre, müßte der gesellschaftliche Raum »nachziehen«. Aber das Gegenteil ist der Fall.

4. Entwicklung: der Raum Welt

Wenden wir nun dasselbe auf den Raum Welt an, indem wir einfach die Frage stellen: Welches sind die Auswirkungen der verschiedenen Entwicklungsstile auf den Raum Welt, den Raum von Regierungen (Staaten), aber auch von Nicht-Regierungen (internationale Nicht-Regierungsorganisationen, die Profit machen oder gemeinnützig sind)? Dies ist zugleich eine einfachere und eine schwierigere Übung. Es ist leicht, weil die Konsequenzen dieser enormen Akkumulation von normativer, lukrativer und Zwang ausübender Macht in den Händen der herrschenden Eliten (BKI, PMP) der Staaten so offensichtlich ist; schwierig, weil es so wenig direktes Nachdenken darüber gibt, wie ein entwickelter Raum Welt aussehen sollte. Dies ist in gewisser Weise seltsam, da die Auswirkungen der Entwicklung des Raumes Welt doch sehr bedeutend sein sollten und demnach als intellektuelle Herausforderung einladend sind. Aber die Welt wurde erst vor kurzem als ein System mit seinen eigenen möglichen Entwicklungsdimensionen erkannt, jedenfalls erst nach der Anerkennung der Gesellschaft als eines Entwicklungssystems, was wiederum später erfolgte als die uralte Anerkennung der Menschen als Entwicklungssysteme.

Viele Menschen, auch Sozialwissenschaftler, werden Opfer der einfachsten Art der Analyse, der reduktionistischen Analyse, die nicht in der Lage ist, die je eigentümliche Natur dieser Räume zu erkennen. Nach der reduktionistischen Ansicht ist eine entwickelte Gesellschaft »nichts anderes« als eine Sammlung entwickelter Menschen und eine entwickelte Welt »nichts anderes« als eine Sammlung entwickelter Gesellschaften. Man hört auch, aber eher vom *Kommissar* als vom *Yogi* (der alles vom Standpunkt menschlichen Wachstums betrachtet), daß ein entwickelter Mensch per definitionem das ist, was eine entwickelte Gesellschaft – zum Beispiel eine sozialistische Gesellschaft – hervorbringt. Man hört jedoch nie, daß eine entwickelte Gesellschaft das Produkt einer entwickelten Welt ist, aus dem einfachen Grund, weil dieser Begriff noch nicht einmal aufgetaucht zu sein scheint.

Über eine fehlentwickelte Welt wissen wir jedoch eine Menge. Wiederum sind die drei Aspekte von Macht nützlich. Wenn die Welt nur aus einer Gesellschaft bestehen würde, könnte man natürlich die Analyse von oben unter Punkt 2 verwenden unter Einbeziehung dessen, was unter Punkt 3 gesagt wurde. In dieser Welt wäre Politik *Weltinnenpolitik* (von Weizsäkker), und meine Schlußfolgerung würde erneut zugunsten des Bereiches zwischen Grün und Blau und Rot, mit einem hohen Niveau sowohl an Komplexität wie auch Balance, ausfallen. Mit anderen Worten: ein Regenbogen-Entwicklungsmodell.

Doch wir leben nicht in dieser Welt. Wir leben in einer Welt starker und schwacher Regierungen und Nicht-Regierungen, wie bereits erwähnt wurde. In dieser Welt haben Regierungen enorme akkumulierte Zwangsmittel und Zerstörungsmacht – die Supermächte (die USA, die Sowjetunion, die EU, China, Indien) haben sogar Superwaffen. Kooperation zwischen den Regierungen findet in Form von Allianzen und Pakten statt, wodurch die Zerstörungskapazitäten, über die ein Akteur verfügt, vergrößert werden – was bedeutet, daß es ein System von Ländern mit relativ harmonisierten Zielen und Strategien gibt. Es ist eine eindeutige Folge der Entwicklungsstrategien, die weiter oben als blau, rot und gelb bezeichnet wurden, daß es eine Konzentration der Zerstörungsmacht gibt, zum Teil, weil die Entwicklungsstile zentralisiert sind, zum Teil, weil sie für ihren Beginn, ihr Wachstum und ihre Stabilität Zwang voraussetzen, zum Teil, weil sie Widerstand erzeugen, der neutralisiert bzw. befriedet werden muß.

In der Welt, in der wir leben, operieren zudem sowohl Regierungen wie Nicht-Regierungen nicht nur in nationalen ökonomischen Zyklen im allgemeinen und auf nationalen Märkten im besonderen, sondern in transnationalen Zyklen und auf weltweiten Märkten. Die Zyklen teilen die Welt in einen *internen* Sektor, in dem den Bedürfnissen anderer Völker etwas Beachtung geschenkt wird, und in einen *Außen*sektor, in dem das weniger gilt und die Maxime eher »sieh zu, was du kriegen kannst« lautet. Sowohl im blauen wie auch im roten Entwicklungsstil trifft diese Teilung auch innerhalb der Länder zu. Der blaue Stil setzt zudem einen großen Außensektor in der Außenwelt voraus – weshalb seine Vertreter Kolonialismus hatten und sich nun an den Neokolonialismus klammern. Um hier Erfolg zu haben, kooperieren blaue Regierungen sehr gut und bilden zusammen einen internen Sektor auf intergouvernementaler Ebene (die EG). Wenn sie sozialdemokratisch sind, wird ein Großteil der Bevölkerung eingeschlossen, denn der sozialdemokratische Stil marginalisiert weniger – nach innen.

Auf der sozialen Ebene werden dem individuellen Materialismus drei Elemente hinzugefügt: Wettbewerb, Rationalität und Disziplin. Aber das funktioniert nicht gut auf der Weltebene. Es gibt sicher Wettbewerb innerhalb der blauen, roten und gelben Modelle und zwischen ihnen. Aber das führt zu militärischem Wettrüsten (Waffen) und ökonomischem Wettstreit (Märkte) *und* zu Bemühungen, das militärische und ökonomische Gleichgewicht (Einflußzonen, Quoten, Spielregeln etc.) zu erlangen. Wenn das nicht erfolgreich ist, sind militärische und Wirtschaftskriege die Folge, die zunehmend zerstörerisch werden durch das höhere Niveau der Militartechnologie im besonderen und der Produktionstechnologie im allgemeinen.

Im gesellschaftlichen Raum wurden solche Phänomene, die keineswegs unbekannt sind, durch die Kombination von Rationalität und Disziplin, auch etwas Solidarität, gemildert. Aber im Raum Welt scheinen beide eigenartigerweise zu fehlen. Die *Tragödie des gemeinen Volkes* wird stärker im Raum Welt als im gesellschaftlichen Raum aufgeführt und ist natürlich eine Übung im Mangel an sowohl Rationalität wie Disziplin. All dies führt zu einem: Eine Art zentrale Weltautorität wird benötigt, die den Wettbewerb der Regierungen und Nicht-Regierungen reguliert und sich auf beide stützt, ebenso wie auf die Weltbevölkerung direkt. Vielleicht etwas zwischen den Vereinten Nationen und der Europäischen Gemeinschaft, aber universal.

Wir werden also erneut zu der gleichen Schlußfolgerung geführt: Das Primat, das dem gesellschaftlichen Raum gegeben wird, führt zu menschlicher Fehlentwicklung und auch zur Fehlentwicklung der Welt. Es gibt Verelendung der Menschen in den Außensektoren der Zentrumsländer (diese Außensektoren können sich sogar überlappen), was wahrscheinlich zu Kriegen mit erheblicher gegenseitiger Vernichtung führt. Beide Probleme, Elend und Zentrum-Peripherie-Kriege, nehmen zu, aufgrund und nicht trotz dieses Typs von Entwicklung. Die Annahme in diesem Bereich war, daß der Raum Welt wie die Natur etwas sei, das mit jeder Art von Objekten in Unordnung gebracht werden könne, etwas, das jedes Maß an Machtakkumulation, militärisch, ökonomisch und ideologisch – in den Händen weniger – aushielte. Niemand kümmerte sich wirklich darum zu überprüfen, ob die Entwicklungsmodelle des Mainstreams kompatibel sind. Sie sind es nicht.

5. Entwicklung: der Raum Natur

Meiner Ansicht nach gibt es zwei grundlegende Faktoren hinter der Öko-Krise, mit ihrer Verschmutzung und dem Raubbau überall, der globalen Erwärmung und dem Ozonloch, der Entwaldung und der Verwüstung, der allgemeinen Verringerung der Bio-Diversität und der Bedrohung der Bio-Symbiose der letzten Jahrzehnte.

Auf der einen Seite gibt es seit der industriellen Revolution den Übergang von einer agrarischen Ökonomie, die im wesentlichen Organisches benutzte, hin zu einer industriellen Ökonomie, die anorganische und synthetisch-organische Dinge nutzt. Das letztere ist viel weniger biologisch abbaubar als das erstere; zudem verbraucht man hier mehr an nicht-erneuerbaren Ressourcen, weshalb es das doppelte ökologische Grundproblem der Verschmutzung und des Raubbaus gibt.

Auf der anderen Seite gibt es, auch über die letzten Jahrhunderte, die immer stärker zunehmende Verlagerung von der lokalen über die nationale zur Weltwirtschaft. Der Welthandel spinnt ein Netz und erweitert die ökonomischen Zyklen, bis sie globale Reichweite haben. Rohstoffe werden irgendwoher genommen, die Verarbeitung findet irgendwo anders statt und die Konsumtion wiederum woanders. Die Natur wird an einem Ort ausgeplündert, an einem anderen Ort mit industriellen Abfällen verschmutzt und durch Haushaltsabfälle an wiederum einem anderen Ort verschmutzt; die Natur ist der große Verlierer dessen, was sich selbst als »entwickelte« oder »moderne« Ökonomie bezeichnet. Im Ergebnis wissen nur wenige, woher Sachen stammen und wohin sie gebracht werden. Die Wirkungen sind zu weit von den Ursachen entfernt. Und, was wichtiger ist: Sie treffen nicht jene, die die Entscheidungen fällen! Ein transnationaler Konzern ist idealerweise so organisiert, daß die Verantwortung verstreut und verwässert ist, auch für das, was ein »globales Problem« genannt wird.

Folglich befinden sich genau die Pfeiler von Entwicklung = Wirtschaftswachstum = BSP: Industrialisierung und Kommerzialisierung, an der Wurzel der Krise. Solange diese Pfeiler unantastbar sind, werden Versuche, den Trend umzukehren, nicht sehr weit kommen.

6. Schlußfolgerungen: die Klemme, in der wir stecken

Wir sind in einer Klemme, die wir selbst geschaffen haben. Das Primat, das dem gesellschaftlichen Raum eingeräumt wurde, geht auf Kosten der menschlichen, der Welt- und der Naturentwicklung. Das Primat, das der Produktion materieller Güter und Dienstleistungen eingeräumt wurde, geht auf Kosten der spirituellen Bedürfnisse nach Identität und Freiheit durch die primitiven, plumpen Versuche, die Menschen durch Werte und Institutionen zu steuern, die in der Praxis entfremdend und repressiv werden. Das Gute an Entwicklung ist das Bemühen, ist die Idee, Gesellschaften willentlich in bestimmte Richtungen zu drängen. Das Schlechte daran ist gegenwärtig die Richtung. Und wenn dann zusätzlich nicht einmal die materielle Produktion und Verteilung erfolgreich sind, gibt es Revolten – wie es sie in der Zweiten und Dritten Welt gegeben hat. Nachhaltigkeit ist nicht nur eine Frage der Umwelt.

Also muß Entwicklung, gelinde gesagt, neu gedacht werden – und Tausende, Millionen Menschen, manchmal sogar ihre Führer, tun das bereits. Es gibt keinen klaren Kurvenverlauf im Entwicklungsraum von Abbildung 2, was möglicherweise gut ist. Es gibt überall Zweifel und mitunter extreme Resignation, besonders dadurch, daß die alten Idole, der blaue und der rote Entwicklungsstil, aufgrund ihrer Folgen in allen vier Räumen demaskiert werden. Einen kurzen Blick auf das Gesamtbild wirft der Anhang, mit einem implizit normativen Entwicklungsmodell ((0)–(8)). Hier kann nur eins gesagt werden: Es sollte eine klare Unterscheidung getroffen werden zwischen »Entwicklung« als ökonomischem Wachstum, Modernisierung und nation-building und der »wahren« Entwicklung, die sensibel ist für so etwas wie die Ziele im Anhang, die das sein können, wofür sich

171

überall auf der Welt Menschen engagieren, um sich gegen »Entwicklung« zu verteidigen.

Anhang

Entwicklung und Entwicklungsdimensionen: eine Zusammenfassung

Entwicklungsstil			Produktion	Soziale Entwicklung	
Farbbegriff	*Liberaler Begriff*	*Marxistischer Begriff*	*Grund-versorgung*	*Balance der Komplexität*	*lokales Selbst-management*
			(0)	*(1)*	*(2)*
Grün	primitiv traditionell	primitiv Sklave/ Leibeigener kommunistisch	niedrig	niedrig	hoch
Blau	modern/ industriell	kapitalistisch industriell	hoch	niedrig	niedrig
Rot	industriell	sozialistisch	hoch	niedrig	niedrig
Rosa	modern/ industriell	kapitalistisch	hoch	hoch	niedrig
Gelb	modern/ industriell	kapitalistisch	hoch	hoch	niedrig
Regenbogen	?	?	mittel	hoch	hoch

Weltentwicklung		Menschliche Entwicklung		Naturentwicklung	
ökonomisch nicht aggressiv	*militärisch nicht aggressiv*	*materielle Bedürfnisse*	*nichtmaterielle Bedürfnisse*	*Diversität*	*Symbiose*
(3)	*(4)*	*(5)*	*(6)*	*(7)*	*(8)*
hoch	hoch	niedrig	hoch	hoch	hoch
niedrig	niedrig	(hoch)/ niedrig	niedrig	niedrig	niedrig
hoch	niedrig	hoch	niedrig	niedrig	niedrig
hoch	niedrig	hoch	niedrig	niedrig	niedrig
niedrig	niedrig	(hoch)/ niedrig	niedrig	niedrig	niedrig
hoch	hoch	hoch	hoch	hoch	hoch

Quellenangaben

Dieser Text gibt eine kurze Beschreibung einiger Grundannahmen eines Weltmodells, das dem GPID(Goals, Processes and Indicators of Development)-Projekt entstammt. Das Projekt entwickelte sich aus Untersuchungen, die am Lehrstuhl für Konflikt- und Friedensforschung an der Universität Oslo in der Zeit von 1972 bis 1977 durchgeführt wurden, und zwar im Rahmen der Programme »Trends in Western Civilization« und »World Indicators«. Die Fortsetzung dieser Untersuchungen wurde dann für einige Zeit von der Universität der Vereinten Nationen in Tokio unterstützt. Ich schulde vielen Kollegen im GPID-Projekt, dem Institut Universitaire d'Etudes du Développement in Genf und dem verstorbenen Adrian Preiswerk im besonderen Dank für gute Diskussionen.

Für einige Veröffentlichungen des Autors aus dem GPID-Projekt, die alle auf die ein oder andere Weise zum GPID-Modell beitragen, siehe:

- »Sobre alfa y beta y sus muchos combinaciones«, in: E. Masini (Hrsg.): *Visiones de sociedades deseables,* Mexiko 1980, S. 19–95
- »The Basic Needs Approach«, in: K. Lederer (Hrsg.): *Human Needs – A Contribution to the Current Debate,* Königstein 1980, S. 55–125
- »The New International Economic Order and the Basic Needs Approaches: Compatibility, Contradiction and/or Conflict?«, in: P. Braillard (Hrsg.): *Annales d'études internationales,* Genf 1978; auch in: *Alternatives – A Journal of World Policy,* 1978–79, Delhi, S. 455–476
- »Towards a New International Technological Order«, in: *Alternatives – A Journal of World Policy,* 1978–79, Delhi, S. 277–300
- »The North/South Debate: Technology, Basic Human Needs and the New International Economic Order« (umfaßt die zwei vorhergehenden Papers + Einleitung). Working Paper Nr. 12, WOMP, Institute for World Order, New York 1980
- »On the Decline and Fall of Empires: The Roman Empire and Western Imperialism Compared«, in: *Review,* 1980
- »Is there a Chinese Strategy of Development?«, in: *Review,* 1981
- »Social Cosmology and the Concept of Peace«, in: *Journal of Peace Research,* 1981, S. 183–199
- »Society and Health: Some Health-related Societal Trends in Industrialized Countries«, in: *Psychiatry and Social Science,* 1981, S. 3–15
- »Is a Socialist Revolution under State Capitalism Possible? Poland August – September 1980«, in: *Journal of Peace Research,* 1980, S. 281–290
- »Structure, Culture and Intellectual Style: An Essay Comparing Saxonic, Teutonic, Gallic and Nipponic Approaches«, in: *Social Science Information,* 1981, S. 817–856[6]
- »Western Civilization: Anatomy and Pathology«, in: *Alternatives,* 1981, S. 145–169

---

[6] Deutsche Übersetzung: »Struktur, Kultur und intellektueller Stil – Ein vergleichender Essay über sachsonische, teutonische, gallische und nipponische Wissenschaft«; in: *Leviathan* 3/1983, S. 303–338.

Siehe auch:

- *Essays in Peace Research*, Vol. I–VI, Kopenhagen 1975–1988
- *The True Worlds: A Transnational Perspective*, New York 1950
- »On the Last 2500 Years in Western History, And Some Remarks on the Coming 500«, in: *The New Cambridge Modern History – Companion Volume,* Cambridge 1979, S. 318–362

Der globalisierte, privatisierte Marktplatz: einige negative Externalitäten

1. Entwicklung, Wirtschaft, Externalitäten und Internalitäten

Im vorherrschenden Trend westlichen Denkens ist die Wirtschaft als Herzstück der Entwicklungsanstrengungen verstanden worden und ökonomisches Wachstum (nicht menschliches oder soziales Wachstum) als der Antriebsmotor. Die Ökonomie wurde aus dem Kontext herausgehoben und von den Ökonomen fetischisiert, und Wirtschaftswachstum wurde zum Guten schlechthin. Aber der ökonomische Baum muß nach seinen Entwicklungsfrüchten beurteilt werden. Deshalb ist ein Entwicklungsdiskurs notwendig.

Im Folgenden wird »Entwicklung« verstanden als die Summe der *Entwicklung der Natur* (Öko-Balance), der *menschlichen Entwicklung* (Befriedigung der materiellen und nicht-materiellen Grundbedürfnisse aller), der *sozialen Entwicklung* (soziale Gerechtigkeit, Gleichheit und Unparteilichkeit, auch zwischen den Geschlechtern) und der *Weltentwicklung* (die Fähigkeit, Konflikte zwischen Nationen und Staaten kreativ und gewaltlos zu handhaben). Eine weniger anspruchsvolle Definition ist: »Wirtschaftswachstum auf Kosten von niemandem« oder, als Relativierung dieser Formel: zu Minimalkosten (in bezug auf Natur-, menschliche, soziale und Weltentwicklung; die Situation sollte zumindest nicht schlechter werden).[1] Entwicklung muß nachhaltig sein. Das ist eine empirische Frage.

»Wirtschaftswachstum« resultiert aus einer globalisierenden, privatisierenden Marktwirtschaft. Die konkurrierenden Systeme (nationale Markt- und/oder Planwirtschaft – lokale Wirtschaften) sind in den Hintergrund gerückt.

---

[1] Diese Konzepte sind detaillierter entwickelt worden in Johan Galtung: *A Theory of Development*, im Erscheinen.

Die »Kosten«, von denen hier gesprochen wird, sind die negativen Externalitäten dieser Wirtschaft.[2] Sie sind »Externalitäten«, »Nebeneffekte«, außerhalb des Marktes, die üblicherweise nicht in der ökonomischen Theorie und Praxis berücksichtigt werden; und sie sind »negativ« in dem Sinne, daß sie negative Rückwirkungen auf Entwicklungsprozesse haben.

Es kann jedoch auch im Innern der Wirtschaft Probleme geben, »negative Internalitäten«, die in der ökonomischen Theorie und Praxis Beachtung finden (wenn auch nicht notwendigerweise erfolgreich). Einige sind zyklisch (wie Rezessionen), einige sind systemisch, was bedeutet, daß kein endogener, intra-paradigmatischer Prozeß bekannt ist, der in der Lage ist, die Wirtschaft wiederherzustellen (wie Depressionen). Die negativen Internalitäten, auf die weiter unten hingewiesen wird, sind wahrscheinlich dieser Art, was bedeutet, daß grundsätzliche Veränderungen des ökonomischen Paradigmas notwendig sind, um den Entwicklungsprozeß nachhaltig zu machen.

Auf diese Weise betrachtet, sind die Wirtschaft im allgemeinen und Wirtschaftswachstum im besonderen nicht länger das Gute schlechthin. Entwicklung ist es. Deshalb müssen die Effekte der Ökonomie auf die vier »Räume« Natur, Mensch, Gesellschaft und Welt eingeschätzt werden, um zu wissen, ob Entwicklung stattfindet. Eine wachsende Wirtschaft produziert mehr Güter/Dienstleistungen (die reale Wirtschaft) und finanzielle Güter/Dienstleistungen (die Finanzwirtschaft), als sie verbraucht. Vieles davon kann genutzt werden, um Öko-Balance, menschliche Nahrung/Kleidung/Wohnung zu erkaufen, um die Güter und Dienstleistungen gerecht und unparteiisch zu verteilen, vielleicht auch, um etwas Frieden und weniger Gewalt zu erkaufen. Dies wären die positiven Externalitäten. Der Prozeß ist nachhaltig, wenn die Nettobilanz der Internalitäten und Externalitäten positiv ist.[3]

Doch zusätzlich zu diesen vier Räumen benötigen wir zwei weitere: *Zeit* und *Kultur*. Nachhaltigkeit beruht auf Zeit, deshalb muß Zeit als *»Zeitentwicklung«* mit einbezogen werden. Und allem liegt Kultur zugrunde: die Gesamtsumme unserer Vorstellungen von gut/böse, richtig/

---

2   Zu der Theorie der Externalitäten siehe Johan Galtung: *Peace by Peaceful Means*, Teil III, Kap. 3, London 1996 bzw. Johan Galtung: *Frieden mit friedlichen Mitteln*, Opladen 1998.

3   In den Worten der Brundtland-Kommission bedeutet das, daß die Befriedigung der Bedürfnisse der jetzigen Generation nicht die Möglichkeiten der zukünftigen Generationen gefährdet. Idealtypisch würde die gegenwärtige Generation das gesamte ›System‹ in einem besseren Zustand übergeben, als sie es erhalten hat – wie es jeder gute Betriebswirt versuchen würde zu tun. Das Problem liegt nicht in der Definition, sondern in der Realität.

falsch, wahr/unwahr, gültig/ungültig, schön/häßlich, heilig/weltlich etc. Das Grundproblem der *kulturellen Entwicklung* liegt darin, ob die Kultur angemessen/unangemessen für Entwicklung ist. Negative kulturelle Externalitäten können alle anderen Räume betreffen.

2. Globalisierende, privatisierende Wirtschaften: einige Effekte

Bei allem gebührenden Respekt für die theoretische und praktische Arbeit, die der Konstruktion eines globalisierenden, privatisierenden Marktes zugrunde liegt, der heute offensichtlich entsteht und faszinierende Fragen aufwirft, bleibt die Frage, ob diese Ökonomie zur nachhaltigen Entwicklung führt. Die allgemeine Antwort ist: nein. Doch wenn wir den Zeithorizont verkürzen und den Raumhorizont verengen, könnte die Antwort positiver ausfallen. Die Schlußfolgerung ist nicht überraschend: Nichts, was Menschen geschaffen haben, ist bekannt dafür, ewig zu sein. Jedes System hat seine eingebauten Widersprüche. Yin-Yang-Prozesse sind nicht immer harmonisch. Dialektik ist die Regel, nicht irgendein Ende der Geschichte.

Von den vielen negativen Effekten wollen wir sieben auswählen:

Das Wirtschaftssystem

Wenn *Produktion = Produktivität × Anzahl der Arbeiter (A) × Anzahl der Arbeitsstunden (S)*, dann ist wachsende Produktivität mit konstanten A und S nur vereinbar, wenn die Vermarktung der Produktion steigen kann. Dies wiederum hängt davon ab, wie viele Konsumenten wieviel nachfragen und wie viele konkurrenzfähige Produzenten es auf dem Markt gibt. Wenn das Angebot schneller steigt als die Nachfrage, weil die Zahl der Produzenten und ihre Produktivität größer werden als die Zahl der Konsumenten und ihre Nachfragefähigkeit, dann muß eine Seite nachgeben. Wenn es der Grundsatz des Kolonialismus war, konkurrenzfähige Produzenten vom Markt fernzuhalten, dann bedeutet Dekolonisation mehr Produzenten/ Konkurrenten. Japan war bereits ein Schock für den Westen. Ein Ostasiatischer Gemeinsamer Markt, der die Mahayana-buddhistischen/konfuzianischen Länder (China, Japan, Vietnam und Korea) vereint, die in der Lage sind, Güter mit japanischer Qualität (Q) zu chinesischen Preisen (P) zu produzieren, wird einen noch bedeutend größeren Effekt haben – wie etwa das Ende der »Globalisierung«.

Wenn die Produktion eine obere, möglicherweise sogar niedriger werdende Begrenzung hat, dann gibt es bei konstantem Q/P drei Möglichkeiten: Verringerung der Produktivität, Verringerung von A – was Arbeitslosigkeit bedeutet – oder Verringerung von S – was Unterbeschäftigung bedeutet.[4] Solange Produktivität die Heilige Kuh, der Dreh- und Angelpunkt des Systems, eine Quelle unbegrenzten Stolzes auf die wissenschaftlichtechnische Tüchtigkeit und auf die soziale Technik der Abschaffung der Arbeiterklasse ist, werden A oder S zu weichen haben. In der Praxis bedeutet das, daß eine Unterschicht von Arbeitslosen ständig zunehmen wird. Darüber wird eine Mittelschicht der Unterbeschäftigten zunehmen, die Vertragsarbeiter auf hohem oder niedrigem Niveau sind, aber allgemein über ein Einkommen verfügen, das unzureichend ist, um sich selbst, geschweige denn einer Familie einen sozial akzeptierten Lebensstandard zu ermöglichen. Darüber wird es eine Schicht der unbefristet Beschäftigten geben, die jedoch zweigeteilt ist in Bezahlte und Unterbezahlte. Dadurch wird das Schema, Leute zu entlassen, um sie dann in Vollzeit für 50% ihres früheren Lohnes wieder einzustellen, vereinbar mit dem Auftauchen einer (breiten) Schicht von unterbezahlten Beschäftigten. Arbeitsstatistiken zeigen diese heutigen Realitäten nicht auf, in denen der Ernährer einer Familie zunehmend ein »seltener Vogel« ist.

Es gibt keine Grundlage dafür anzunehmen, daß es eine feststehende Verteilung der Prozentanteile der 3–4 Kategorien der Arbeitnehmerschaft geben wird, etwa im Verhältnis 40 : 30 : 30.[5] Mit zunehmender Automation können fast alle Arten von Arbeit beseitigt werden, das betrifft Fabrikarbeiter und Angestellte. Hinzu kommt, daß der Unterschied in den Lohnkosten zum Export von Vollzeitarbeitsstellen führt – von Nord nach Süd, über den Rio Grande (NAFTA, FTAA) und über das Mittelmeer (Euro-Arabien). Doch die gleichen Prozesse werden auch im Süden eingeführt. Das Ergebnis ist massiver sozialer Ausschluß, Marginalisierung, Konflikt.[6]

---

[4] Die Verringerung von S kann viele Formen annehmen: weniger Arbeitsstunden pro Tag, weniger Arbeitstage pro Woche, weniger Arbeitswochen pro Monat, weniger Arbeitsmonate pro Jahr, weniger Arbeitsjahre pro Lebenszeit. Ungeachtet, welche Form(en) genutzt wird (werden), wird das Nettoergebnis jedoch weniger sein als eine Vollzeitarbeit und weniger als voller Lohn.

[5] Dies sind die Zahlen, die Will Hutton in seinem Artikel im *Guardian Weekly* vom 12. November 1995, S. 13, benutzt. J. M. Tortosa verweist darauf, daß die Russen schlechter dran sind: Mehr als die Hälfte derjenigen, die eine Arbeit haben, erhalten einen Lohn unterhalb der Armutsgrenze – mit Bezug auf K. S. Karol in: »Un país desorientado«, *El País*, 16. November 1995, S. 13. Die entsprechenden Angaben für die USA wären interessant.

[6] Die schlimme Konsequenz daraus ist, daß riesige Menschenmengen, die weder als Produzenten noch als Konsumenten dienen, innerhalb eines rein materialistischen

Doch arbeitslose, unterbeschäftigte oder unterbezahlte Menschen sind schlechte Konsumenten. Ihre Kaufkraft ist auf das Notwendigste begrenzt. Deshalb wird das System vermutlich auch Unterkonsumenten und »Nichtkonsumenten« produzieren. Entlassene Arbeiter werden auch zu entlassenen Konsumenten, wenn nicht der Staat mit Löhnen für Nichtarbeit und Arbeitslosenversicherung einspringt. Die Arbeitslosen, Unterbeschäftigten und Unterbezahlten sind jedoch auch schlechte Steuerzahler, und selbst wenn Privatisierung beachtliche ökonomische Kräfte freigesetzt hat, hat sie zugleich zusätzliche Einkommensquellen für den Staat beseitigt. Deshalb werden selbst reiche Länder nicht in der Lage sein, vollentwickelte Sozialstaaten aufrechtzuerhalten mit (beinahe) kostenloser Bildung, (beinahe) kostenloser Gesundheitsversorgung, Arbeitslosenversicherung und Renten. Zur Zeit dieser Niederschrift leidet Frankreich an dieser Problematik. Da die politische Kultur unterentwickelt ist, ist der Ausdruck des Protestes sehr gewalttätig.

Natur

Das Bruttosozialprodukt ist verbunden mit Verarbeitung und Vermarktung. Globalisierung bedeutet weltweite Produktion und/oder weltweiten Transport. Das bedeutet im allgemeinen eine zunehmende weltweite Umweltverschmutzung/Raubbau, in der einen oder anderen Form. Derzeit werden drei Spezies pro Stunde ausgerottet,[7] aber die Verringerung der biologischen Vielfalt liegt wahrscheinlich viel höher.[8] Das gleiche trifft wahrscheinlich auf die thermische Verschmutzung (globale Erwärmung) und die Ozonlöcher zu.

Menschen

Menschliche Grundbedürfnisse lassen sich in materielle und nicht-materielle unterscheiden. Die Wirtschaft produziert nur materielle Güter/Dienstleistungen. Erfolgreiche Teilnahme am Markt vermittelt etwas nicht-materielle Befriedigung, aber nur relativ Wenigen. Die absehbare Voraussage ist: Über kurz oder lang wird es eine größere Reaktion gegen den Materialismus des Wirtschaftssystems geben, ein Gefühl der Übersättigung, ein

---

Projektes (wie einer sich globalisierenden und privatisierenden Wirtschaft) entbehrlich werden, was sich über kurz oder lang wahrscheinlich als noch intensivere Familienplanung, als Nichtbeachtung verheerender Epidemien und als Euthanasie zeigen wird.

[7] Nach Angaben des Soziobiologen Edward O. Wilson: *Der Wert der Vielfalt*, München 1995.

[8] Die Gesamtzahl der Spezies in der heutigen Welt wurde auf etwa 10 Millionen geschätzt.

Sehnen nach dem Nicht-Materiellen, dem Spirituellen. Drogensucht ist zum großen Teil ein ungeschickter, fehlgeleiteter Versuch in diese Richtung.

Gesellschaft

Das Marktsystem basiert auf der Summe von auf Kostenvorteile gerichteten, egozentrischen Entscheidungen. Alle anderen Überlegungen werden als im wesentlichen irrational definiert. Das Endergebnis des Egozentrismus ist strukturelle Atomisierung und ein schwaches soziales Gefüge. Das Endergebnis der Orientierung auf Kostenvorteile ist eine Kultur, in der keine anderen Werte und Normen verbindlich sind; mit anderen Worten: Entstrukturierung und Entkulturierung, *Atomie* und *Anomie*.[9] Das Resultat ist eine Überfülle an Gewalt und Kriminalität im allgemeinen, mit einer hohen, verzögerten Elastizität zwischen Wirtschaftswachstum und der Zunahme an Gewalt.

Hinzu kommt, daß das Marktsystem allein noch nie soziale Gerechtigkeit, Gleichheit und Unparteilichkeit geschaffen hat (Lukas 19, 26).[10] Andere soziale Institutionen sind notwendig. Der Staat hat diesen Zielen gedient, aber wird, wie bereits erwähnt, wohl kaum in der Lage sein, das auch in Zukunft zu tun. Es kann sein, daß Privatisierung einige Defizite gedeckt hat. Aber das Familiensilber kann nur einmal zu einem Spottpreis verkauft werden.

Welt

Globalisierung begrenzt sich nicht auf Produzenten und Distributoren und solche Faktoren wie Kapital, Technologie und Management. Sie gilt auch für Arbeiter, Konsumenten, Frauen, die Indigenen, Umweltschützer und andere. Die objektiven Bedingungen für »Proletarier aller Länder, vereinigt Euch«-Güter waren niemals so gut. Die Transaktionskosten für gemeinsames Vorgehen sind niedriger denn je (Faxe, E-mail); gemeinsame Aktionen der Konsumenten boykottieren bestimmte Unternehmen (Shell wegen Brent Spar) oder ganze Länder (Frankreich wegen seiner Atomtests in einer seiner Kolonien). Die großen NGO-Demonstrationen zu bedeu-

---

9   Dies wird detaillierter untersucht in Johan Galtung: *On the Social Costs of Modernization*, Genf 1995. Deutsch in: Ders.: *Der Preis der Modernisierung. Struktur und Kultur im Weltsystem*, hgg. v. W. Graf und D. Kinkelbur, Wien 1997.

10   Auch als Matthäus-Effekt bekannt. In einer kürzlich durchgeführten Meinungsumfrage »... stimmte die große Mehrheit der Europäer der Aussage zu: ›Die Reichen werden reicher, und die Armen werden ärmer‹«; *The European*, 26. Oktober – 1. November 1995, S. 11.

tenden UN-Konferenzen beweisen die Effektivität der NGO-Koordination, die oft über dem Niveau von Regierungen liegt, wenn auch (noch?) nicht auf dem Niveau der Transnationalen Konzerne. Jenseits dessen aber lauern bedeutende Konflikte zwischen Nationen und Staaten mit einem unbegrenzten Gewaltpotential.

Zeit

Zeit hat ihre eigene Logik. Die Idee ist, etwas, das »nachhaltige Entwicklung« genannt wird, in der Zeit unterzubringen, für immer. Aber (soziale) Zeit funktioniert so nicht. Zeit läßt sich nicht kolonisieren, sondern schüttelt solche Bemühungen ab – eine Einsicht, die in der dialektischen daoistischen Erkenntnislehre ausgedrückt wird und der westlichen aristotelisch-cartesianischen Erkenntnislehre verborgen bleibt.

Chronos[11] fließt. Es gibt Kairos[12]-Punkte des Eintritts für eine soziale Institution und Kairos-Punkte des Ausgangs; oder die Institution kann sich langsam ihren Weg hinein erarbeiten und dann in Vergessenheit geraten und nichts anderes zurücklassen als einige kleine Überreste für zukünftige Archäologen, die sie für ihre Doktorarbeit ausgraben. Bescheidenheit ist notwendig – ein seltenes Gut unter den Institutionen-Erbauern.

Üblicherweise wird eine Unterscheidung getroffen zwischen zyklischen und linearen Trends mit dem Zusatz, daß »linear« so verstanden werden kann, daß es etwas längere Zyklen beschreibt (wie Urbanisierung, die sich als Trend kaum unvermindert fortsetzen wird). Es gibt eine Menge Theorien, die mehr oder weniger empirisch fundiert sind. Eine davon, die des verstorbenen indischen Philosophen Sarkar, ist nützlich, um die Lebensfähigkeit der globalisierenden, privatisierenden Marktwirtschaftswelle einzuschätzen. Sarkar verbindet in seinem Denken das Interesse für die vertikale soziale Dialektik zwischen hoch und niedrig, den Ausgebeuteten und/oder Unterdrückten, *mit* der horizontalen Dialektik zwischen den drei Schlüsseleliten: den Militärs, den Intellektuellen und den Händlern (kshatriyah, brahmin, viashya). Eine zentrale Frage ist: Welche Gruppe leidet so sehr, daß sie als nächste an der Reihe ist, um die an der Macht befindliche abzulösen? Nach Sarkar folgen den Militärs die Intellektuellen (die vom Staat unterhalten werden müssen) und den Intellektuellen die Händler. Das Nettoergebnis ist ein Kreislauf der Eliten, auf dem Rücken des Volkes.

---

[11] Die Zeit; d. Ü.

[12] Der günstige Augenblick, der genutzt werden sollte; als subjektiver Zeitbegriff steht er im Gegensatz zu Chronos, der gleichförmig fließenden Zeit; d. Ü.

Daß die Militärs intellektuell ungehobelt sind und die Intellektuellen für die Meinungsfreiheit (besonders ihre eigene) kämpfen, ist leicht zu verstehen. Daß die Intellektuellen, die vom Staat unterstützt werden, alle möglichen Formen von staatlich gelenkten Ökonomien auf Kosten der freien Initiative des privaten Sektors entwickeln, kann man auch leicht erkennen. Und daß die Händler in ihrer Suche nach Marktanteilen und Profiten so ausbeuterisch sind, daß die Massen am Ende mit massiven Erhebungen protestieren, klingt auch wahr. Sarkar vertritt die Ansicht, daß genau an diesem Punkt die Händler zu den Militärs laufen, gewöhnlich mit der Unterstützung der Intellektuellen, und fordern, daß diese »etwas« tun. Dieses brutale »Etwas« wird dann getan und später werden für gewöhnlich die Militärs als einzig Verantwortliche beschuldigt.

Zur Zeit leben wir im Zeitalter der Händler. Wie zu Beginn der Französischen Revolution entsprechen Demokratie und Menschenrechte (mehr die bürgerlich-politischen als die sozio-ökonomischen) ihren Interessen. Die Synchronisation dieses Zeitalters in der ganzen Welt, d. h. in sehr verschiedenen Gesellschaften, hängt eng mit dem Zusammenbruch diktatorischer staatlicher Planung (durch Intellektuelle) in den sozialistischen Ländern am Ende des Kalten Krieges zusammen, belegt aber auch das Niveau der Globalisierung des Planeten (mit dem Verdacht, daß die Dialektik vielen Gesellschaften künstlich aufgezwungen worden ist). Natürlich haben einige Intellektuelle den Übergang überlebt – jene, die in den Diensten der Händler stehen, ihr Bestreben glorifizieren und ihnen helfen, ihre Ziele zu erreichen: die Ökonomen des Mainstream und die Spezialisten für Betriebswirtschaft, und natürlich für jede Art von intellektuellen Aktivitäten, die für den Produktions- und Verteilungsprozeß benötigt werden. Reine Intellektuelle sind draußen – außer für dekorative Zwecke.

Im *Zeitalter der Händler* nehmen sich globalisierende, privatisierende Ökonomien so normal aus wie Allianzbildungen zur Vorbereitung des großen nuklearen Holocaust und militärischer Herrschaft (wahrscheinlich mit einigen Politikern in vorderster Front) während des Kalten Krieges. Dieses *Zeitalter der Militärs* war auch globalisierend, da es in einem hohen Maße auf den militärischen logistischen Kapazitäten beruhte (das Internet ist ein berühmtes Beispiel). Das *Zeitalter der Intellektuellen* war ein kurzer, aber wichtiger Aspekt des letzten Kapitels des Kalten Krieges und dessen kurzen Nachwirkungen. Danach kamen die Händler. Und genau wie das letzte Mittel, das letzte Argument der Militärs die *Waffe* ist und das der Intellektuellen das *Wort*, so ist das letzte Argument der Händler das *Geld*. Doch mit der Waffe zu argumentieren ist als Repression, Massaker bekannt, und das mit Geld zu tun als Korruption. Mit *Worten* zu argumentieren ist ein gegenseitiger Dialog, der im Gegensatz steht zu dem einseitigen *Befehl* der Militärs und der einseitigen *Werbung* der Händler. Demokratie ist mit dem Zeitalter der Intellektuellen einfacher in Einklang zu bringen, so wie globale Märkte mit dem Zeitalter der Händler. Und dennoch müssen beide lernen, miteinander zu leben.

Der Grundgedanke in Sarkars Theorie ist, daß kein Zeitalter ewig dauert, da sie alle einseitige Übertreibungen sind, die nur eine oder wenige menschliche Fähigkeiten nutzen – anstelle der vollen Palette menschlicher Energien und Anlagen. Dies trifft auch auf das Zeitalter der Händler zu, welches wahrscheinlich erstaunlich kurz dauern wird. Es wird überall Aufstände geben, unter anderem, weil das Marktsystem nicht in der Lage ist, die Früchte der Anstrengungen zu verteilen; außer man geht von einem ausbalancierteren System aus, das in der Lage ist, sowohl die vertikalen wie die horizontalen Dialektiken auf eine Art von Harmonie hin zu steuern. Der Traum guter Politik!

Kultur

Das Grundproblem ist Angemessenheit. Oben im Text wurden einige Hinweise bezüglich der Bandbreite von Entwicklung gegeben: die Rolle der Produktivität; Koexistenz mit dem Rest der Natur; spirituelle statt nur materieller Interessen; das gesamte Problem des sozialen Gefüges, das auf reichhaltigen Strukturen von Interaktion und verbindlichen Normen beruhen sollte; das Problem, daß Gruppen in Gegensatz oder gar Konfrontation zueinander stehen, weil grundsätzliche Ungerechtigkeiten ins System eingebaut sind; das Problem der gut oder weniger gut erkennbaren Zyklen innerhalb des ökonomischen Systems, die zur Überbewertung des Konsenses (Washington, Paris) führen, weil das Ethos des Zeitalters der Händler vorherrscht und dessen Zerbrechlichkeit unterschätzt wird.

Keine einzelne Sozialwissenschaft oder andere Humanwissenschaft kann sich mit alledem auseinandersetzen, noch viel weniger eine Wirtschaftswissenschaft, die in ihrem Kern auf eine sehr kleine Auswahl von Variablen begrenzt ist. Was benötigt wird, ist ein holistisch-dialektischer Ansatz, der offen ist für das Ganze der menschlichen Verfassung und für die zahlreichen diese Verfassung quer durchziehenden Widersprüche. Statt dessen kommen wir in den Genuß eines atomistischen, deduktiven Ansatzes, der versucht, die menschlichen Belange auf eine kleine Anzahl von Variablen zu reduzieren, die nur in der Wirtschaftswissenschaft bedeutend sind und in deduktiver Art organisiert, sogar mathematisiert werden, wodurch das gesamte Konstrukt noch rigider und begrenzter wird. Kurz: genau der Typ unangemessener Kultur, welcher blinde Flecken auf der Retina produziert für Prozesse in den Räumen Natur, Mensch, Gesellschaft, Welt, Zeit und Kultur. Und das ist genau Sarkars These: Die Einseitigkeit des Zeitalters der Händler oder die jedes anderen Zeitalters stürzt sie. Die Wirtschaftswissenschaft treibt diese Einseitigkeit weiter voran, bis hinein in eine tiefe Unangemessenheit.

TEIL IV: KULTUR

Kultureller Friede: einige Charakteristika[1]

1. Einleitung: Was ist ein Wort? Oder zwei? Oder drei?

Mit Worten, die so vielsagend und wichtig sind wie »Kultur« und »Frieden«, sollte man besser vorsichtig umgehen. Konsens darüber, wie sie verwendet werden sollten, ist weder möglich noch wünschenswert noch notwendig. Aber der Leser hat das Recht zu wissen, wie der Autor gedenkt, diese Wörter zu benutzen. Es sollte ein, sogar ausdrückliches, Übereinkommen geben – zumindest für die Zeit, die es dauert, diese Seiten zu lesen. Also, gehen wir es an.

Kultur

Kultur ist der symbolische Aspekt menschlicher Existenz. *Kultur ist Repräsentation* durch Symbole, üblicherweise optische oder akustische, die diachron[2] oder synchron[3] organisiert sind.[4] Seit kurzem nähern sich diese Repräsentationen der Realität so sehr an, wie zum Beispiel beim Farbfernsehen in Echtzeit oder auf dem Computermonitor interaktiv, daß man von »virtueller Realität« spricht, einer »Als-ob«-Realität. Es könnte dagegen eingewendet werden, daß das nicht Kunst ist, da Kunst einige Aspekte der

---

[1] Natürlich hätte der Titel den verbreiteten Ausdruck »Eine Kultur des Friedens« nutzen können. Doch »kultureller Friede« entspricht »kultureller Gewalt« (vgl. Johan Galtung: »Cultural Violence«, in: *Journal of Peace Research*, 1990). Das Problem, das es zu untersuchen gilt, ist: Wie könnte kultureller Friede aussehen – um ihn erkennen zu können, wenn er auftaucht. Der Verdacht ist, daß es weniger kulturellen als strukturellen Frieden gibt, und weniger strukturellen Frieden als direkten Frieden; mit anderen Worten: Menschen verhalten sich bemerkenswert friedlich, trotz der negativen strukturellen und kulturellen Kontexte. Für eine Erforschung dieser Konzepte siehe Johan Galtung: *Frieden mit friedlichen Mitteln*, Opladen 1998.

[2] (Entwicklungs-)geschichtlich; d. Ü.

[3] Zeitgleich; d. Ü.

[4] Demnach ist ein Text optisch und diachron, eine Rede ist akustisch und diachron – wie Musik, ein Gemälde ist optisch und synchron – wie ein Photo, eine Harmonie ist akustisch und synchron. Eine Oper ist alles zugleich. Dunkle Stille ist nichts davon. Die Tast-, Geschmacks- und Geruchssinne scheinen als Übermittler von Kultur kaum genutzt zu werden, vermutlich weil unser Unterscheidungsvermögen in diesen Bereichen geringer ist als im Falle der optischen und akustischen Sinne.

Realität übersteigert und andere herunterspielt. Aber dies ist kein berechtigter Einwand, denn Kultur ist eine umfassendere Kategorie als Kunst.

Dem Verhältnis von Finanz- und Realwirtschaft nicht unähnlich, entwickelt Kultur ein Eigenleben, mit einer eigenen Logik, und repräsentiert am Ende nichts anderes als sich selbst: Sie entsteht, entwickelt sich durch das Zusammentreffen mit anderen Kulturen und erzeugt neue Kulturen, keimt wie ein Virus und bohrt sich selbst in den menschlichen Verstand, programmiert diesen Verstand darauf, diese Kultur zu reproduzieren und gelegentlich etwas hinzuzufügen oder abzuziehen. Das Ergebnis ist mit Sicherheit eine enorme Menge an Kultur, um eine Binsenweisheit auszusprechen. Hier ist das offensichtlichste Beispiel die Sprache, gesprochen oder geschrieben, für die es der Sprech- und Schreibfähigkeit bedarf.

Um erneut die Parallele zur Finanz- und Realwirtschaft zu ziehen: Es muß eine Form von Synchronie geben. Menschen leben nicht vom Brot allein, aber sie leben auch nicht vom Wort allein, noch weniger von Symbolen. Zuviel Kultur im Verhältnis zu dem, was sie repräsentiert, führt zu Inflation, zu einem Zustand der »Überkulturalisierung«; zuwenig führt zu »Unterkulturalisierung«, weil zuwenig Sinn verfügbar ist. Wir sprechen häufig von der »Inflation an Worten«, wie zum Beispiel das Wort »Frieden« – ganz zu schweigen von »Liebe« – zu häufig benutzt wird, ohne Realitätsgegenwert. Die Geschichte des Wortes »Frieden« im Kalten Krieg ist dafür ein Beispiel.[5] Das Ergebnis kann ein Mangel an Vertrauen sein

---

[5] So kam es, daß in den 50er und 60er Jahren das Wort »Frieden« im Westen kaum benutzt wurde, zum Teil weil es im Osten überstrapaziert wurde. Und selbst wenn die sozialistischen Länder es mit dem internationalem Frieden ernst gemeint hätten (sowohl Ungarn 1956 wie die Tschechoslowakei 1968 wären eher Gegenbeweise), wäre die politische Repression innerhalb der Länder ein gutes Beispiel für den Mangel an Realitätsgegenwert. In den 70er und 80er Jahren jedoch wurde das Wort »Frieden« im Westen mit zunehmender Häufigkeit benutzt, z. B. von den deutschen Sozialdemokraten, von der nicht-kommunistischen Friedensbewegung und zunehmend auch von den Regierungen – vermutlich aufgrund der Einschätzung, daß das Wort in einem Großteil der Bevölkerung seinen Wert bewahrt hatte, trotz seines Mißbrauchs im sozialistischen Block (den die Bevölkerung als solchen erkannt hatte). Der Nichtgebrauch hätte negativere Folgen haben können als der Mißbrauch durch den Westen, weil er auch als Mangel an Realitätsgegenwert hätte interpretiert werden können, mit anderen Worten: daß der Westen eigentlich keinen Frieden wollte. Letztendlich mußte Reagan nachgeben und Gorbatschows Friedens- und Abrüstungsrhetorik übernehmen, vermutlich weil Menschen in der ganzen Welt davon begeistert waren und glaubten, sie würde etwas von der sowjetischen Realität widerspiegeln. Die Moral ist: Sei vorsichtig mit den großen Worten, definiere sie, aber sei großzügig, wenn es einen Realitätsgegenwert gibt.
Friedensforschung entstand in dieser Zeit, am Ende der 50er Jahre. Der Ausdruck war problematisch, wie ein norwegischer Minister zum Autor sagte, als Friedensfor-

und dann ein Crash an der Kulturbörse: Einige Worte werden wertlos wie Aktien. Die Wertentleerung kann sich schnell oder langsam vollziehen, wie beim Dow Jones- und Nikkei-Index.

Auf der anderen Seite gibt es Menschen, deren Worten man immer vertrauen kann. Und es gibt sogar jene, denen man trauen kann, gerade weil sie überhaupt nicht reden: »Reden ist Silber, Schweigen ist Gold.« In den Wirtschaftswissenschaften hat Gold diese seltsame Doppelrolle gespielt, sowohl eine reale wie auch eine Finanzware zu sein. Der »Goldstandard« ist so attraktiv, gerade weil er sein eigener Gegenwert ist. Der »reale Realitätsgegenwert« des sprichwörtlichen Goldstandards auf dem verbalen Markt, Schweigen, wäre offensichtlich die Aktion, und zwar in der realen Welt, nicht nur in der symbolischen.

Kultur liefert dem mit schlechten Instinkten ausgestatteten *homo sapiens* eine Landkarte der virtuellen Welt, die als Leitfaden für die reale Welt dient. *Tiefenkultur* – diese rohen, schmucklosen Aspekte des individuellen oder kollektiven Unterbewußtseins – dient menschlichen Wesen als Orientierung – möglicherweise in Richtung auf die griechischen Ideale des Wahren, des Guten und des Schönen, wie ein (Computer-)Programm oder ein (genetischer) Code.

Frieden

Frieden ist natürlich die Abwesenheit aller Formen von Gewalt: der direkten (physischen und auch verbalen), der strukturellen und der kulturellen, die gegen den Körper, den Verstand oder den Geist anderer, menschlicher und nichtmenschlicher Lebewesen gerichtet ist. Eine pragmatischere und dynamischere Konzeptualisierung von Frieden wäre: *Frieden ist die Bedingung dafür, daß Konflikte kreativ und gewaltfrei transformiert werden können.* Das zentrale Augenmerk liegt dann mehr auf Konflikt als auf Frieden. Frieden ist ein (innerer und äußerer) Kontext für den konstruktiven Umgang mit Konflikt, jener menschlichen Grundgegebenheit, die sowohl als Schöpfer wie auch als Zerstörer dienen kann.

Sage mir, wie du dich in Konflikten verhältst, und ich sage dir, wieviel Friedenskultur du hast. Eine Kultur des Friedens ist nicht eine Sammlung

---

schung in Oslo institutionalisiert werden sollte: »Was für ein schreckliches Wort!« Die Lösung war, dieses »schreckliche« Wort durch das Wort »Konflikt« weniger schrecklich zu machen, welches nicht schrecklich, sondern sogar wissenschaftlich war, und so wurde eine »Sektion für Konflikt- und Friedensforschung« geboren, ein Name, der später an vielen Orten nachgeahmt wurde. Wie die dynamische Definition von »Frieden« belegt, kann dieser Ausdruck auch logisch verteidigt werden, nicht nur taktisch.

friedlicher, gewaltfreier Repräsentationen einer Realität. Der Test für die Stichhaltigkeit einer Kultur des Friedens liegt darin, wie sie das Konfliktverhalten beeinflußt. Die Parallele zur Finanz-/Realwirtschaft ist hier offensichtlich: der Test für Geld liegt nicht in der Geld-, Aktien- und Anleihenmenge begründet, sondern darin, gegen wie viele Werte der Realwirtschaft diese eingetauscht werden kann. Und hierin liegt die Schönheit der Friedenskultur, jeder Kultur: sie wird nicht eingetauscht, sie wird übersetzt in die Realität der realen Welt und kann folglich nicht erschöpft werden. Die Gefahr liegt in der Inflation, nicht im Raubbau. Der Kapitalfluß kann enden, nicht jedoch der Fluß an Symbolen.

Wie bereits erwähnt, sind wir alle von einer unvorstellbaren Menge an Kultur umgeben. Im symbolischen Reich mag es irgendwo eine Kultur des Friedens geben, selbst wenn nur einige, sehr wenige oder niemand diese Kultur des Friedens soweit internalisiert haben/hat, um Konflikte friedlich handhaben zu können. Demnach sollten wir zwischen einer *potentiellen Friedenskultur*, die noch nicht in den Verstand und die Gedanken eingedrungen ist und sie geformt hat, und einer *tatsächlichen/gegenwärtigen Friedenskultur*, die umgesetzt wird, unterscheiden.

An dieser Stelle werden Pädagogen glücklich, denn wer sonst wird den Graben zwischen denen, die (noch) nicht auf friedliches Verhalten programmiert sind, und denen, die das bereits sind, überbrücken, die Kluft also zwischen dem Potentiellen und dem Aktuellen? Wenn wir davon ausgehen, daß eine Kultur zuerst empfangen werden muß, bevor sie internalisiert werden kann, stellt sich die Frage, ob diese Kultur vermittelt wurde, wobei der Vermittler der Pädagoge ist, oder sie »unvermittelt« ist, was schlicht bedeutet, daß sie direkt empfangen wurde. Ich bevorzuge z. B., eine Bach-Kantate in mich aufzunehmen, ohne daß mir irgend jemand erzählt, was geschieht und wie ich es aufzunehmen habe. Ich möchte, daß es geschieht. Ich geschehe. Ich = Es. Es ist Teil von mir und umgekehrt.

Das Problem besteht darin, daß vermittelte Kultur sich von der unvermittelten Version unterscheidet, da sie durch den Vermittler gegangen ist. Das ist es, was Schule so problematisch macht: Literatur, an der Schule »gelehrt«, ist etwas anderes, als sich unmittelbar einem Roman zu öffnen. Das direkte Lesen von Gandhi (oder Buddha oder der weichen, sanften Aspekte von Jesus Christus) wird immer einen anderen Eindruck hinterlassen als die zahllosen vermittelten Versionen.

Bedeutet dies, daß sich die Pädagogen besser fernhalten sollten? Bleibt zu Hause, geht zurück, wo immer ihr hergekommen seid, schreibt Texte, haltet Reden, bleibt unter euch und genießt die Zeit!

Nein. Pädagogen können hilfreich sein, wenn sie ein tieferes Verständnis der Texte[6] haben, die sie vermitteln, als die meisten anderen. Aber wenn Pädagogen Kultur nur übermitteln, dann könnte Bildung selbst zu einer weiteren Loslösung der Repräsentation von der Wirklichkeit, mit der sie nicht mehr im Einklang ist, beitragen – wie ein Schurke, der Ethik lehrt. Dies ist ein schwerwiegendes Argument gegen Friedenserziehung, die Friedenskultur ohne jede Praxis, einschließlich der Friedensaktionen der Pädagogen selbst, vermittelt.

2. Konfliktdreieck und Konflikttransformationsdreieck

Weiter oben im Text wurde »Konflikt« ausgewählt, um eine entscheidende Rolle im Verständnis von Frieden allgemein und von Kultur des Friedens im besonderen zu spielen. Deshalb sind einige Worte zu »Konflikt« notwendig.

Der hier verwendete Diskurs beginnt mit der einfachen Formel:

Konflikt = Annahmen/Einstellung + Verhalten + Widerspruch

Mit anderen Worten: das A-V-W-Dreieck[7], wobei V als einzig beobachtbarer Teil oben steht.

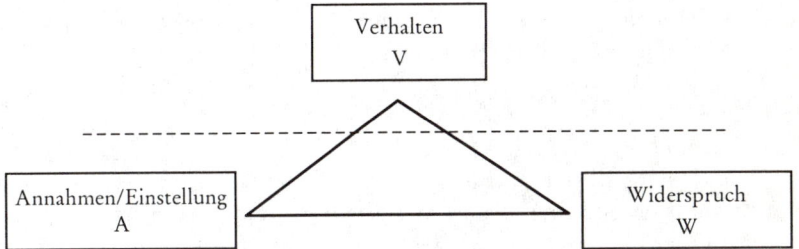

Auf A und W kann nur geschlossen werden, gewöhnlich aufgrund von gewaltsamen Interaktionen, physischen und/oder verbalen. Aus solchen Akten kann jedoch nicht automatisch geschlossen werden auf Haß oder einen spezifischen zugrundeliegenden Widerspruch bezüglich irgendeiner Anzahl von Zielen n (seien es Werte oder Interessen oder beides) von irgendeiner Anzahl von Konfliktparteien m. Negative Einstellungen und Widersprüche sind Hypothesen, die in der Praxis der Konfliktbeteiligung überprüft werden müssen. Die allgemeine Hypothese wäre, daß gewaltsa-

---

[6] »Text« wird hier in einem umfassenderen Sinne verstanden, der z.B. Musik einschließt.

[7] Im Original: A-B-C triangle (attitude/assumptions-behavior-contradiction); d. Ü.

mes Verhalten von ungelösten Widersprüchen und negativen Einstellungen erzeugt wird; die Frage ist, von welchen Widersprüchen und Einstellungen. Es kann viele Kandidaten geben, die überprüft werden müssen. Aber selbst die Verringerung der Gewalt garantiert nicht, daß der richtige Kandidat gefunden wurde. Es kann viele andere Erklärungsmöglichkeiten geben: Erschöpfung, wichtigere Konflikte sind aufgetaucht etc.

Entsprechend diesem Schema kann ein Konflikt in jeder Ecke beginnen und sich auf die anderen beiden ausweiten. Umgekehrt kann er auch von jeder Ecke aus transformiert, sogar gelöst/aufgelöst werden – obwohl der allgemeine Rat wäre, in allen drei Ecken gleichzeitig zu beginnen: das Verhalten abzuschwächen, die Einstellungen zu modifizieren, die Widersprüche aufzulösen. Die Frage ist, wie – und besonders: unter welchen Bedingungen – kann dies gewaltfrei und kreativ geschehen.

Betrachten wir folgende Formel, die vom Konfliktschema abgeleitet wurde:

Konflikttransformation: **Empathie** + **Gewaltlosigkeit** + **Kreativität**
für Annahmen/   für Verhalten   für Widersprüche
Einstellungen

Diese Formel kann angewendet werden von jedem von außen dazukommenden Friedensarbeiter und von jeder beteiligten Konfliktpartei, wenn sie den Konflikt transformieren wollen.

Erstens: *Empathie* mit allen Konfliktparteien – nicht in dem billigen Sinn, sich vorzustellen, »wie würde ich mich an deren Stelle fühlen«, sondern im Sinne von »wie fühlen die sich an ihrer Stelle«.

Zweitens: die Begrenzung auf *gewaltfreie Aktionen*, unter anderem um den Zirkel »Gewalt bringt neue Gewalt hervor« zu durchbrechen.

Drittens: *Kreativität*, um die Widersprüche zu überwinden.

Natürlich stellt sich die Frage: Wo sollen diese »Güter«, die so wertvoll wie selten sind, herkommen? Die Antwort lautet: aus einer Kultur des Friedens, als drei Schlüsselkomponenten einer solchen Kultur.

Ich möchte diese These zunächst indirekt, ex negativo, verteidigen: Was passiert, wenn eine Kultur in diesen drei Komponenten nicht nur schwach ausgeprägt ist, sondern ihnen sogar feindselig begegnet?

Selbstverständlich wird es ohne Empathie keine Erkenntnisse darüber geben, wie die anderen Konfliktparteien (immer im Plural, da die kulturelle Idee von nur zwei Konfliktparteien bereits gewalttätig ist) A, V und W erfahren. Dann wird Saddam Hussein nur zu einem Invasor Kuwaits (was er tatsächlich war), nicht jedoch zum Führer eines Volkes, das tiefe Traumata von seiten des Okzidents erlitten hat (1258, 1916, 1917, 1922, 1961 – um nur einige Daten zu nennen). Sein Verhalten wird nur als gewaltsam, sogar böswillig, autistisch, als Manifestation des Bösen wahrgenommen. Und das, was er für die Natur des Widerspruchs hält, wird reduziert auf »Propaganda«. Dieses Beispiel wurde nicht aus Sympathie für irgendeine Person oder irgendein Volk ausgewählt, sondern um zu zeigen, daß auch Länder mit »freier Presse«, »Rechtsstaatlichkeit« und Demokratie schnell Opfer eines oberflächlichen, irreführenden Konfliktverständnisses werden, wenn Empathie fehlt.

Wenn Gewaltlosigkeit in einer Kultur fehlt, dann hat sich erwiesen, daß Appelle an die Vernunft und Konfliktbeilegung durch direkten Dialog oder normale Mediation/Schiedsgerichtsbarkeit/Entscheidung durch Recht oder eine herrschaftliche Instanz[8], unzureichend sind, weil der Rückgriff auf Gewalt, »um das Problem ein für allemal zu lösen«, zu selbstverständlich erfolgt.

Und in einer Kultur, die mentale Trägheit gegenüber Kreativität in der Versöhnung unvereinbarer Ziele bevorzugt, wird auch leicht zur Gewalt gegriffen. Ließe sich die Konfliktlösung innerhalb des Mainstream-Denkens finden, dann wäre sie vermutlich bereits gefunden und umgesetzt worden. Wenn das nicht der Fall ist, wäre eine vernünftige Hypothese, daß es an ausreichender Kreativität mangelt, um über das Mainstream-Denken hinauszugehen.[9]

Es ist auch leicht zu erkennen, daß ein oder zwei dieser wertvollen »Güter« allein unzureichend sind. Empathie ist gut, muß aber in Aktion umgesetzt werden. Für Gandhi war es schön, die Briten zu verstehen, sie zu respektieren und ihnen sogar eine bessere Zukunft zu wünschen, aber es hätte kaum ausgereicht, um sowohl Indien wie England von der Geißel der strukturellen und kulturellen Gewalt zu befreien, die als Kolonialismus bekannt ist. Empathie mit Saddam Hussein bis zu dem Punkt, daß wir merken, daß es nicht notwendigerweise sein Hauptziel war, Kuwait gegen eine Koalition, die von den USA geführt wurde, zu halten, sondern darin bestand, sich gegen diese Koalition mit Mut aufzulehnen, um so seine Ehre und Würde zu vergrößern, hilft uns zu verstehen, warum er sich wie Bush zum Gewinner des Golfkrieges erklärt hat. Aber das mobilisiert nicht die Kolonnen gegen seine Verbrechen, wie z. B. ein Marsch von 100 000 unbe-

---

[8] Vgl. *Frieden mit friedlichen Mitteln,* Teil II, Kap. 1.

[9] Ein klassisches pädagogisches Beispiel lautet so: Du bist am Südpol, und dir wurde befohlen weiterzugehen, aber verboten, nach Norden zu gehen. Das Mainstream-Denken im Wissen, daß jeder Schritt Richtung Norden führt, würde zu einem Stillstand führen. Ein kreatives, nicht im Paradigma verbleibendes Denken könnte dagegen dazu führen, daß du hochspringst.

waffneten Zivilisten ins vom Irak besetzte Kuwait, der eine Besetzung bedeutungslos gemacht und auch einen Krieg verhindert hätte, der bisher fast
eine Million Menschenleben gekostet hat.[10]

Empathie und Gewaltlosigkeit zusammen, selbst unter Gandhis Führung, waren unzureichend, um kreative Lösungen für den Separatismus
der Moslems (Pakistan) zu finden. Die Geschichte bewegte sich nicht vorwärts. Die Fähigkeit Mutter Indiens, als gütige Gastgeberin einer unvorstellbaren Vielzahl von Religionen zu dienen, solange sie nicht grundsätzlich den hochkomplexen kulturellen Zusammenhang gefährden, der für
gewöhnlich als Hinduismus bezeichnet wird, reichte nicht aus. Die Öku-
mene brach zusammen, das europäische Nationalstaatsprinzip setzte sich
auf der einen Seite als Reinheit, *pak*, durch – mit ethnischen Säuberungen
auf beiden Seiten.

Kurz: diese drei kulturellen Elemente, internalisiert oder nicht, bilden
ein *Ganzes*, sogar mit sehr synergetischen Eigenheiten. Wird eins, wie z.B.
Gewaltlosigkeit, getilgt, endet man bei Sun Tzu oder der israelischen Armee: Der Einblick in sich selbst und den Feind ist brillant, aber Gewalt
besteht fort, nicht Friede.

Wenn Empathie, Gewaltlosigkeit und Kreativität internalisiert sind,
dann könnte das konkrete Verfahren für das, was zu tun ist, wie folgt aussehen:

1. Einen Dialog mit mindestens einer der Konfliktparteien herstellen, aber
   lieber mit dieser allein als mit den anderen zusammen. Versuchen zu
   verstehen, was das wesentliche Ziel ist, das hinter den gewaltsamen
   Akten und der Rhetorik steht.

2. Zusammen einen gewaltfreien Prozeß zur Erreichung dieses Ziels entwickeln.

3. Wenn die grundlegenden Ziele der Konfliktparteien unvereinbar sind,
   kann der externe Friedensarbeiter in den Dialog ein Niveau an Kreativität einbringen, das den Konfliktparteien, die durch kulturelle Gewalt zusätzlich zu dem durch direkte Gewalt produzierten Haß ge-
   blendet sind, nicht zur Verfügung steht.

4. Nur gut vorbereitete Konfliktparteien sollten »am Tisch« zusammenkommen.

5. Dann sollten 100, 1000 Friedensdialoge erblühen, damit nicht das Miß-
   verständnis vorherrscht, daß Frieden ein Dokument ist, das von den
   Führern unterschrieben wurde.[11]

---

[10] Einschließlich der Toten infolge der ökonomischen Sanktionen.

3. Über Empathie, Gewaltlosigkeit und Kreativität hinaus

Könnten Empathie, Gewaltlosigkeit und Kreativität als kulturelle Elemente und internalisierte Charakterzüge Teil von etwas Umfassenderem sein? Existiert eine kulturelle Kategorie hinter einem jeden? Eine mögliche Antwort wäre: ja, *Karma* für Empathie, *Umkehrbarkeit* für Gewaltlosigkeit, *Flexibilität* für Kreativität. Erforschen wir diese, indem wir mit Empathie beginnen.

Empathie heißt, den physischen oder verbalen gewaltsamen Akt aus der Sicht des Akteurs wahrzunehmen: als das Ergebnis einer Provokation, die ihn über die Schwelle hinaustreibt, die aufgrund innerer und äußerer Kontextbedingungen dieser Person bereits niedrig sein kann (eine Geschichte von Gewalt in der Familie, die Erziehung in einer gewaltsamen Kultur, die Identifizierung mit einer Nation, die schreckliche Traumata erlitten hat und den Provokateur zur Quelle der Traumata in Beziehung setzt). *Alles verstehen heißt alles verzeihen?* Nein. An einigen Stellen gab es eine Wahl. Alle Kräfte, die auf eine Person einwirken, mögen sich vereinen, um zu diesem Ergebnis zu kommen – bis auf eine Kraft: die Fähigkeit des menschlichen Geistes, sich über die anderen Kräfte erheben zu können. Aber der Geist braucht auch Nahrung. Der Name dieser Nahrung ist: Friedenskultur.

Wenden wir Empathie also in eine andere Richtung, nicht in Richtung auf ein oder zwei Andere, sondern dahin, das Andere im Anderen zu verstehen, nicht nur das Eigene im Anderen. Wenden wir uns mit Empathie dem menschlichen Leben allgemein zu und versuchen dabei, die Netzwerke zu ergründen, die zeitlichen Verknüpfungen, vorwärts, seitwärts, rückwärts als eine Totalität. Ich selbst und der Andere sind nur kleine Körner im endlosen Fluß des Lebens, aber ausgestattet mit der Fähigkeit zu steuern, verantwortlich zu sein, Verantwortung zu übernehmen.

»Wir sind alle eins in Jesus Christus«, sagte Paulus. Buddhisten sagen: voneinander abhängiges Entstehen, was bedeutet, daß alles alles beeinflußt. »Wir sind alle im gleichen Boot« ist kein schlechter Ausdruck für die gleiche Idee, mit dem zusätzlichen Aspekt, daß wenn das Boot leckt, ja selbst wenn es Löcher hat und das Wasser einströmt, das Hauptproblem nicht darin besteht herauszufinden, wer diese Löcher gebohrt hat, sondern darin, was zu tun ist. Tatsächlich können wir immer einige Knoten in diesem

---

11   Als personelle Erfahrung mit diesem Ansatz siehe den ersten Beitrag dieses Bandes.

Netz des Lebens identifizieren und Schuldzertifikate verteilen, sogar Strik-
ke um manche Hälse knüpfen, um jene zu hängen, die für die Schuldzu-
schreibung ausgewählt wurden (»Ich erkläre hiermit ... für schuldig des ...
Datum ... Unterschrift ...«). Wie immer wird die Hauptbotschaft nicht ausgesprochen: »Ich ... bin nicht schuldig.« Solche Zertifikate dienen dazu, das
Selbst zu glorifizieren, nicht nur dazu, den Anderen zu verdammen. Sie
ziehen feine, mächtige Linien aus Tinte und errichten Mauern aus Papier.

Ein Weg, dieses spezielle Syndrom zusammenzufassen, wäre, es als
»Dichotomie-Manichäismus-Armageddon« (DMA)-Syndrom zu bezeichnen: Es gibt klare Linien, die die menschliche Realität in zwei Teile teilen –
ein Teil, der Andere, ist das pure Böse, und der andere Teil, das Selbst, ist
das pure Gute. Ein endgültiger, entscheidender Kampf muß kommen. Besser, man ist vorbereitet. Ein Syndrom wie dieses kann am besten in Form
seiner Negation verstanden werden. Es gibt Linien, aber sie sind ver-
schwommen und verlaufen kreuz und quer und definieren mehr als zwei
Konfliktparteien. Keine der Konfliktparteien ist nur böse oder nur gut. Sie
sind alle *yin/yang*. Es gibt keinen endgültigen Kampf. Das erste Syndrom
ist Bestandteil kultureller Gewalt, das zweite Kennzeichen kulturellen
Friedens. Das erste führt zu klaren Fronten, zur Polarisierung, es mobilisiert für den Kampf, will den anderen mattsetzen – was man dann durch
eine Politik des Machtgleichgewichts zu verhindern sucht. Das zweite
führt zu einem inneren und äußeren Dialog mit dem Selbst und dem Anderen über Möglichkeiten, die Situation zu verbessern – oder zur Untätigkeit, verursacht durch Zweifel.

Eine Art, das zweite Syndrom zusammenzufassen, existiert seit Tau-
senden von Jahren in dem Konzept von *Karma*: ein gemeinsames Schicksal, das nicht vorherbestimmt ist, sondern jederzeit verbessert werden
kann. Der Zugang erfolgt über den inneren Dialog, der für gewöhnlich
Meditation genannt wird, und den äußeren Dialog zwischen allen Parteien
des Konflikts, der »Konfliktformation«. Nach einer Antwort zu suchen
auf die immerwährende Frage des ersten Syndroms: »Wer hat angefangen«
ist sinnlos, da Leben sowieso eine interaktive, voneinander wechselseitig
abhängige Schöpfung ist. Irgend jemand mag den ersten Schuß abgefeuert
haben, aber irgendein anderer hat etwas davor getan und so weiter, rückwärts und seitwärts, bis in unvordenkliche Zeiten und zur entferntesten
geographischen und sozialen Peripherie. Das Böse wird nicht geleugnet,
jedoch die Möglichkeit, es ordentlich an einem Platz zu verorten und den
Ersten Bösen Akt einem bestimmten Zeitpunkt zuzuordnen.

Wie steht es dann mit dem Fortschreiten in der Zeit? Wenn Zeit end-
lich ist, dann gibt es einen endgültigen Zustand, der erreicht wird, wenn
die Zeit endet (oder, präziser, wenn Veränderung endet). Doch wenn es

einen endgültigen Zustand gibt, dann ist dieser Zustand offensichtlich unumkehrbar, sonst wäre er nicht endgültig. Wenn er unumkehrbar ist, dann ist er offensichtlich, um es milde auszudrücken, in Stein oder Stahl eingraviert. Jede Bewegung weg vom endgültigen Zustand oder jeder Versuch in diese Richtung wäre wie ein Verbrechen gegen die Geschichte, die Zeit, die Natur. Der Schritt von dieser Idee hin zu dem Gebrauch von Gewalt, um den endgültigen Zustand zu erreichen oder ihn zu erhalten, ist kurz und ein Hauptbestandteil von Orwells Idee der unumkehrbaren Gesellschaft, veranschaulicht in diesem Jahrhundert durch die Gewalt des Nationalsozialismus (*Tausendjähriges Reich*), des weltweiten Kommunismus und des Kapitalismus (*Ende der Geschichte*).

Dem entgegengesetzt wäre die Idee der Umkehrbarkeit: *Tue nichts, was nicht ungeschehen gemacht werden kann.* Wenn nichts endgültig ist, sollte nicht so getan werden, als ob es endgültig wäre. Das kann jetzt so interpretiert werden, als führte es zu Fatalismus. Aber eine bessere Interpretation wäre: *Jede Lage kann verbessert werden, folglich mache sie nicht unumkehrbar.*[12]

Hier stecken einige wichtige, gleich aufzuführende Implikationen:

Die erste ist Gewaltlosigkeit. Gewalt ist so schrecklich unumkehrbar. Nur in Disney-Comics stehen plattgewalzte, durchlöcherte Wesen, jene Kreuzungen zwischen Menschen und Tieren, wieder von den Toten auf, indem ihr Schöpfer ihnen neues Leben gibt – als gäbe es eine neue Bibel; nicht aber im realen, empirischen Leben.[13]

Dies trifft auch, wenn auch im geringeren Umfang, auf nicht-tödliche Gewalt zu, weil sie per definitionem Traumata zurückläßt. Die Verben, die benutzt werden, um Gewalt auszudrücken, wie schädigen, verletzen, tragen in sich schon die Assoziation mit Wunden, somatischen und/oder psychischen, und jeder Arzt für Körper und/oder Seele weiß, daß Wunden schwer zu lokalisieren sind (ausgenommen oberflächliche) und dazu tendieren, sich überallhin auszubreiten. Schlimmer noch: Sie können nur schwer beseitigt werden. Körper und Verstand haben ein Gedächtnis,

---

[12] Dies sollte übrigens nicht mit einem Pareto-Optimum verwechselt werden, bei dem jede Veränderung niemandem schadet. Ein Pareto-Optimum ist offensichtlich vereinbar mit Veränderungen derart, daß einige still stehen und einige vorausgehen, wodurch sich die Distanz vergrößert, was häufig bedeutet, daß sich das Konfliktpotential vergrößert. Folglich eignet sich ein Pareto-Optimum nicht als Beispiel für etwas, das unumkehrbar gemacht werden sollte.

[13] Es ist kaum zu weit hergeholt anzunehmen, daß dies einer von vielen Gründen für die enorme Gewalt in den USA ist: es könnte sein, daß die Leute einfach glauben, daß das Leben umkehrbar ist – wenn die virtuelle Realität des Comic als realer als die empirische Realität empfunden wird.

wahrscheinlich besonders bei Traumata, selbst wenn ein starkes Selbst der Lage gewachsen sein kann und selbst schwere Traumata verarbeiten und beseitigen, d. h. nicht nur unterdrücken, kann. Der Schlüssel liegt vermutlich darin, ihnen Sinn zu geben, aus ihnen zu lernen, sie in eine Quelle der Bereicherung zu verwandeln (man denke an das die Zeiten überdauernde Problem der *Theodizee*[14]).

Dasselbe gilt auch für die Traumata der den direkt Getroffenen und Verletzten Nahestehenden, der hilflos Zurückgelassenen, der Freunde und Verwandten der Verwundeten (verkrüppelt an Körper und Geist): Ihre Trauer kann auch Elemente der Unumkehrbarkeit beinhalten.

Die zweite Implikation ist ökologisch: Tue der Natur nichts Unumkehrbares an, wie das Beseitigen einer Spezies; nimm von der Natur nur, was die Natur erneuern kann, so daß dein Nehmen umkehrbar wird. Eine einfachere Formulierung wäre: Dehne Gewaltlosigkeit als Theorie und Praxis auf den nicht-menschlichen Teil der Natur aus.

Es lohnt sich anzumerken, daß die Philosophie der Umkehrbarkeit abweicht von Kants Philosophie der Universalisierbarkeit.[15] Kant kann so interpretiert werden, daß das unserem Handeln zugrundeliegende Prinzip verallgemeinerbar, sogar universalisierbar für die ganze Welt (potentiell für das gesamte Universum) sein sollte, was bedeutet: Tue nur das, was andere (alle anderen) auch tun können. Wenn nicht jede Familie auf Erden einen Kühlschrank haben kann, da dann die Ozonschicht zerstört würde, dann habe auch selbst keinen. Wenn deine geistige Entwicklung die Möglichkeiten anderer zur gleichen Entwicklung nicht verringert, dann gibt es kein Problem, dann tue es.

Offensichtlich dient Kants Diktum gut dazu, in einer materiell endlichen Welt Verhalten zu regulieren und Aktivitäten auf das zu richten, was nicht oder weniger begrenzt ist: das Nicht-Materielle. Aber schließt es Gewalt aus? Oder ist es eher so, daß es fordert, »wende nur die Qualität und Quantität an Gewalt an, die du bereit wärst, universal zu erlauben«? Wie »Friedensschaffung«[16], defensive Gewalt, Gewalt gemäß den Augustinischen Regeln für Gerechte Kriege oder den islamischen Regeln für den

---

14 Gemeint ist die Antwort auf die Frage, wie das »Böse« in der Welt existieren kann, wenn Gott allmächtig, allgütig und allweise ist – kann er oder will er das Böse nicht beseitigen? D. Ü.

15 Wie vor etwa zweihundert Jahren in dessen praktischer Philosophie entwickelt, man sehe insbesondere dessen *Kritik der praktischen Vernunft* (1788) und *Grundlegung zur Metaphysik der Sitten* (1785).

16 Gemäß Kapitel VII der Charta der Vereinten Nationen: »Friedenserzwingung« (»peace enforcement«) – ein Ausdruck, der ein gutes Beispiel ist für einen Widerspruch in sich.

Heiligen Krieg (die vierte Stufe von *jihad*)? Dies ist in gewisser Weise genau die Welt, in der wir leben. Krieg wird legitimiert durch die Idee, daß »ich heute in den Krieg ziehe, aber unter den gleichen oder ähnlichen Bedingungen hätte ich dir auch das Recht zugebilligt, das zu tun.« Offensichtlich schließt es Krieg nicht aus, und Universalisierung kann sogar der Legitimierung dienen.

Zum Schluß noch die Suche nach einem übergreifenden Konzept von Kreativität. Oben im Text wurde *Flexibilität* als Indikator, als Straßenschild sozusagen, genannt. Die Idee ist die folgende:

Der Aktionsraum einer Person P, die zum Beispiel einen Ausweg aus einem Konflikt sucht, an einem bestimmten Ort O, zu einer bestimmten Zeit Z, kann im allgemeinen in drei Unterbereiche unterteilt werden: das konventionell Mögliche, das potentiell Mögliche und das Unmögliche – KM, PM und UM[17] abgekürzt. P durchsucht KM und findet nichts. Kreativität ist nicht ihre starke Seite – unter anderem weil sie in einer Kultur lebt, in der die Welt als unveränderlich, als ehernen Regeln der Natur und mit eiserner Faust durchgesetzten Regeln der Gesellschaft folgend betrachtet wird – und sie wird aufgeben, weil sie annimmt, daß PM leer ist und UM dort beginnt, wo KM endet. Es muß nicht erwähnt werden, daß wenn Gewalt in KM enthalten ist – und das ist sie für gewöhnlich, denn die meisten Menschen in der Welt haben davon gehört und mittlerweile etwas darüber gelernt, wie unschuldig sie auch zu anderen Zeitpunkten in der Geschichte gewesen sein mögen –, KM sehr begrenzt und PM nicht existent ist, dann kommt es zu einem frühen Zeitpunkt zu Gewalt. Die Frage ist: Was liegt dieser Art von Einstellungen zugrunde?

Eine kulturell eingebettete Annahme wurde oben im Text angedeutet: der Glaube an eherne Gesetze, die der Natur wie der Gesellschaft. Es ist kein Zufall, daß wir dasselbe Wort (law, Gesetz, lov, loi, legge, ley, etc.) für die Gesetze der Gesellschaft und die der Natur verwenden. Der Ursprung dieser Gleichheit in der Doppelung ist leicht zu erkennen: Gott schrieb nicht nur die Gesetze für die Menschen vor, sondern auch die für die Natur. Die Natur zu studieren bedeutete folglich, Gott zu studieren. Heute, nach der Aufklärung, sehen wir die ersteren als (von Gesetzgebern) gegebene und die letzteren als (von Wissenschaftlern) gefunden an.

Das Ergebnis ist jedoch in allen drei Fällen das gleiche: Ob Gesetze von Gott oder den Nachfolgern der Theologen, den Juristen und den Wissenschaftlern, gegeben werden, die Aktionsräume bleiben begrenzt. Es gibt Zwänge: die Naturgesetze, die Gesetze der Gesellschaft. Wenn Menschen

---

[17] Im Original: CP (conventionally possible), PP (potentially possible) und IM (impossible); d. Ü.

glauben, daß diese Zwänge unbeweglich, unveränderlich (oder unumkehrbar – mit Bezug auf den vorhergehenden Punkt) sind, dann sind sie es folglich auch (das Znaniecki-Thomas-Theorem).

Die Negation hiervon wäre eine weniger gottgegebene Natur, deren Gesetze nicht ein für allemal festgeschrieben sind, und weniger unveränderliche Gesetze der Gesellschaft. Um mit letzteren zu beginnen: Eine interessante Charakteristik des angelsächsischen Gewohnheitsrechts, im Gegensatz zum romanischen Recht, ist, daß dessen Gesetze selbst auch getestet werden, weil sie auch eine Funktion der Vorhersage haben. Wenn Menschen massenhaft ein Gesetz brechen, welche Bedeutung hat es dann noch als Gesetz? Es ist weder ein Gesetz der Sozialwissenschaften in dem Sinne, daß es benutzt werden kann, um normales, durchschnittliches Verhalten vorauszusagen, noch in dem Sinne, daß es befolgt oder zumindest nicht gebrochen wird. Was übrig bleibt, ist eine leere Formulierung, eine Art Grabinschrift über einem toten Gesetz. Ein neues Gesetz muß geboren werden.

Innerhalb eines solchen Typs von Kultur ist ziviler Ungehorsam sinnvoll. Massenhafter ziviler Ungehorsam fügt der Abnahme an Vorhersehbarkeit eine moralische Dimension hinzu, was darauf schließen läßt, wie ein neues Gesetz aussehen könnte. Daß dies Politik ist, steht außer Zweifel. Es gibt nichts so Politisches wie einen Konflikt, jede Art von Konflikt[18], und wenige Ideen, die so revolutionär sind wie »Frieden«. Ziviler Ungehorsam ist auch möglich mit nur einer Person, die sagt: »*ich kann nicht anders*«[19], aber diese Person sollte in allen möglichen Hinsichten stark sein. Gandhi kombinierte hinduistische *ahimsa* mit angelsächsischem Gewohnheitsrecht.

Doch wie steht es mit den Naturgesetzen, können sie auch transzendiert werden? Ein Blick auf die Geschichte der Naturwissenschaften *und ihrer Anwendung* wird uns unmittelbar darüber informieren, daß die Antwort »ja« ist: wir tun es die ganze Zeit. Eine typische Herangehensweise ist es, nicht die Gesetze zu ändern, sondern neue Variablen einzuführen, so daß das, was als unmöglich angesehen wurde, plötzlich möglich wird, was bedeutet, daß es die ganze Zeit potentiell möglich war.

---

[18] Aus diesem Grund sind Slogans wie »die Politik des täglichen Lebens« und »die Politik des inneren Lebens« sehr sinnvoll und sollten nicht als Reduktionismus angesehen werden. Und Friedenskultur ist hier so wichtig wie überall, wo ein Konflikt identifiziert werden kann.

[19] Luther; es gelang ihm irgendwie, obwohl er eher innerhalb einer romanischen als einer angelsächsischen Tradition gearbeitet hat.

Ein gutes Beispiel ist die Erfindung des Flugzeugs. Das Gegenargument war, daß es unmöglich sei, andernfalls hätte man es längst. Abgesehen davon: Warum hätten wir das Gesetz der Schwerkraft überhaupt, wenn nicht genau dazu zu erkennen, daß schwere Sachen unten und leichte Sachen oben sind? Flugzeuge sind schwer – die Schlußfolgerung ist offensichtlich. Innerhalb des Diskurses dieses einzelnen Gesetzes: ja, aber wenn der Auftrieb, der von zwei Flügeln erzeugt wird, die auf der Unterseite flach und auf der Oberseite gebogen sind und die von einer sogar recht schwachen Maschine durch die Luft gezogen werden, dem Gesetz der Schwerkraft hinzugefügt wird, dann hebt das Ding ab.

Wie steht es mit den Gesetzen der Sozialwissenschaft? Sie sind natürlich eher Gummi- denn eherne Gesetze, aber trotzdem, vielleicht weil Menschen an sie glauben, sind sie etwas, das als Barriere zwischen KM und PM dient und PM wie UM erscheinen läßt. Die Herangehensweise ist genau gleich: Eine dritte Variable wird in die Beziehung zweier Variablen eingeführt, die besagt, daß man industrielle Entwicklung nicht ohne die Zerstörung der Großfamilie haben kann, weil die Arbeiter in die Stadt ziehen müssen und nicht alle 30 Mitglieder ihrer Großfamilie mitnehmen können. Die Lösung: die Industrie in die Dörfer bringen, in Form von Zulieferbetrieben, und ein erstklassiges Transport- und Kommunikationssystem einrichten, wie in Japan und der Schweiz.[20]

4. Wo finden wir Karma, Umkehrbarkeit und Flexibilität?

Nicht viel Wissen über Kultur und Makro-Kultur (Zivilisation) ist nötig, um zu erkennen, daß eine offensichtliche Antwort auf diese Frage der *Buddhismus* ist. Die *Karma*-Idee ist zentral, nicht in dem häufig (im Westen) mißverstandenen Sinne der Vorherbestimmung, sondern im Sinne von »was immer du sagst, was immer du tust, fällt früher oder später auf dich zurück«. Wenn du etwas Schlechtes sagst/tust, verschlechtert sich dein *Karma*; wenn du etwas Gutes sagst/tust, verbessert sich dein *Karma*. Das Konzept ist holistisch, es bezieht alles, was du sagst und tust, mit ein (einschließlich der »unausgesprochenen Rede«, der Erkenntnisse/Gedanken und der »subkutanen Handlungen«, der Emotionen/Willensstrebungen). Vor allem gibt es das Konzept des individuellen *Karmas*, aber auch des kollektiven *Karmas*, statt des »*du tatest mir/ich tat dir Unrecht*« das

---

[20] Weiteres zu diesem Thema findet sich in Johan Galtung: »Science as Invariance-finding and Invariance breaking«, in: Ders.: *Methodology and Ideology*, Kopenhagen 1977, Kap. 3.

holistischere und auf Beziehungen gerichtete »*wir taten uns Unrecht*«, was bedeutet, daß *du und ich gemeinsam ein schlechtes Karma teilen.* Was verändert werden muß, ist unsere Beziehung, und dadurch auch Du und ich. Der Ausdruck »Schuld« plaziert das, was Unrecht ist, auf einen *Karma*-Punkt, auf einen Akteur, anstatt es dem Karma als ganzem zuzusprechen.[21] Die Therapie ergibt sich aus dem, was gesagt worden ist: Erforderlich ist nicht, daß der Schuldige sich an einer Geständnis-Entschuldigung-Reue-Katharsis-Sequenz beteiligt, sondern ein Prozeß, der sich zwischen innerem und äußerem Dialog hin- und herbewegt, um herauszufinden, was falsch gelaufen ist und was getan werden kann.

Doch orientalische und okzidentale Ansätze können und sollten kombiniert werden. Es kann das Argument angeführt werden, daß, wenn der schuldig/unschuldig-Ansatz zu schwarzweiß ist, der *Karma*-Ansatz zu sehr halbe-halbe ist. Es gibt Umstände, in denen, selbst wenn der kausale Zusammenhang sehr komplex und zyklisch statt linear ist, einige verantwortlicher (besser als: schuldiger) sind als andere.

Interessanterweise gehören zur Erkenntnislehre des Buddhismus auch die beiden Säulen der Umkehrbarkeit und der Flexibilität, die hier als wesentlich angesehen werden.[22] Im buddhistischen Denken hat Zeit, die unbegrenzt ist, weder ein Ende noch irgendeinen Anfang, was bedeutet, daß es wenig oder keinen Raum für Spekulationen über den Ursprungszustand oder den Endzustand gibt. Daraus folgt jedoch nicht Umkehrbarkeit: Es könnte zum Beispiel Raum für unbegrenzten Fortschritt oder unbegrenzten Rückschritt geben. Es gibt solche Elemente im Buddhismus, in dem das *Nirwana* unumkehrbar ist. Auf der anderen Seite würden wir für alle Menschen mit einer Zeitperspektive von einer solchen Dauer arbeiten, daß »für alle praktischen Zwecke« solche Endzustände nur wenige Schatten auf die Gegenwart werfen. Die Qualität der vielen *Karmas* pendelt – selbst wenn auf lange Sicht ein Happy end folgt. Es gibt moralische Grundsätze, wie den *Edlen achtteiligen Pfad*, das *Panch Shila* und das *Panch Dharma*, aber die Erkenntnislehre öffnet sich einem nie endendem Kreationsprozeß, für den eine mögliche Erklärung ist, daß die Aufgabe darin besteht, jene äußeren Umstände zu identifizieren, die das innere Wachstum begünstigen.

Das öffnet das Füllhorn möglicher Zukünfte für jede P(erson) in R(aum) und Z(eit). Kein Gott (oder Nachfolger) kann für immer vor-

---

21 *Frieden mit friedlichen Mitteln,* Teil II, Konflikttheorie, Kap. 2.

22 Für eine Untersuchung der buddhistischen im Vergleich zur christlichen Erkenntnislehre siehe Johan Galtung: *Methodology and Development,* Kopenhagen 1988, Kap. 1.1; oder: *Buddhism: A Quest for Unity and Peace,* Colombo 1993, Kap. 5.

schreiben, was die Gesetze der Natur oder der Gesellschaft sein sollen. Ein Grund dafür ist, daß es keinen Gott gibt. Buddhisten sind jedoch in der Praxis stärker interessiert an den Gesetzen des inneren menschlichen Wesens als an Gesellschafts- oder Naturgesetzen. Hindus und Chinesen dringen stärker in das soziale Reich ein, der Westen konzentriert sich mehr auf die äußere Natur. Folglich haben Buddhisten und Hindus ihr Bewußtsein verändert wie der Westen die äußere Natur. Und Frieden, sagen sie, entspringt den Köpfen der Menschen, so daß Umkehrbarkeit und Flexibilität in den Köpfen von Bedeutung sind.

Die UNESCO wurde häufig scharf für die »Köpfe der Menschen« kritisiert, und das kann als Verbindung zum nächsten Punkt dienen. Aus der Sicht der *sciences de l'homme*[23] wäre es naiv, die Suche nach den kulturellen *Paxogenen*[24] auf die Religionen allein zu beschränken. Natürlich können Paxogene, Elemente von Friedenskultur, in allen Religionen gefunden werden – eher in ihren weichen als in ihren harten Artikulationen. Aber Kultur sollte nicht verwechselt werden mit den Kulturprodukten/-objekten (darunter religiöse Texte und Symbole), sondern sollte betrachtet werden als die (symbolischen) Maßstäbe, die diese Produkte erzeugen, wie die Maßstäbe für das Wahre, das Gute, das Richtige, das Schöne, das Heilige. Jede menschliche Gruppe entwickelt solche Maßstäbe, vielleicht nicht alle fünf Typen, aber zumindest die ersten drei. So macht es alles, was menschliches Antlitz trägt und durch die Kriterien definiert ist, die uns als Menschen ausweisen, die uns zuweilen aber auch so sehr voneinander unterscheiden lassen, daß man geradezu von Bruchlinien reden kann. Hier eine kurze Liste: *Geschlecht, Generation, Rasse, Klasse, Nation, Territorium (Land).*

Meine eigene Erfahrung nach beinahe 50 Jahren als Friedensaktivist wäre, daß die Träger des Friedens eher unter den Frauen als unter den Männern gefunden werden – bei Frauen in jedem Alter, bei Männern eher unter den jungen und den alten (im mittleren Alter ist es eher zweifelhaft); Rasse spielt keine Rolle; eher in der Mittelklasse als in der Ober- und Unterklasse; sicherlich nicht in Nationen mit einem Erwähltsein-Mythos-Trauma-Komplex (chosenness-myth-trauma complex, CMT) oder unter jenen, die glauben, sie hätten die einzig gültige Wahrheit für die gesamte Welt gefunden; und bezüglich des Territoriums eher unter den kleineren Ländern als unter den größeren, bis hinunter zu den kleinen und nicht ausreichend genutzten territorialen Einheiten, die als Gemeinden bekannt

---

23 Der Wissenschaften vom Menschen; d. Ü.
24 Gene des Friedens; d. Ü.

sind; und zuletzt unter nicht-territorialen Einheiten wie NROs und Zivil-gesellschaft.

Betrachten wir dies als Hypothesen und versuchen wir, die zugrunde-liegenden Friedenskulturen zu identifizieren, die diese Ergebnisse erklären könnten, selbst wenn wir dies in einer negativen Weise tun müssen in dem Sinne, daß wir eher die Abwesenheit von Bellogenen[25] als die Anwesenheit von Paxogenen auf der Ebene der Tiefenkultur postulieren.

Geschlecht: In Patriarchaten könnten eher Männer, die um Positionen konkurrieren, Nullsummenspiel-Ansichten von Konflikten entwickeln als Frauen, die auf einer unablässigen Suche nach Wegen sind, die Ziele der Familienmitglieder zu harmonisieren. Es kommt zu einem »ich oder du«, nicht zu einem »wir«. In diesem Kampf gibt es wenig oder keinen Raum, um Schwäche zuzugeben, auch nicht sich selbst gegenüber. Wenn es Un-vollkommenheit gibt, wird die Tendenz sein, sie auf den anderen zu proji-zieren und ihm Schuld zuzuschreiben, anstatt von einer gemeinsamen Ver-antwortung auszugehen. Umkehrbarkeit irgendeiner Entscheidung kommt dem Zugeständnis gleich, daß diese Entscheidung falsch gewesen sein könnte, was eine schwierige Position für das Geschlecht ist, das sich näher an der Allwissenheit/Allmacht sieht. Im Bewußtsein ihrer eigenen latenten Aggressivität könnten Männer eher als Frauen rigide Hierarchien von Ide-en/Thesen (kulturelle Gewalt, wie im deduktiv aufgebauten Recht) und Positionen (strukturelle Gewalt, wie sie in militärisch-bürokratischen Hierarchien vorzufinden ist) konstruieren und sich darin einfügen. Die Schlußfolgerung ist: Es gibt keine Garantie dafür, daß Frauen die Träge-rinnen von Friedenskulturen sind, aber es gibt die Hypothese, daß Männer in Patriarchaten es nicht sind.

Generationen: Da viel von dem, was oben im Text gesagt wurde, mit gesellschaftlichen Positionen außerhalb der Familien und mit der Rolle des Familienoberhauptes zusammenhängt, sollte es weniger auf junge Männer zutreffen, die zwar auf dem Weg nach oben, aber immer noch untergeord-nete Familienmitglieder sind, noch auf alte Männer, die auf dem Weg nach unten sind – in Familie und Gesellschaft. Beispiel: Friedensbotschaften von pensionierten ranghohen Offizieren und Verteidigungsministern.

Rasse: Es gibt keinen Grund, eine Andersverteilung der Paxogene und Bellogene anzunehmen, solange Geschlecht, Generation, Klasse und Na-tion konstant gehalten werden.

Klasse: Der Hauptpunkt, der hier angesprochen werden muß, ist, daß Klasse, wie wir sie kennen, wesentlich innerhalb einer »Gesellschaft« defi-niert ist, die bisher praktisch eine Kombination von Nation und Staat be-

---

[25] Gene des Krieges; d. Ü.

deutet. Eine Person erhält Elitenstatus von einer Nation/einem Staat zum Beispiel durch Geburt oder Bildung, und dieser wird nicht automatisch in der ganzen Welt anerkannt (noch nicht einmal im Falle von Mitgliedern von Königshäusern). Hochgeachtet zu Hause, ein Niemand im Ausland. Das Gegenteil trifft auf die eher individuell als gesellschaftlich konstruierte Person zu (»der Prophet gilt nichts im eigenen Land«). Folglich wären Eliten besonders geneigt, zur gegenseitigen Stärkung eine führende Rolle in Konflikten zwischen Staaten und Nationen zu spielen. Und es wird ihnen leicht fallen, die Loyalität der Segmente der Gesellschaft zu beherrschen, die am empfänglichsten sind für die Verlockungen des Zuckerbrotes (weil sie z. B. hungern oder zumindest arbeitslos sind) und der Drohung mit der Peitsche (da sie wenig Macht haben).

Das Ergebnis ist eine nationale Allianz der Elite und der Arbeiterklasse und eine stillschweigende Allianz zwischen den Eliten, die Arbeiter zu opfern.[26]

Dies trifft so nicht, oder weniger, auf die Mittelklasse zu. Im Gegensatz zu den anderen beiden hat die *Bourgeoisie* in der ganzen Welt einen sehr ähnlichen Lebensstil: vierköpfige Familie, Vierzimmer-Wohnung, vier Räder am Auto (das 4–4–4-Syndrom). Ihre Angehörigen bilden die Massengrundlage der Bürgerbewegungen und sind zumindest potentiell eher kosmopolitisch als nationalistisch eingestellt.[27] Sie können immer noch für den Krieg mobilisiert werden, aber sie werden versuchen, die Einberufung zu vermeiden und statt dessen friedensschaffende Rollen anstreben.

Nation: Per definitionem sind Nationen Träger von Kultur, da Nationen dadurch definiert werden. Ich würde es jedoch vorziehen, die Definition einer Nation und ihrer Kultur auf etwas Ursprünglicherem als Sprache und Religion, nämlich auf Raum und Zeit aufzubauen und ganz besonders um die Kairos-Punkte herum, die Ruhm und Trauma, weltlich und/oder heilig definieren. Um die Punkte im Raum zu schützen, scheinen aneinander grenzende Territorien der rationale Ansatz zu sein sowie, um die immer wiederkehrenden Punkte in der Zeit zu schützen, das Gedächtnis, die Kontinuität dieses Territoriums in der Zeit. Kurz: das *Land*, mit der Organisation eines Staates in der Mitte, sogar als Nationalstaat. Auf

---

[26] Ein Punkt, der häufig in Zusammenhang mit dem Ersten Weltkrieg vorgebracht wird, ist: Die Generäle, die die Arbeiterklasse aus den Schützengräben losschickten, um sich gegenseitig umzubringen, operierten über erhebliche Klassenschranken hinweg. Am Ende (1918) revoltierten die Soldaten. In Frankreich wurde diese Revolte von Marschall Pétain niedergeschlagen.

[27] Das ist einer der Gründe, warum sie mit soviel Verachtung überhäuft wurden, bis zu den 70ern, als die Sowjetunion die potentielle Nützlichkeit dieser Bürgerbewegungen für den Frieden entdeckte.

der Mikroebene spielen Höfe, Güter, Schlösser der Familie die gleiche Rolle.

Territorium: Das Wesentliche wurde bereits gesagt: Das Territorium ist die Heimstätte der Nation. Ein Hauptproblem ist dann, ob Territorien und Nationen sich gegenseitig ausschließen. Grenzen ziehen, Herrscher zum Herrschen einsetzen, läßt Territorien als sich gegenseitig ausschließend erscheinen, obwohl ein Kondominium[28] bezüglich der Verwaltung und eine doppelte Staatsbürgerschaft immer noch möglich wären. Und dasselbe trifft auch auf die Nation zu: Menschen sind dafür bekannt, daß sie mehr als eine Sprache sprechen, einige haben sogar mehr als eine Religion, und in multi-nationalen Gesellschaften (wie Hawai'i) können Menschen poly-nationale Stile entwickeln (wie polyglotte Menschen), da sie mit mehr als einer Nation vertraut sind und ihre Freude und Trauer gleichmäßiger auf die Kairos-Punkte verteilen. Eine Voraussetzung dafür scheint zu sein, daß keine einzelne Nation das Territorium dominiert, statistisch oder sonstwie.

Und hier ziehen wir es vor zu schließen. Das Thema ist endlos. Genauso wie die Suche danach, die Paxogene zu stärken und die Bellogene zu befrieden.

---

[28] Die Herrschaft mehrerer Staaten über dasselbe Gebiet; d. Ü.

Religionen, hart und sanft:
wie die sanfteren Aspekte zu stärken sind

Der Beitrag von Religionen zur Kultur des Friedens

1. Über das Friedenspotential von Religionen

Es gibt viele Möglichkeiten, der religiösen Landschaft eine Struktur zu geben. Nur eins ist sicher: Ob man eine Taxonomie verwendet oder die geographische Verteilung der Gläubigen kartographiert, das Bild wird im Verhältnis zur Reichhaltigkeit des Gegenstandes sehr unvollständig sein. Und trotzdem muß es getan werden; wie sonst könnten wir das Friedenspotential von Religionen diskutieren? Zudem bringt es immer etwas, mehr Karten und Taxonomien zu liefern aufgrund der Annahme, daß zwei Karten, die die religiöse Landschaft aus verschiedenen Blickwinkeln betrachten, mehr als doppelt so gut sind wie eine Karte – wie stereophone Aufnahmen oder Zweisprachigkeit.

Der Versuch weiter unten im Text ist unerträglich oberflächlich, aber hoffentlich trotzdem brauchbar. Nur die Hauptreligionen werden einbezogen und in drei Hauptklassen eingeteilt: okzidentale Religionen, die von »Dem Buch«, dem Alten Testament[1], inspiriert sind; Hindu-Religionen, die Hinduismus genannt werden gemäß der Tradition, viele religiöse Ansätze unter einer Rubrik zusammenzufassen; und die orientalischen Religionen, die durch die Lehren Buddhas inspiriert sind.

Einige der Grundannahmen der zwei Extreme religiöser Erfahrung, des Protestantismus und des Mahayana-Buddhismus, finden sich oben in der folgenden Abbildung, einige der Unterabteilungen sind in der Mitte, einige weltliche Herleitungen wiederum darunter, und am unteren Ende werden einige Hinweise auf die geographische Verteilung gegeben.

Von dieser Abbildung kann nur eins gelernt werden: daß es extreme Unterschiede in der religiösen Erfahrung gibt *und* daß es eine geographische Logik für diese Unterschiede gibt.

---

[1] Dieser Ausdruck setzt ein Neues Testament voraus. Es gibt ausreichende Überschneidungen zwischen der jüdischen Thora, dem christlichen Alten Testament und dem islamischen Koran, um von den *Kitab*-(Buch-)Religionen sprechen zu können.

Abbildung 1: Eine Weltkarte der Religionen

(1) persönlicher Gott / kein Gott (1)
(2) singularistisch / pluralistisch (2)
(3) universalistisch / partikularistisch (3)
(4) persönliche Seele / keine Seele (4)
(5) ewiges Leben / Nirwana (5)

OKZIDENTALE RELIGIONEN
Kitab – das Buch (AT)

HINDUISMUS
Dschainismus
Sikhismus

ORIENTALISCHE RELIGIONEN
Lehren Buddhas

Buddhismus

Judentum   **Christentum**   **Islam**

protestantisch   katholisch   orthodox   *Sunna   Schia*

rein   **Mischformen**

Norden   *Süden*   *Osten*   *Chinesisch*   *Japanisch*

tantrischer   Hinajana   Mahajana   Taoismus   Schintoismus
Lamaismus   Theravada   Konfuzianismus Konfuzianismus
                                        Buddhismus (m) Buddhismus (m)

(Gandhismus)   (Maoismus)   (Japanismus)

Säkular: (Liberalismus) (Marxismus) (Anarchismus)
(Sozialdemokratie)

Israel   Nordamerika   Südamerika   Rußland   Indien   Arabische Welt   Tibet   Sri Lanka   Vietnam   China   Japan
(USA)   Nordwest-   Südwest-   Südosteuropa   Türkei   Mongolei   Burma   Korea   Taiwan
         europa   europa   Pakistan   Thailand   China   Hongkong
                       Polen   Iran   Malaysia   Japan   Singapur
                       Ungarn   Afghanistan   Kambodscha
                       Philippinen   Zentralasiatische   Laos
                                                               Ex-Sowjetrepubliken
                                                               Bangladesch
                                                               Malaysia
                                                               Indonesien

208

Es variiert eher mit dem Längengrad als mit dem Breitengrad. Wenn wir uns nach Osten bewegen, stirbt Gott zwischen Hinduismus und Buddhismus. Davor, zwischen Islam und Hinduismus, ist bereits Satan umgekommen. Der Glaube lockert sich: statt eines *okzidentalen »Entweder-Oder«*, dieser oder jener Glaube, gibt es ein *orientalisches »Sowohl-Als auch«*, dieser Glaube und der andere.[2] Und der/die Glauben, ob man sie nun gewählt hat oder in sie hineingeboren wurde, werden nicht länger als universal gültig betrachtet: Gültigkeit für mich/uns bedeutet nicht Gültigkeit für alle. Die individuelle Seele verliert allmählich an Gewicht: von dem Knoten des individuellen Besitzes in diesem Leben über den gemeinsamen Besitz mit anderen in einer Reihe von Reinkarnationen zur vagen Auflösung des Ego in ein Netz mit anderen, die Gesamtsumme aller Beziehungen zu anderen Lebewesen, in Vergangenheit, Gegenwart und Zukunft.[3] Die Lebensziele verändern sich dramatisch: von ewiger Fortsetzung der individuellen Existenz, neben Gott, zur Transzendenz einer höheren Existenz ohne individuelle und permanente Identität, dem *Nirwana*.

Die Spannbreite könnte kaum verschiedenartiger sein. Doch was bedeutet das für den Frieden? Wir spüren ein Problem: die okzidentale (aber nicht jüdische) Kombination von *Singularismus* – ein wahrer Glaube – mit *Universalismus* – gültig für die ganze Welt. Missionierung ist die Folge. Ob mit der Spitze des Schwertes oder nicht, es führt leicht zu Übereifer, Bloßstellung und Empfindlichkeiten, die im Namen der »Verteidigung des reinen Glaubens« sehr gewalttätig werden können.

Gehen wir nun systematischer vor, indem wir das Friedenspotential der Religionen daraufhin untersuchen, ob sie dazu neigen, Gewalt zu billigen oder abzulehnen, wobei die Unterscheidung in *direkte Gewalt* (beabsichtigt durch Akteure) und *strukturelle Gewalt* (in die soziale Struktur eingebaut) verwendet wird. Entsprechend dem Ausmaß, in dem sie Gewalt billigen oder legitimieren, werden dann Aspekte der Religionen zu *kultureller Gewalt*.[4]

---

[2] Siehe Thomas Ohm: *Asia Looks at Western Christianity*, Edinburgh 1959. Die Haupteinwände und -fragen gegen bzw. an das westliche Christentum sind: zu viele Lehren, zu definitiv, kann es bewiesen werden? Sind christliche Lehren christlich? Zu rational, nicht genug Gefühl, zu viele Worte.

[3] Ich bin Raimundo Panikkar zu Dank verpflichtet für die Knoten-Netz-Metapher. Vielleicht sollte darauf hingewiesen werden, daß Fischen (das Einfangen von Realität?) besser geht mit Netzen ohne Knoten als mit Knoten ohne Netze.

[4] Johan Galtung: *Frieden mit friedlichen Mitteln*, Opladen 1998.

Um mit *direkter Gewalt* zu beginnen: Es scheint zwei Faktoren zu geben, die anfällig machen könnten für aggressive Gewalt, wenn sie in den zentralen Kern des religiösen Glaubenssystems eingebaut sind.

Erstens die Idee, ein *Auserwähltes Volk* zu sein, die den Gläubigen ein sehr hohes Maß an Selbstgerechtigkeit einflößen kann, die wiederum zu Vorstellungen eines Heiligen Krieges oder zumindest eines Gerechten Krieges führen kann. Aber dieses Auserwähltheitsbewußtsein, wenn es in Handeln umgesetzt wird, wird nicht notwendigerweise die Form direkter Gewalt annehmen. Es könnte auch die Form eines Rückzugs aus der Welt annehmen, einfach weil das Auserwählte Volk zu gut für diese Welt und der Rest der Welt zu barbarisch ist, um wert zu sein, attackiert, infiltriert und/oder dominiert zu werden. Und wie stünde es mit einer Neuinterpretation als Auserwähltsein für den Frieden – mit friedlichen Mitteln? Stellen wir uns die geballte Kraft von 1,25 Milliarden Christen und einer Milliarde Muslime vor, die ihre besondere Beziehung zum Allmächtigen in dieser Weise interpretieren!

Die beiden eindeutig Auserwählten Völker, die aus dem, was gesagt wurde, auftauchen, sind die Juden und die Japaner – mit Übertragungseffekten des Judentums auf das Christentum und den Islam. Die Chinesen scheinen einen allgemeinen Überlegenheitskomplex gegenüber allen anderen – den verschiedenen Formen der Barbaren – zu hegen.[5] Aber sie sind nicht *universal* aggressiv, wie der Okzident mit seinen universalisierenden Religionen und weltlichen Manifestationen: Christentum und Islam, Marxismus und Liberalismus. Die Chinesen gehören eher zu der Rückzugssorte, die eher zu defensiven als zu offensiven politischen und militärischen Strategien in dem Teil der Welt neigt, den die Chinesen für ihren historischen Zuständigkeitsbereich zu halten scheinen – umgeben vom Meer, den Bergen, der Wüste und der Tundra. Die Grenzen sind undeutlich, aber wir sprechen von einer Region, nicht der Welt.

Auserwählt für den Frieden sind nur die Buddhisten[6] und einige kleinere Gruppen und Einzelpersonen in der ganzen Welt. Das ist das Problem: daß die Auserwählten für den Heiligen Krieg, den Gerechten Krieg und den Rückzug zahlreicher sind.

Die zweite Dimension wäre ein *aggressiver Missionarismus*, der bereits erwähnt wurde. Es ist ein Unterschied, ob man das Recht hat, den Glauben

---

[5] Traditionell werden sie nach dem Kompaß als Nord-, Ost-, Süd- und Westbarbaren definiert.

[6] Für eine Untersuchung des Zusammenhangs zwischen buddhistischen Gedanken und Frieden siehe: Johan Galtung: *Buddhism: A Quest for Unity and Peace*, Colombo 1993, besonders Kap. 1: »Buddhism and World Peace«, S. 1–23.

unter Anderen zu verbreiten, oder ob man den göttlichen Befehl hat, dies zu tun – sogar durch den geschickten Einsatz von Zuckerbrot und Peitsche. Die okzidentalen Religionen Christentum und Islam fallen eindeutig unter diese Kategorie, das Judentum weniger.[7] Der missionarische Befehl ist die logische Folge des Singularismus *cum*[8] Universalismus, wie es bei Matthäus (28, 18–20)[9] und sehr direkt bei Markus (16, 15) ausgedrückt wird.

Der Monotheismus dieser Religionen impft den Anhängern einen vertikalen Archetyp ein, die Pyramide, deren Spitze auf den entfernten Gott deutet. Der Archetyp kann dann leicht als Modell einer zentralisierten, sogar imperialistischen Weltpolitik[10] auf die Welt projiziert werden.

Dieses Dogma wird durch den Archetyp eines einzigen Gottes verhärtet, der durch die christliche Dreifaltigkeit, sogar Vierfaltigkeit – mit Maria, der Mutter, die Gott, dem Vater, Jesus Christus, dem Sohn und dem Heiligen Geist hinzugefügt wird – sanfter gemacht wird, um erneut verhärtet zu werden durch die Doktrin der »Einigen Dreifaltigkeit«. Aber hier kommen Qualitätsüberlegungen zu der Quantität der Gottheiten an der Spitze der Pyramide hinzu. In dieser göttlichen Viererfamilie strömt Gott durch den Heiligen Geist, der wiederum Maria spirituell befruchtet, die wiederum Jesus zur Welt bringt, der wiederum als Gottes Sohn Christus ist, selbst beeinflußt durch den Heiligen Geist. Die einzige offene Bezie-

---

[7] Ein schlichter Grund wäre, daß im jüdischen Fall dem Auserwählten Volk auch ein Gelobtes Land gegeben wurde. Dieses Land, das in seiner Größe begrenzt ist, bietet nur einer begrenzten Zahl von Gläubigen Platz.

[8] Mit; d. Ü.

[9] Stellen wir uns vor, es gäbe den 21. Vers: »Und vergiß nicht, auch von allen Völkern zu lernen, lasse ihre Worte zu dir sprechen, wie deine Worte zu ihnen, denn letztendlich sind wir alle ein Volk.«

[10] Die zentralisierte Organisation des katholischen Christentums ist natürlich eine solche Projektion, und auch das Römische Reich war eine. Wer lernte mehr von wem? Eine interessante Hypothese wäre, daß der Archetyp zu größerer Zentralisation inspirierte, als das System umsetzen konnte – wie die Periode zwischen dem Konzil von Nizäa 325 n. Chr. und der Teilung des Römischen Reiches in zwei universalisierende Teile 395 n. Chr., die von zwei universalisierenden Versionen des Christentums angeleitet wurden, zeigte. Das dritte Christentum, die »Protestantismen«, hat sich seit jeher gegen Zentralisierung gerichtet (deshalb der Plural) und zahllose autonome Sekten hervorgebracht, ganz anders als der Katholizismus. Eine Konsequenz ist sichtbar in der gegenwärtigen europäischen Politik: Innerhalb der protestantischen Staaten gibt es mehr Widerstand gegen eine föderativ zentralisierte Europäische Union als in den katholischen Mitgliedsstaaten. Da sie weniger durch den Archetyp einer einzigen Pyramide beeinflußt sind, tun protestantische Länder genau das: sie protestieren.

hung ist die zwischen Gottvater und Mutter Maria, und was wäre natürlicher, als daß Mutter Maria sich zugunsten der Enkelkinder verwendet, der Kinder von Jesus, die auf Abwege geraten sind? *Ora pro nobis.*[11]

Dadurch, daß er Maria verbannte (wie auch die Unterschiede in der Rollenbesetzung von Kirchengemälden in katholischen und protestantischen Kirchen beweisen, wobei orthodoxe Kirchen eher katholischen ähneln), behielt Luther Gott als *causa sui*, als Grund seiner selbst, und eliminierte den Fluchtweg *außerhalb des Dienstweges* an allen anderen vorbei, der von einer Frau genutzt wurde. Das Ergebnis war eine Verhärtung aufgrund der Defeminisierung der göttlichen Landschaft, der *Entmarianisierung*. Doch der grundlegende Polytheismus des Christentums blieb erhalten, anders als im Judentum und Islam.

Strukturelle Gewalt erscheint in zwei Varianten: vertikal (ökonomische Ausbeutung und politische Repression) und horizontal (Entfremdung, Distanz). Alle Religionen predigen Nähe zum Allmächtigen und zu den anderen Gläubigen, aber man findet viel von der vertikalen Variante, was auf ihre ökonomischen und politischen Doktrinen zurückzuführen ist.

Am unteren Ende befindet sich der Hinduismus mit seinem religiös gebilligten Kastensystem. Buddhismus und verwandte Glaubenssysteme treten deutlicher gegen strukturelle Gewalt auf, aufgrund des kollektiven ethischen Budgets, das eine Konsequenz der *Anatta*-Doktrin[12] ist. Und arabische Sklaverei war nicht im gleichen Maße religiös legitimiert wie christliche Sklaverei. Doch der arabische Kolonialismus expandierte nach dem Propheten schnell. So wurde Nordindien 1192 erobert (das Delhi-Sultanat), besonders jene Teile, in denen der Buddhismus stark war (Bihar, Bengalen).

Aber wie steht es mit dem Christentum und seinem Vorgänger, dem Judentum? In beiden gibt es Elemente des Imperialismus.

Im Judentum mag es sich herleiten von den zwei Bünden mit Jahwe und deren Teilmanifestation in Israel I (König David und seine Nachfolger) und in Israel II (David Ben Gurion und seine Nachfolger).

Im Christentum, in der modernen Periode, errichteten katholische Könige ihre Reiche und die protestantischen folgten sehr schnell. Das Christentum war die Staatsreligion von Staaten wie dem Römischen Reich nach 313 n. Chr. Kolonialismus, mit einem ungeheuerlichen Maß an Ausbeutung und Repression, wurde als Erleichterung der missionarischen Aktivitäten unter den »Heiden« gerechtfertigt. Befreiung vom Kolonialismus konnte in dem Maße gewährt werden, in dem über die Zugehörigkeit zum

---

[11] Bitte für uns; d. Ü.

[12] Der Lehre, daß es keine ewige, unveränderliche Seele gibt.

Christentum berichtet wurde (Zypern? Uganda?). Sonst gab es Kampf, in Form direkter Gewalt gegen die strukturelle Gewalt und die direkte Gegengewalt des imperialistischen Kolonialismus (Algerien, Vietnam), der vom Christentum legitimiert wurde, oder in Form von Gewaltlosigkeit (Indien und Gandhi).

Der protestantische Kolonialismus kam später, so daß auch sein kolonialer Niedergang und Zerfall sich verzögerten (mit Ausnahme der etwas langsamen Portugiesen). In beiden Christenheiten finden wir die religiöse Legitimation dafür, Menschenbesitzer zu sein (Kolonialist), nicht nur Sklavenbesitzer oder Landbesitzer – zusätzlich zu den Greueln der Inquisition (katholisch) und der Hexenprozesse (katholisch/protestantisch). Manche behaupten, die protestantische Sklaverei sei schlimmer gewesen.[13]

Nichts in dieser Größenordnung oder auch nur annähernd Vergleichbares wurde im Namen Buddhas oder des Buddhismus getan. Der Buddhismus war wohl nicht stark genug, es anzuhalten, aber man kann den Buddhismus, anders als andere Religionen, nicht als etwas ansehen, das direkte oder strukturelle Gewalt legitimiert, also mit anderen Worten: nicht als Träger von kultureller Gewalt.

Wenn wir nun all das zusammenfassen, kommen wir zu einer weiteren Karte, erneut grob vereinfacht, die auf das Ausmaß abstellt, mit dem die beiden Formen der Gewalt abgelehnt werden:

Abbildung 2: Religion als Faktor im Gewaltsystem

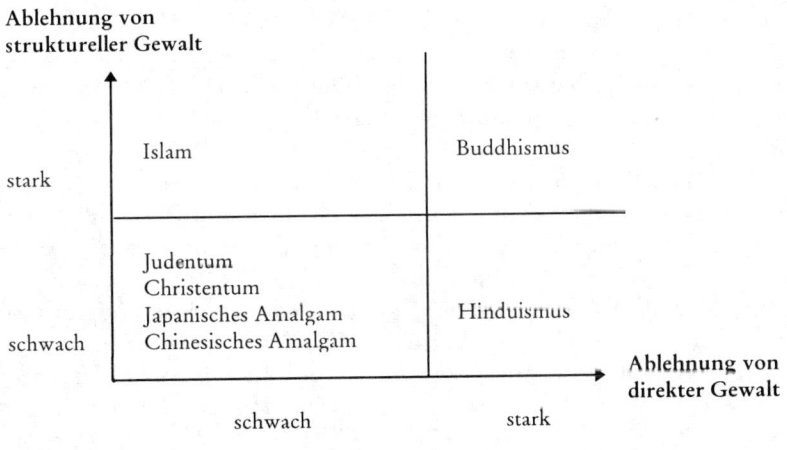

**Ablehnung von
struktureller Gewalt**

stark — Islam / Buddhismus

schwach — Judentum / Christentum / Japanisches Amalgam / Chinesisches Amalgam / Hinduismus

schwach — stark

**Ablehnung von
direkter Gewalt**

---

13 Diese Behauptung wurde berühmt durch Frank Tannenbaums Buch *Slave and Citizen*.

Eine eigene Klasse bildet der Buddhismus mit seiner im Prinzip klaren Ablehnung beider Formen der Gewalt – das, was uns hier interessiert. Gewaltlosigkeit (*ahimsa*) und Besitzlosigkeit sind tief eingebettet in die Doktrinen, wobei letzterer Aspekt davor warnt, zuviel zu besitzen, und auch davor, etwas zu besitzen, das nicht freiwillig angeboten bzw. gegeben wurde.

Hinduismus teilt mit dem Buddhismus die Doktrin von *ahimsa*, doch vielleicht weniger ausgeprägt, und akzeptiert im Kastensystem eine Hauptform struktureller Gewalt. Das Kastenwesen wird vom Islam abgelehnt, aber der Islam akzeptiert in der Doktrin eines Gerechten Krieges, als der höchsten Stufe von *jihad* (was als Anstrengung für den Glauben, nicht als heiliger Krieg übersetzt werden muß),[14] die Anwendung von Gewalt zur Verteidigung des Glaubens.

Alle anderen sind in beiden Dimensionen schwach, indem sie Gewalt dulden oder keine klaren und ausdrücklichen Doktrinen gegen sie haben. Und es kann argumentiert werden, daß allgemeine Erklärungen zugunsten von Frieden nicht ausreichen. Es muß sich erweisen, wo man steht und was man in bezug auf Gewalt tatsächlich tut.

2. Über das Friedenspotential innerhalb der Religionen

Zweifellos werden die Leser, wie auch der Autor, sich Gedanken gemacht haben und denken »ja, aber …« und eine Menge Gegenbeispiele aus der konkreten Praxis vorbringen, vielleicht auch aus den Doktrinen. Selbst wenn das allgemeine Bild historisch korrekt wäre, die okzidentalen Religionen und, im geringeren Ausmaß, die chinesischen und japanischen Amalgame als expansionistischer als der Hinduismus und der Buddhismus zu klassifizieren, werden die internen Variationen gewiß enorm sein, besonders wenn Sekten toleriert oder sogar ermutigt werden.

Im zweiten Versuch wollen wir nun die Variationen religiöser Erfahrung als ein kreisförmiges Feld vorstellen, das in Sektoren geteilt ist, ein Sektor für jeden religiösen Diskurs: Judentum, Christentum etc. Es kann eine unendliche Zahl von Untereinteilungen dieser Sektoren geben: die Anzahl der Sektoren ist unbegrenzt, offen. Religionen teilen und vereinigen sich, und neue Religionen entstehen. Die Anzahl ist bedeutungslos, denn das Bild, das hier entwickelt wird, ist unabhängig von spezifischen religiösen Diskursen und ihrer Anzahl. Die Anzahl der Möglichkeiten,

---

14 Für eine exzellente Diskussion dieses Themas siehe Carsten Colpe: *Der »Heilige Krieg«*, Bodenheim 1994, besonders die Unterscheidung zwischen gerechtem und heiligem Krieg, S. 69ff.

360° zu unterteilen, wird immer unbegrenzt sein. Jene, die sich für Zahlen interessieren, können die Grade proportional zu der Zahl der Anhänger eines spezifischen (Unter-, Unterunter-)Glaubens ziehen. Und es könnte bemerkenswert sein, daß, wenn man Abbildung 1 faltet, das Judentum und das japanische Amalgam zu Nachbarn werden, die Auserwählte Völker-Religionen *par excellence*.

Von Bedeutung ist die religiöse Temperatur der religiösen Landschaft, wie sie auf diese Weise wahrgenommen wird. Stellen wir uns das Zentrum als die maximale Intensität von *re-ligio* vor, der mystischen Vereinigung, mit allem Leben, allen Menschen, mit dem Allmächtigen – unabhängig vom religiösen Diskurs, jenseits jeder Sprache und Kultur und Tradition, nur Ein-heit, die Einheit, die das *mysterium tremendum et fascinans*[15] ist.

In dieser Einheit wird nicht nur Gewalt, sondern sogar Widerspruch bedeutungslos, unmöglich, der Gegensatz zu der Idee der Einheit.

Stellen wir uns vor, daß alle Sektoren von diesem Zentrum der religiösen Landschaft in alle Richtungen ausströmen. Stellen wir uns weiterhin zwei konzentrische Kreise um das Zentrum vor: einer näher zum Zentrum, der andere weiter weg und damit weiter entfernt von dem *mysterium*, wobei die religiöse Temperatur fällt, wenn wir uns vom Zentrum intensiver Vereinigung mit dem Transpersonalen, wie auch immer es in den religiösen Idiomen, die die Menschheit kennt, ausgedrückt wird, entfernen.

Im inneren Kreis befindet sich das, was ich »sanfte« Religion nenne. Das Empfinden von Vereinigung ist immer noch vorhanden, aber als tägliches Leben, nicht als mystische Erfahrung. Religion ist warm, mitfühlend und erreicht horizontal jeden, jedes Leben, die ganze Welt, ohne Wenn und Aber, Einschränkungen und Ausnahmen. Jeder Mensch, jedes Ding ist Bruder und Schwester, wie bei dem heiligen Franziskus. Die Linien, die die religiösen Sektoren abgrenzen, beinhalten keine Konnotation von nah oder fern, gut oder böse; sie werden kaum bemerkt, außer als praktische Etiketten. Wie Menschen, die unterschiedliche Sprachen sprechen, aber die gleiche Botschaft teilen. Geographie ist uninteressant, das Bewußtsein der Menschen bewegt sich jenseits solcher Belanglosigkeiten, erreicht die Menschheit und das Leben überall, seitwärts, rückwärts und vorwärts in der Zeit. Es ist wahr, es kostet wenig Mühe, die Menschheit zu lieben und ihre Nähe zu spüren, selbst wenn sie in Wirklichkeit sehr weit entfernt ist. Aktive Gewaltlosigkeit, Friedens*aktion*, kommt nicht automatisch. Doch es kostet noch weniger Mühe, die Menschen zu hassen, selbst wenn sie in Wirklichkeit sehr nahe sind, indem man schlichten, primitiven Gefühlen

---

15 Das erschreckende und faszinierende Mysterium; d. Ü.

nachgibt, dem Empfinden der eigenen Auserwähltheit: meine Religion ist die richtige, deine einfach die falsche, die Welt wäre besser ohne dich.

Außerhalb des inneren Kreises ist die harte Religion, was bedeutet, die harten Aspekte *jeder* Religion und nicht: daß einige Religionen nur weich und sanft wären und andere nur hart und grob. Natürlich gibt es keine trennscharfe Grenze zwischen den sanften und harten Aspekten einer Religion. Doch wenn wir uns von der Hitze des Epizentrums entfernen, jener Hitze, die verhärtete Seelen schmelzen läßt, dann verändert sich die religiöse Landschaft dramatisch.

Die Abgrenzungslinien zwischen Glauben und Unter-Glauben werden deutlicher, trennschärfer, starrer. Und wenn wir uns noch weiter von Zentrum weg bewegen, fällt die Temperatur dramatisch. Herzen werden eisig, Liebe kann nicht mehr durchbrechen; alle Menschen sehen, was sie von anderen trennt und nicht, was sie mit ihnen, mit allen anderen vereint. Exklusivität ist durch axiomatische, wasserdichte Dogmen in ihr Bewußtsein eingebaut und durch vertikale religiöse Organisation in ihr Verhalten.[16] Dogmen und die Organisation von Tempeln, Synagogen, Kirchen und Moscheen entfalten ihr eigenes Leben, weit entfernt von der Schlüsselbotschaft der Vereinigung, des Sich-vereinigens, von *ligare,* und genährt von den kalten, den gefrorenen Herzen. Widersprüche sind in Bewußtsein und Verhalten der Gläubigen eingebaut. Haß, Gewalt und Krieg keimen leicht, wo die Liebe gestorben ist.

Wenn wir uns noch weiter nach außen bewegen, kommen wir an die Grenze der Menschheit, den Rand. Was befindet sich auf der anderen Seite des äußeren Kreises? Das Königreich der Tiere? Wie können wir wagen anzudeuten, daß Tiere auf der anderen Seite sind, indem wir von dem Bösen, das im Namen der harten Religion praktiziert wird, extrapolieren! Oder Atheismus, Ideologie, Humanismus? Nein, wir würden das eher als

---

[16] Für eine Erforschung der Beziehung zwischen der Strukturierung der Gedanken und den Organisationsstrukturen, die diese Gedanken produzieren und reproduzieren, siehe Johan Galtung: »Social Structure and Science Structure«, in: *Methodology and Ideology,* Kopenhagen 1977, Kap. 1, S. 13–40. Ohne dieses wichtige Thema weiter zu verfolgen, kann gesagt werden, daß dieses Streben nach vertikalen sozialen und kulturellen Strukturen – vielleicht um eigene Aggressivität zu zähmen – eindeutig ein eher männliches als ein weibliches Charakteristikum ist, was bereits darauf hindeutet, wieviel besser Frauen die Aufgabe übernehmen könnten, die religiöse(n) Botschaft(en) sanfter zu machen – und es weist auch darauf hin, warum sie von religiösen stärker als von den meisten anderen Organisationen unterjocht wurden (wie schon durch den Kampf, die Position eines Priesters zu erlangen, bewiesen wird).

ein anderes Idiom sehen, mit intensiver Vereinigungssolidarität in seinem Zentrum, dann Einschluß, dann Ausschluß.

Ein Bild. Kehren wir nun zur analytischen Methode zurück und stellen die Schlüsselfrage: Welche Charakteristika von Religionen korrelieren mit dieser Distanz zum Kern, mit dieser Dichotomie von sanft und hart, vereinigt und getrennt, einschließend und ausschließend? Ich führe hier einige Hypothesen auf, die sich hauptsächlich auf den Inhalt des religiösen Diskurses beziehen: die Natur Gottes, die Existenz Satans, das Pantheon, die Natur der Realität – und die Beziehung zu anderen Religionen und zum Staat.

HART	SANFT
1. Gott ist transzendent, oben	1. Gott ist immanent, innen
2. Gott hat ein Volk auserwählt	2. Menschen haben Götter auserwählt
3. es gibt einen Satan, unten	3. es gibt keinen Satan
4. Satan hat Menschen auserwählt	4. Menschen haben Satane auserwählt
5. Monotheismus – einheitlich	5. Polytheismus – dreifaltig, vierfaltig
6. Dualismus	6. Monismus
7. Universalismus/Singularismus	7. Partikularismus/Pluralismus
8. der Staat hat eine auserwählte Religion	8. die Religion hat keinen auserwählten Staat

Alle diese Dimensionen sind problematisch, aber das Gesamtbild mag trotzdem dem Sanft-Hart-Schema eine konkrete Bedeutung geben.

So befindet sich ein transzendenter Gott außerhalb menschlicher Wesen, zum Beispiel als »Vater im Himmel«, und wird zur Metapher für eine vertikale Distanz trotz der Versicherungen seiner Liebe für uns alle. Wenn er zudem noch wählerisch ist und einige Völker anderen vorzieht (»alle Menschen sind Seine Kinder, aber einige mehr als andere«), dann gibt es nicht nur Getrenntheit, sondern auch Rangfolge, eine Hierarchie, wie:

- Menschen über dem Rest der Natur (Speziesismus)
- Männer über Frauen (Sexismus)
- Erwachsene gegen Kinder (Alterismus)
- Weiße gegen Nicht-Weiße (Rassismus)
- obere Klassen gegen untere Klassen (Klassismus)
- eigene Nation gegen andere Nationen (Nationalismus)
- eigenes Land gegen andere Länder (Patriotismus).

Harte Religion wird Schwierigkeiten haben, in bezug auf diese sieben Verwerfungslinien der menschlichen Bedingungen neutral zu bleiben. Dem könnte hinzugefügt werden, daß harte Religion dazu tendiert, an Götter zu glauben, die jene Individuen auswählen, die an sie glauben, die wahren Gläubigen. Ein fairer Handel: ich/wir wählen dich, du wählst mich/uns.

Dies ist auch ein Grund, warum Monotheismus problematisch wird. Monotheismus verbietet den Wahlakt, da es nur Einen gibt; die Wahl wird getroffen, indem dieser besondere Glaube gewählt (oder nicht abgelehnt) wird. Wenn göttliche Reziprozität gefordert ist, könnte es die Form annehmen, Gott implizit zu bitten, jene auszuwählen, die von der gleichen Art sind, zumindest als Kandidaten wert sind, höher auf der Stufenleiter plaziert zu werden: Männer über Frauen etc. Nicht nur »mich«, den Wahren Gläubigen, sondern uns. Satan wird die Anderen auswählen.

Aber sprechen nicht alle Religionen auch sanft, über Liebe, Mitgefühl etc.? Hier betritt der Dualismus die Bühne, als epistemologische und moralische Lösung. Realität ist dualistisch. Es gibt eine ideale Welt, vielleicht nur im Himmelreich, wo alle diese Regeln stimmen und sinnvoll sind. Doch es gibt auch die reale Welt, die, in der wir wohnen, die Welt des *homo homini lupus*[17] und des »*Krieges aller gegen alle*« – wie sehr wir auch diese Sachlage bedauern mögen. In der Welt mögen härtere Herangehensweisen notwendig sein, wenn auch nur, um Gottes eigenes Volk zu schützen. Natürlich wird sich alles ändern, wenn seine Lehren am Ende der Welt kommen und die Wahre Religion nicht weiter bedroht ist, weil Seine Leute entschlossen das Kommando führen. Doch diese Zeit ist noch nicht gekommen, deshalb gibt es die sanfte Religion für die transzendente Existenz nahe dem transzendenten Gott und die harte Religion für die rauhen Realitäten dieser Welt.

Eine Entsprechung hierzu findet sich in konventionellen Ingroup- und Outgroup-Trennlinien: sanft nach innen, hart nach außen; Idealismus nach innen und harter Realismus nach außen, »Gewalt ist die einzige Sprache, die er versteht«, die Doktrin harter Internationaler Politik.

Sanfte Logik ist das Gegenteil des hier Dargestellten, aber wir werden sehen, daß die Indikatoren mehr *yin/yang* und weniger aristotelisch/cartesianisch sind. Die Indikatoren sind selbst eher sanft als hart, die Kreise sind porös, osmotisch, nicht gepanzert. Immanenz plaziert Gott oder das Heilige, Ottos *mysterium*, in uns selbst, und konstituiert einen *homo res sacra hominibus*[18]. Gott ist vielleicht nicht länger ein Subjekt, sondern eher eine Substanz, die uns emporhebt. Aber genau wie eine Person Gott näher oder

---

17 Der Mensch ist für den Menschen ein Wolf; d. Ü.

18 Der Mensch ist für den Menschen eine heilige Sache; d. Ü.

ferner sein mag, kann er/sie, theoretisch, auch mehr oder weniger dieses Etwas-von-Gott in sich haben. Ein Gott, der hoch genug ist, im Himmel, würde wie ein TV-Satellit auf einen Großteil der Erde ausstrahlen. Götter, die weniger weit entfernt sind, haben nicht diese Reichweite. Sie sind lokaler, einheimischer und wohnen nur in dem Stamm, dem Clan, der Ingroup. Als Gott der Ingroup kann die Gott-Substanz gleichmäßig verteilt sein. Aber Immanenz wird partikularistisch: nichts der Outgroup, alles der Ingroup.

Nur ein transzendenter Gott kann alle Menschen als Seine Kinder definieren, zumindest potentiell; beide, Vater-im-Himmel und Mutter-Erde, können das tun. Ein immanenter Gott kann auf alle Weisen gegenwärtig sein, auf die der Heilige Franziskus ihn gesehen zu haben scheint, indem er Menschen direkt miteinander verband, nicht indirekt über die göttliche Vater- oder Mutterschaft. Aber hieraus entsteht auch das Problem: Ohne transzendente Allmacht, auf die man sich stützen kann, auf der Grundlage nur der menschlichen Fähigkeit, sich als Brüder und Schwestern vorzustellen, kann Immanenz schnell an eine Grenze kommen.

Und dann zeigt der Universalismus seine starke Seite: Ihr seid alle meine Kinder, ob ihr es wollt oder nicht. Es gibt keine Ausnahmen, wir sind alle in der großen Familie des universalen Gottes.

Aber was geschieht, wenn diese Familie der harten Logik buchstabengetreu, mit Auserwähltem Volk, Monotheismus und Dualismus, folgt? Wie eine Weltregierung, die sich als diktatorisch entpuppt und von einer kleinen Gruppe (wie der G7 heute?) geführt wird. Es ist besser, weiter den Weg der sanften Logik einzuschlagen!

Angenommen, die Probleme, die der Immanenz inhärent sind, erstreckten sich nur auf die Ingroup, dann könnten die anderen Aspekte sanfter Religion ein größeres Friedenspotential besitzen. Wenn Menschen ihre eigenen Götter wählen, wie es – wie wir argumentiert haben – im Orient der Fall ist, nimmt religiöser Pluralismus nicht nur die Form von Verschiedenheit der Menschen an, sondern auch von Eklektizismus innerhalb einzelner Menschen. Sie können etwas wählen, auch etwas von der Outgroup, was bedeutet, daß die Verbindung hergestellt wird – wie ein buddhistischer Japaner, der auch ein Christ ist. Dies wird vom Singularismus verboten, außer wenn dieser Singularismus universalistisch ist, mit einer universalen Kirche, möglicherweise auch einer Weltregierung.

Polytheismus, mehrere Götter in einer Religion, bietet einen anderen Typ von Flexibilität, was nicht verwechselt werden sollte mit Pluralismus, dem Glauben an mehr als eine Religion. Innerhalb der Liste der Sanft-Hart-Indikatoren verdient die Besonderheit des Christentums, die *familia sagrada*[19], ob als drei (der Vater, der Sohn, der Heilige Geist) oder als vier (mit der Mutter Maria), besondere Beachtung.

Wenn es mehrere Götter gibt, können einige härter, andere sanfter sein; wie Gott und Maria im katholischen Christentum oder Thor und Baldur in der alten nordischen Religion. Im Polytheismus sind Heilige Kriege weniger wahrscheinlich. Die Götter kämpfen untereinander, es gibt keinen einzelnen Gott, der einem Krieg Heiligkeit verleihen kann. Aber es gibt auch keinen einzelnen Gott für den Heiligen Frieden, außer auf der anderen Seite, dem Leben nach dem Tod – der Logik des Dualismus zufolge. Hier erweist sich die Stärke des Monismus, der die Anhänger zwingt herauszufinden, wie eine Friedenslogik in dieser Welt praktiziert werden könnte, ohne daß der einfache Ausweg *der zwei Regimenter* gegeben ist.

Zusammengefaßt: Bedeutet dies, daß wir nur die Wahl haben zwischen einem strengen, wählerischen, strafenden transzendenten Gott-als-Vater-im-Himmel, der zudem universal Anerkennung beansprucht und ungeteilten Glauben verlangt, aber viele Chancen für Frieden in dieser Welt erkennt, und einem sanften Gott- (ja Götter-) als-Substanz, der uns alle durchdringt, aber nur jeweils eine besondere Gruppe? Nein, es hängt alles davon ab, was wir in unserer Erfahrung von und mit Gott betonen. Es liegt an uns zu schaffen, zu konstruieren. Religion ist nicht ein für allemal geoffenbart worden.

Was bisher gesagt wurde, trifft auch auf Ideologien zu. Es gibt harten und sanften Liberalismus (Transnationale Konzerne versus konkurrenzfähige dörfliche Märkte), harten und sanften Marxismus (Gosplan versus kleine Kooperativen), harte und sanfte Demokratie (die Diktatur von 51% in der Massengesellschaft versus kleine Gruppen im Dialog, bis sich Konsens einstellt) etc. Aber es gibt keinen harten und sanften Nationalsozialismus, weil dieser auf dem Haß gegen bestimmte Völker aufbaut. Ebenso gibt es keinen harten und sanften Buddhismus, da Buddhismus auf der Liebe zu allem Leben aufbaut.

Was wäre im inneren Kreis im Falle des Nationalsozialismus und im äußeren Kreis beim Buddhismus? Vielleicht ritualisierte Versionen von beiden. Aber die Bezeichnung wäre schwacher Nazismus und schwacher Buddhismus, da Nazismus nicht sanft und Buddhismus nicht hart sein kann.

Unsere Aufgabe ist klar: Ideologien hervorzuheben, sogar zu schaffen, die sanft, vereinigend, friedlich, weltumfassend und pluralistisch sind. Wie ist das möglich, wenn überhaupt?

---

[19] Heilige Familie; d. Ü.

3. Wie die sanfteren Aspekte zu stärken sind

Die Antwort kann in zwei Teile geteilt werden: Organisation und Inhalt, Soziologie und Theologie.

Der soziologische Aspekt ist relativ offensichtlich: Kooperation zwischen jenen, die sich selbst mit den sanften, nicht-trennenden Aspekten von Religion identifizieren und die härteren Aspekte verkleinern und herabsetzen. Sie können in allen Religionen gefunden werden. Da per definitionem die Einheit in oder durch Gott die Grundlage ihrer Orientierung ist, ist das Idiom, der konkrete religiöse Diskurs, weniger wichtig oder sollte zumindest nicht auf theologische Kontroversen hin überprüft werden. Was wichtig ist, ist das, was wir alle gemeinsam haben. Gemeinsam suchen und die sanfteren Aspekte verteidigen ist religiöse Praxis, die die Gedanken in Aktion kleidet.

Aber das trifft auch auf die harten Religiösen zu, wenn sie nicht gemeinsam suchen. Sie praktizieren auch das, woran sie glauben: daß Glaubensbekenntnisse in Widerspruch zueinander stehen und unversöhnlich sind. Es kann nur deinen oder meinen Glauben geben – und besser ist, es gibt nur meinen.

Doch das verschafft den sanfteren Varianten einen großen Vorteil. Um eine Metapher, die nicht zu wörtlich genommen werden sollte, zu verwenden: als würden die Beschäftigten sich immer miteinander verbünden, wohingegen die Arbeitgeber sich gegenseitig aufgrund ihrer Konkurrenz haßten und es vorzögen, sich nicht zu treffen (in Wirklichkeit ist das Gegenteil wohl häufiger der Fall). Ein Buddhist, ein Sufi, ein Quäker, ein Baha'i können sehr unterschiedlich aussehen und sprechen, aber ihre Botschaften sind ähnlich. Betrachten wir dagegen die religiösen Führer im ehemaligen Jugoslawien. Sie sind vermutlich weiter voneinander entfernt als die meisten ihrer Anhänger. Aber sie sind sehr stark, weil sie oft die Staatsideologie produzieren und reproduzieren. Die Betonung liegt dabei mit Sicherheit auf dem, was trennt, nicht auf dem, was vereint, wodurch die Spaltung noch vertieft wird.

Der zentrale theologische Dialog zwischen hart und sanft muß innerhalb jeder Religion geführt werden. Aber warum sollte ein sanfter Buddhist nicht einen harten Christen zur Rede stellen? Sind wir nicht alle Teil einer Menschheit, die verzweifelt nach Alternativen zu Krieg und Gewalt, Imperialismus und Armut, ökologischer Verschlechterung und sozialer Desorganisation sucht? Und vielleicht werden die harten, sogar die härtesten Gläubigen eher anderen Religionen zuhören als ihren sanften Gegentrends? Weil sie sich einfacher mit Heiden als mit Dissidenten verständigen können?

Aber das Hauptthema des theologischen Dialogs ist relativ klar: Wie können religiöse Botschaften so verstanden werden, daß sie für den Frieden maximal produktiv sind? Können verhärtete Religiöse überzeugt werden, daß das »Paket« Transzendenz-Auserwähltheit-Monotheismus-Dualismus im Verein mit Universalismus-Singularismus niemals für den Frieden produktiv sein wird, außer unter Bedingungen wie etwa denen einer universalen Kirche bzw. Weltregierung, die selbst (oder der Weg zu ihnen) nicht produktiv für den Frieden sein werden? Und was passiert, wenn er (es ist für gewöhnlich ein Er) vielleicht antwortet: Mag sein, aber die eigenen Worte sind so hart...

Natürlich können beide getrennte Wege gehen, was bedeutet, daß es wahrscheinlich größere Unterschiede zwischen dem Harten und dem Sanften in einer Religion geben wird als zwischen den Religionen. Das ist nicht notwendigerweise eine Tragödie. Möglicherweise werden harte, stark trennende Kirchen, die oft an die Staatsmacht gebunden sind, zunehmend in den Hintergrund verschwinden, als Relikte der Vergangenheit. Aber die derzeitige Welle des Fundamentalismus, hier interpretiert als die Bevorzugung der härteren Aspekte und Optionen in allen Religionen, deutet in die gegenteilige Richtung. Folglich gibt es keine Alternative zum Dialog ohne Selbstgerechtigkeit, zusätzlich zu den Versuchen der Sanften und der Harten, der Frauen und der Männer, die verhärteten Konflikte gemeinsam zu transformieren.

Auf dem Weg zu einer Ethik der Umkehrbarkeit als Grundlage des Friedenshandelns

1. Einführung: Ein Prinzip versucht sich durchzusetzen

Ein altes amerikanisches Sprichwort besagt: »Tue niemals etwas, was du nicht wieder rückgängig machen kannst.« Der vorliegende Essay soll dieses allgemeine Prinzip würdigen und seine Grenzen erforschen. Allein die Tatsache, daß dieses Sprichwort amerikanisch ist, führt schon zu einer Reflexion: Amerika ist nicht gerade bekannt dafür, sanft durch die Geschichte zu marschieren. Ganz im Gegenteil: Umkehrbarkeit (Reversibilität) hört sich fast schon unamerikanisch an. In Wirklichkeit gibt es keinen Weg zurück. Die Lösung der kolonialen Verbindungen mit England ist ein Beispiel dafür. Die Vernichtung der eingeborenen amerikanischen Gesellschaften, Strukturen, Kulturen und Völker, um eine Eroberung irreversibel zu machen, ist ein weiteres.

»Ich wäre so froh, eine zweite Chance zu bekommen«; »ich wäre so froh, wenn wir noch mal von vorne anfangen könnten«; »ich wäre so gern wieder jung« – all dies sind Ausdrücke desselben Wunsches, dem Strom der Zeit entgegenzuschwimmen, um an einem Punkt in der Vergangenheit wieder neu anzufangen. Dabei geht es normalerweise darum, eine neue Lebensrichtung einzuschlagen.

Aber auf diese Weise wird das Problem für unsere Zwecke zu allgemein beschrieben. Hier geht es nicht darum, ob etwas schiefgehen oder besser gewesen sein könnte. Hier geht es um die Auswirkungen von willentlichen Handlungen. Genaugenommen geht es um deren negative Auswirkungen und ganz präzise um derart negative Auswirkungen, daß sie nicht rückgängig gemacht werden können. Das Umkehrbarkeitsprinzip bezieht sich nicht auf die Zeit – der einseitige Fluß der Zeit (*Chronos*) wird akzeptiert –, sondern auf die beklagenswerten, da irreversiblen Konsequenzen konkreten menschlichen Handelns. Es geht hier um den *Kairos*-Punkt der Zeit, an dem man sich entschließt, das Irreversible zu tun.

2. Einige logische Schlußfolgerungen aus dem Prinzip der Umkehrbarkeit

Eine direkte und grundlegende Folge des Umkehrbarkeitsprinzips ist *eine allgemeine Norm wider solche Gewalt, die sich gegen das Leben richtet,* falls diese Gewalt Schäden hervorruft, die nicht wieder rückgängig gemacht werden können. Das ist bei tödlicher Gewalt, inklusive der Todesstrafe, ganz eindeutig der Fall. Menschen können zwar neues Leben erschaffen, aber es liegt nicht in ihrer Macht, erloschenes Leben wiederzuerwecken. Und sie können schon gar nicht ganze Arten, die »verschwunden« sind, zu neuem Leben erwecken. Diese Irreversibilität läßt sich auch weitgehend auf nicht-tödliche Gewalt anwenden. Körperliche Wunden mögen an der Oberfläche heilen, aber oft nur unvollständig. Geistige und seelische Wunden heilen unter Umständen gar nicht mehr. Und es bleiben natürlich die Traumata.

Eine weitere allgemeine und anerkannte Folge liegt *in einer allgemeinen Norm wider die Nutzung von nicht-erneuerbaren Rohstoffen,* inklusive der Energieressourcen. Die Ressource wurde verbraucht, das heißt zerstört oder »getötet«, um ein dramatischeres Wort zu benutzen. Es kommt zu keinem Erneuerungsprozeß, sei er natürlich oder von Menschenhand. Jedenfalls wird ein solcher Prozeß nicht in einer akzeptablen Zeitspanne vonstatten gehen. Falls es doch einen solchen Prozeß gibt, dann wurde der Erschaffungsprozeß von Ressourcen derselben Art, also das Erneuern, nicht zerstört. Dieser Fall unterscheidet sich von der Tötung individuellen Lebens, weil das Individuum nicht ersetzt werden kann. Das steht im Gegensatz zur unterstellten Ersetzbarkeit im Falle jeder unverarbeiteten Ressource, von der jede Einheit als so gut oder so schlecht gilt wie jede andere. Deshalb sind Aussagen der Art, daß »sie bald die Bevölkerungsverluste kompensiert haben werden, die ihnen durch Krieg oder andere Desaster zugefügt wurden«, geradezu der Inbegriff eines anti-menschlichen Zynismus. Sie werden gelegentlich dazu benutzt, Krieg zu rechtfertigen, aber lassen die zahlreichen unsichtbaren Konsequenzen des Krieges und der Gewalt außer acht, wie z. B. die Traumata der Hinterbliebenen, den Revanchismus usw.

Aber hier stellen sich unverzüglich Fragen, die sich auf Grenzprobleme und die zwei außen vor gelassenen Kategorien beziehen: Wie steht es um ersetzbares Leben, und wie steht es um nicht-ersetzbares Nicht-Leben? Beispiele für die erste Kategorie sind Tiere, Pflanzen und Mikroorganismen, die wir bereit sind zu töten. Wir tun dies nicht nur ontogenetisch, sondern auch phylogenetisch, falls wir sie als schädlich oder nutzlos für uns ansehen. Das heißt, die Spezies ist unwiderruflich vernichtet und nicht-erneuerbar. Wenn wir sie jedoch als nützlich – für uns – ansehen, dann achten wir zunehmend auf ihre Erneuerbarkeit. Eine echte Erneuerbarkeitsethik wäre jedoch viel weiter gefaßt als diese anthropozentrische Sichtweise.

Beispiele für die zweite Kategorie sind alle geheiligten Dinge. Dabei ist es gleichgültig, ob es sich um natürliche oder künstliche Dinge handelt. Es kann sich um Orte göttlicher Kräfte, Stätten des Ruhmes oder eines Traumas für Nationen, Clans, Familien oder von Einzelpersonen handeln. Grabstätten und heilige Orte markieren auf der ganzen Welt Begegnungen zwischen primitiv-traditionellen und modern-postmodernen Kulturen. Was für die eine Kultur ersetzbar sein mag, ist es für eine andere nicht.

Bis jetzt wurde das Umkehrbarkeitsprinzip dazu angewandt, eine Ethik wiederherzustellen, die sich gegen Gewaltanwendung gegen Körper, Geist und Seele des individuellen Menschen wendet. Darüber hinaus richtet sich das Prinzip gegen Gewalt an allem Lebendigen und gegen Gewalt an der nicht-lebenden Natur in dem Sinne, daß nicht-erneuerbare Energien verbraucht werden. Zwischen der *allgemeinsten Formulierung*, die sich gegen Handlungen mit unwiderruflichen Konsequenzen wendet, und Normen gegen jene drei bestimmten Formen der Gewalt gibt es eine Ebene, die man vielleicht als *Normen gegen die Verletzung der Zeit* bezeichnen könnte. Hierbei geht es um die Verringerung von Optionsmöglichkeiten. In der anthropozentrischen Sichtweise unserer Zeit könnte man dabei von »Gewalt gegenüber zukünftigen Generationen« sprechen.

Es versteht sich von selbst, daß diese Norm nicht in einer westlichen Zivilisation verankert ist, die einen prometheischen Drang hat, alles zu verändern. Die Norm der Umkehrbarkeit ist eine Norm, sanft durch Raum und Zeit zu schreiten. Dazu gehört ein hohes Maß an Bewußtsein über die Konsequenzen der Handlungen im allgemeinen und ihrer Umkehrbarkeit im besonderen.

Hierbei gibt es einen entropischen Grundsatz: Handle so, daß du nicht die Vielfalt/Mannigfaltigkeit der Welt verringerst. Diese Norm lehnt keineswegs den Wandel als solchen ab. Im Gegenteil: Durch Wandel, Konstruktion und Aufbau kann eine größere Vielfalt geschaffen werden, wie man an den städtischen Zentren und Märkten im Gefolge der westlichen Zivilisation schön sehen kann.

Die Frage ist nur, wieviel Vielfalt geopfert wurde, um diese Vielfalt zu erzeugen. Die westliche Formel ist im schlimmsten Sinne des Begriffs darwinistisch: Die Natur wird dem Menschen geopfert, primitive Gesellschaften den traditionellen Gesellschaften und traditionelle der modernen. Und all dies geschieht mit Hilfe einer Ethik der Evolution und Unumkehrbarkeit. Die Stärksten mögen überleben – um so schlimmer für die Schwachen: Ihre Aufgabe ist es, den Starken Gelegenheit zu geben, ihre Überlegenheit zu demonstrieren.

Die Rechtfertigung für Umkehrbarkeit ist die Unersetzlichkeit. Dies gilt sowohl auf der Ebene des einzelnen Elements als auch auf der Ebene einer Menge/Gruppe/Art. Die Unersetzlichkeit konstatieren die Augen des individuellen oder kollektiven menschlichen Betrachters. Sind sie gut genug? Offensichtlich gibt es hier eine direkte Auswirkung auf die Theorie des rationalen Handelns: Wir sind wieder beim Nutzen und der Wahrscheinlichkeit angelangt. Wie steht es aber, wenn Nutzen und Wahrscheinlichkeit ungewiß sind? *Wie* negativ ist die Auswirkung einer irreversiblen Handlung? Und *wie* wahrscheinlich ist die Auswirkung?

Eine Anekdote: Mein Vater, ein Hals-Nasen-Ohren-Arzt, weigerte sich, seinem einzigen Sohn die Mandeln zu entfernen. Das führte dazu, daß ich damals so ziemlich der einzige Mensch mit intakten Mandeln war. Er begründete dies nicht damit, daß sein Sohn unersetzbar sei. Schließlich ging er nicht davon aus, daß eine Entfernung der Mandeln tödlich sei. Seine Ablehnung beruhte auch nicht darauf, daß die Mandeln nicht zu erneuern sind. Sie wachsen nicht wie Haare oder die Haut nach, wenn sie herausgeschnitten sind. Seine Ablehnung basierte auf Intuition: »Die Mandeln sind wohl da, weil sie irgendeine Funktion ausüben. Das heißt, wir wissen nicht, welchen Schaden wir anrichten, wenn wir sie entfernen. Und es gibt keine Möglichkeit, sie wieder an ihren alten Platz zurückzubringen.« (Im Gegensatz zu einer Vasektomie, die umkehrbar gemacht werden kann, indem man einen Faden und einen Knoten benutzt statt eines Messers.) Die Argumentation gegen eine irreversible Handlung wurde auf »Nutzen unbekannt« und »Wahrscheinlichkeit unbekannt« ausgedehnt. Die Entfernung der Mandeln läßt sich nicht revidieren. Eine Ethik der Umkehrbarkeit führt dazu, an diesem Punkt mit dem Messer in der Hand innezuhalten. Das Irreversible wirkt wie eine Stoppsignal.

Hätte mein Vater dieses Prinzip auf eine Entfernung des Blinddarms ausgedehnt? Ein entzündeter, verletzter Blinddarm kann tödlich sein. Die möglichen positiven Funktionen des Blinddarms mögen gegeben sein (z. B. als ein zusätzlicher Müllcontainer für den Körper?), und die Entfernung ist nicht zu revidieren. So gelangen wir an den klassischen Punkt, wo wir ein Übel gegen ein anderes abwägen müssen. In diesem Fall steht eine irreversible Handlung gegen eine andere. Es kann keinen Zweifel geben, wie die Wahl ausfallen wird, und es könnte darauf hingewiesen werden, daß man immer noch den Grundsatz einer Ethik einer (höheren) Unumkehrbarkeit ins Feld führen kann. Bis hierhin bleibt es also bei der Einbeziehung der

Umkehrbarkeit und dem Ausschluß der Unumkehrbarkeit als ethische
Arbeitshypothese, als Richtschnur.

3. Unumkehrbarkeit von Konsequenzen, Handlungen und Entscheidungen

Bis jetzt haben wir eine implizite Unterscheidung zwischen der Unumkehrbarkeit von Konsequenzen und der von Handlungen zugelassen.
Letztlich sprechen wir über unwiderrufliche Konsequenzen; es ist zu spät,
wenn diese sich zeigen. Damit dieses nicht passieren kann, lassen wir die
Finger von solchen Handlungen, die zu diesen Konsequenzen führen. Dies
gilt aus Sicherheitsgründen auch, wenn die Ergebnisse der Nutzen- und
Wahrscheinlichkeitsberechnungen unbekannt sind.

Wie hoch muß die Wahrscheinlichkeit sein, damit diese Handlung aus
dem Repertoire einer Struktur, eines Status, einer Rolle, eines Akteurs, auf
der Ebene von Personen wie von Staaten gestrichen wird? Wir haben es
vor der Handlung zunächst mit *Apriori*-Wahrscheinlichkeiten zu tun. Das
heißt, der individuelle oder kollektive Akteur, der hinter der Handlung
steht, mag in gutem Glauben handeln, indem er eine geringe oder gar keine
Wahrscheinlichkeit sieht, daß die Handlung möglicherweise eine irreversible Konsequenz hat. Entscheidungen werden getroffen. Die Zeit ver-
streicht, und die negativen Konsequenzen werden sichtbar. Einige von ihnen sind irreversibel. Auf diese Weise stellen sich trotz aller Rationalität,
welche Wirtschaftstätigkeiten angeblich zugrunde liegt, in der Tat sehr be-
dauerliche Konsequenzen ein. Unter anderem dreht sich praktisch die gesamte ökologische Frage um genau diesen Punkt.

Der gesunde Menschenverstand sollte uns sagen, daß der Ausweg sehr
einfach ist: Sollten solche Konsequenzen entdeckt werden, dann nimm die
Entscheidung zurück. Streiche diese Handlung aus dem Handlungsreper-
toire des Akteurs, der Rolle, des Status und der Struktur. Aber die Rück-
nahme einer Entscheidung ist nicht immer einfach. Sie kann Teil einer
Struktur sein und/oder von einem Akteur getroffen worden sein, der unwillig oder gar unfähig ist, diese Entscheidung rückgängig zu machen.

Mit anderen Worten haben wir es mit zwei Ebenen eines Gebäudes zu
tun, das wir errichten wollen:

Norm I: Führe keine Handlungen mit irreversiblen Konsequenzen aus!

Norm II: Triff keine irreversiblen Entscheidungen!

Aus dieser zweiten Norm lassen sich gewichtige Argumente für eine
wahrhaft demokratische Politik ableiten. In einer Demokratie ist die Tagesordnung im Prinzip offen. Das beinhaltet die Möglichkeit, zu alten

Themen zurückzukehren und auf bereits getroffene Entscheidungen noch einmal »einen zweiten Blick« zu werfen. Das ist garantiert, da die Meinungsfreiheit auch für die Entscheidungsträger gilt. Selbst über eine Verfassung kann debattiert werden, und sie kann schmerzlichen Änderungen unterzogen werden. Selbst gegen die Entscheidung eines höchsten Gerichts kann in der Praxis Berufung eingelegt werden: Gerichtsentscheidungen können bei einer neuen Beweislage revidiert werden, auch wenn der Angeklagte schon lange tot sein sollte.

Diesen Feststellungen zur Umkehrbarkeit sollten einige Fälle von Unumkehrbarkeit gegenübergestellt werden. Zum Beispiel könnte der höchste Entscheidungsträger Unfehlbarkeit für sich reklamieren, indem er (normalerweise ein Mann) für sich in Anspruch nimmt, unfähig zu sein, falsche Entscheidungen zu fällen. Die Frage der Umkehrbarkeit stellt sich dann per definitionem nicht. Diktatoren des 20. Jahrhunderts fallen in diese Kategorie und machen sie zu den wahren Nachfolgern der absoluten Monarchen, Könige und Kaiser früherer Jahrhunderte und der Päpste in nahezu zwei Jahrtausenden. Diese Fälle könnten auch aus dem Blickwinkel einer eingeschränkten Meinungsfreiheit gesehen werden: Gleich welche Zweifel diese Leute bezüglich der Weisheit ihrer Entscheidungen gehabt haben mögen, Spuren dieser Zweifel sind in dem Repertoire ihrer Handlung, Rolle, Struktur und ihres Status nicht mehr zu erkennen. Natürlich wurden einige dieser Zweifel ihren Vertrauten zugeflüstert,[1] aber nicht in der Öffentlichkeit.

In einer wirklichen Demokratie, in der es Initiativen und Referenden gibt, kann jede Gruppe eine Frage thematisieren und letztlich die Mehrheit gewinnen. Die Geschichte der Befreiung von Benachteiligten kennt zahlreiche Beispiele. Oftmals rächen sich dann die Benachteiligten für den irreversiblen Schaden, der ihnen zugefügt worden ist dadurch, daß sie den Herrschenden irreversiblen Schaden zufügen (der Euphemismus für diesen Prozeß ist bekannt als »Revolution«).

Aber es gibt noch einen anderen Weg, wie Demokratien so tun können, als träfen sie keine irreversiblen Entscheidungen: Sie verheimlichen die Entscheidungen, indem sie den Prozeß, vor allem auf dem Gebiet der Außen- und Sicherheitspolitik, als Geheimnis tarnen. Wenn Menschen nicht wissen, daß eine Entscheidung getroffen wurde, dann können die Anführer auch nicht irreversibler Handlungen beschuldigt werden; jedenfalls nicht, bevor sich die Konsequenzen einstellen und die Menschen mißtrauisch

---

[1] Ein interessantes Beispiel dafür sind die Zweifel über den gesamten Vietnamkrieg, die Präsident Lyndon Johnson 1964 in einem vertraulichen Telefongespräch mit Senator Russell aus Georgia ausdrückte.

werden. Die These lautet nicht etwa, daß Demokratien notwendigerweise friedlicher sind, weil ihre Entscheidungen umkehrbar sind, sondern daß sie Entscheidungen, die zu irreversiblen Handlungen führen, besser tarnen.

»Offene Verträge, die offen verhandelt wurden«, lautet das klassische Motto gegen die Übel der Geheimdiplomatie. Ein weiterer Mechanismus, der expliziter ist und nicht davon ausgeht, daß die Akteure demokratisch sind, ist die *Überprüfungskonferenz*. Das wichtigste daran ist ihre Automatik: Wir wissen nicht, wie dieser Vertrag oder diese Konvention funktionieren wird, und wir geben nicht vor, daß die Früchte unserer Arbeit perfekt sind. Also laßt uns in x (= 5?) Jahren wiedertreffen und noch einen zweiten, dritten usw. Blick auf die ganze Sache werfen. Die negativen Konsequenzen, die irreversibel sind, mögen schon aufgetreten sein, aber weiteres kann womöglich verhindert werden.

Wie schon erwähnt, liefert Norm II ein starkes Argument dagegen, Entscheidungen irgendwem oder irgendeiner Körperschaft zu überlassen, die Unfehlbarkeit für sich in Anspruch nehmen. Das Beispiel der Päpste wurde schon erwähnt. Sie zeichnen für so fatale Entscheidungen wie die Ausrufung der Kreuzzüge durch Papst Urban II. am 27. November 1095 in Clermont verantwortlich. Zeitgenössische Päpste sind vorsichtiger damit, zu Gewalt gegen Menschen und die Natur aufzurufen. Dies liegt vielleicht daran, daß sie davon ausgehen, daß Unfehlbarkeit Umkehrbarkeit nahelegt, und sei es auch nur, um das Papsttum im allgemeinen und die Unfehlbarkeitsdoktrin im besonderen zu schützen. Aber diese Fürsorge, falls es überhaupt eine ist, stellt keine ausreichende Garantie dar: Was vermieden werden muß, ist jeder Anspruch auf Unfehlbarkeit, der einer Umkehrbarkeit von Entscheidungen im Weg stehen könnte. Überprüfungskonferenzen also für den Vatikan?

Es kommen einem zwei einander nicht ausschließende Faktoren in den Sinn, die Entscheidungen (beinahe) irreversibel machen: ein struktureller und ein eher kultureller.

Strukturell ist die »internationale Gemeinschaft«, was immer das genau sein mag, ein gutes Beispiel. In der Praxis sind dies die fünf selbstgewählten Vetomächte des UN-Sicherheitsrates, die sich aus den fünf Mächten des Wiener Kongresses entwickelten. Sie schlossen Österreich-Ungarn und Preußen aus, die 1945 keine Legitimation mehr besaßen, und nahmen dafür die USA und China auf, die 1815 noch zu abgelegen waren. Später wurden sie zur Kontaktgruppe im Jugoslawienkonflikt, indem sie China wieder ausschlossen und Preußen = Deutschland wieder aufnahmen. Sie sind nicht nur in der Lage, bestimmte Entscheidungen zu treffen oder zumindest zu verhindern, sondern sie können auch entscheiden, wie die Fakten aussehen. Ihre Entscheidungen werden wegen ihres Entscheidungsprozesses zu apodiktischen Wahrheiten. Ähnliches galt für den Fall Katholische Kirche gegen Galilei.

Kulturell wird wahrscheinlich jede Kultur bestimmte Wahrheiten für selbstverständlich halten, ohne daß sie weiterer Beweise bedürften. Dies kann besonders dann problematisch werden, wenn es um synthetische Aussagen geht, die nicht nur falsifiziert werden können, sondern auch falsifiziert werden. In dem Moment, in dem sie apodiktisch gelten, also *a priori* für wahr angesehen werden, erhalten Entscheidungen in ihrem Namen, ob sie nun als Prämissen oder Schlußfolgerungen oder beides verwendet werden, den Charakter der Unfehlbarkeit. Ein gutes Beispiel sind Behauptungen wie die, daß der Markt dem Plan überlegen sei, oder umgekehrt. Gegen solche Entscheidungen zu argumentieren heißt, gegen die »absolute Wahrheit« zu argumentieren. Dies ist oft mit beachtlichen Risiken verbunden.

Man stelle sich jetzt einen Sicherheitsrat vor, der von solchen Prämissen ausgeht: Er ist im Bereich der Unfehlbarkeit zweifach geschützt. Mit anderen Worten, wir befinden uns im Gefahrenbereich. Dies ist ein gewichtiges Argument, der Generalversammlung ebenfalls Kompetenzen im Sicherheitsbereich zu übertragen, also den Artikel 12 der UN-Charta[2] abzuschaffen. Das heißt natürlich nicht, daß die Generalversammlung keine Fehler machen kann, aber sie ist eher in der Lage, ihre Fehler zu korrigieren, als ein Rat aus Ländern, die sich selbst oft als »Großmacht« und nicht nur als »groß« bezeichnen (ja, zwei von ihnen sind überhaupt nicht groß, wenn wir eine Bevölkerung von 100 Millionen als Meßlatte anlegen).

Es sei noch einmal gesagt, daß nicht behauptet wird, Demokratien seien unfähig, Gewalt gegen die Natur, die Menschen und andere Demokratien auszuüben. Das trifft insbesondere nicht auf ihre Außenpolitik zu oder im Falle, daß sie »Großmacht« sind. Aber sie sind im Prinzip in der Lage, ihre Entscheidungen zu überdenken und *vielleicht* daraus etwas für die Zukunft zu lernen. Doch ist diese löbliche Angewohnheit darum noch keine Ethik der Umkehrbarkeit.

4. Die Ethik der Verallgemeinerung und der Umkehrbarkeit

Die Kantische Regel, daß die »Maxime deines Willens« im Prinzip als Teil einer universellen Verfassung dienen können, also verallgemeinerbar sein

---

[2] Artikel 12 der UN-Charta legt fest, daß der UN-Sicherheitsrat bei der Behandlung von (internationalen) Streitfragen Vorrang gegenüber der UN-Generalversammlung genießt; d. Ü.

sollte, schließt Gewalt nicht aus. Tatsächlich war Kant ein Anhänger der Todesstrafe. Er hätte auch ein Anhänger eines regulierten Krieges sein können. So schließen die Haager/Rote Kreuz/Genfer Konventionen *in bello* (im Kriege) keinen Krieg aus und sind doch zumindest universell in ihren Ansprüchen, auch wenn dies nicht immer so praktiziert wird. Aber Kant hätte kein Anhänger eines unregulierten Krieges sein können, da dessen Zerstörungen die Basis für alles, was überhaupt verallgemeinerbar ist, eliminieren können.

Ein weiteres Argument gegen Kant wäre, daß in einer strukturell und kulturell sehr unterschiedlichen Welt Verallgemeinerungsfähigkeit gleich Uniformität wäre. Jede Norm ändert ihre Bedeutung in einem anderen Kontext. Dies könnte so interpretiert werden, daß die Norm nicht verallgemeinerbar ist, sondern die Position eines extremen kulturellen Relativismus das Kantische Prinzip seiner Bedeutung berauben könnte. Eine weniger strenge Interpretation bezüglich eines akzeptablen Konsenses würde starke Zentren bevorzugen, die einen solchen Konsens erzielen können. Heutzutage wäre dies der Westen.

So kann Kant auf drei Riffs stranden: Uniformität, Bedeutungslosigkeit und Zentralismus. Es läßt sich nur schwer vorstellen, daß sein Prinzip genügend Raum läßt, um nicht auf diesen Riffs zu stranden. Das führt zu der Hypothese, daß Kant eher von jenen akzeptiert wird, denen das nichts ausmacht. Sie wären die Anhänger einer uniformen Weltordnung, Anhänger des Westens, groß geschrieben (einem speziellen Fall von Uniformität), oder Anhänger einer reinen Philosophie, die nicht für die Praxis gedacht ist.

Eine Ethik der Umkehrbarkeit würde dieselben Handlungen in unterschiedlichen Kontexten nicht gleichermaßen ausschließen, weil der Grad der Umkehrbarkeit, wie oben ausgeführt, von der Kultur und der Struktur abhängig sein kann. Aber einige Handlungen, wie Gewalt gegen die Natur, das Leben im allgemeinen und gegen Menschen wären irreversibel, gleichgültig wie der Kontext aussieht. Jedenfalls scheint es so. Dasselbe sollte auch für das Prinzip der umkehrbaren Entscheidungen gelten, wenn schon nicht für die konkreten Vorgaben, durch die Entscheidungen irreversibel werden.

Ein Beispiel für eine Handlung, die in einer Kultur unwiderruflich ist, aber nicht in einer anderen, ist die Heirat. In der katholischen Kirche wird die Heirat immer noch als irreversibel (unauflöslich) angesehen, weil sie im Himmel eingegangen wird. Dennoch werden auch in katholischen Ländern Scheidungen in zunehmenden Umfang nicht nur durchgeführt, sondern auch erlaubt. Die Ansichten, die diesen Wandel begleiten, illustrieren hervorragend das Problem der (Un-)Umkehrbarkeit. Auf der einen Seite

gibt es diejenigen, die argumentieren, daß der Heiratsvertrag in Stein gemeißelt oder in Stahl gegossen werden sollte, weil so viel davon abhänge
(die Sicherheit beider Ehepartner und ihrer Kinder, die Erbschaft, die Beziehung zwischen zwei Familien, der Zusammenhalt einer Gesellschaft, die
sich auf die Familie gründet). Auf der anderen Seite befinden sich diejenigen, die argumentieren, daß eine Ehe scheitern könne. Deshalb sollte es
alle x Jahre eine automatische Überprüfungskonferenz oder etwas ähnliches geben. Das solle das Recht beinhalten, den Vertrag auch einseitig zu
kündigen, indem man von ihm zurücktritt. Und es gibt diejenigen, die argumentieren, daß es unter dem Gesichtspunkt der Balance zwischen Kosten und Nutzen, inklusive der Kosten für eine oder beide Parteien, die bei
der Auflösung der Heiratsvertrages entstünden, besser sei, niemals zu heiraten.

5. Einige Auswirkungen für die Friedenspolitik

Friedenspolitik dreht sich um die Förderung der Kreativität und die Ver-
minderung von Gewalt in Konflikten. Dabei wird der kreative Aspekt eines Konfliktes gegenüber den destruktiven Aspekten klar bevorzugt.
Nicht die Konflikte werden geleugnet, sondern es wird abgestritten, daß
Gewalt in Verbindung mit Konflikten häufig auftreten sowie unvermeid-
bar und legitim sein muß. Bis jetzt hat niemand eine idiotensichere Methode entwickelt, um den Frieden zu sichern. Man könnte behaupten, daß dies
niemals geschehen wird, und zwar aus einem sehr einfachen Grund: Jede
Kennzeichnung eines Bündels $\underline{B}$ an Bedingungen, die zum Frieden $\underline{F}$ führen, beinhaltet auch eine Kennzeichnung von Bedingungen für Nicht-
Frieden, indem $\underline{B}$ negiert wird (und das ist einfach, wenn wir davon ausge-
hen, daß $\underline{B} = B_1 + B_2 + \ldots + B_n$ ist, also $-\underline{B} = -B_1 v - B_2 v \ldots v - B_n$). Stellen wir
uns vor, daß eine dieser Bedingungen der Wille zum Frieden ist und dem
Frieden eine hohe, ja sogar die höchste Priorität, eingeräumt wird. In diesem Fall ist alles, was man tun muß, diese Bedingung zu negieren. Damit
Frieden ein automatisches Ergebnis von $\underline{B}$ wäre, müßten wir eine menschliche Unfähigkeit zur Negation voraussetzen. Mit anderen Worten, ein
freier Wille wäre praktisch nicht vorhanden.

Das ist in gewisser Weise begrüßenswert, weil jede These, die Frieden
als automatische Konsequenz der Durchsetzung eines bestimmten Bündels
von Bedingungen sieht, zu Bemühungen führen kann, die Durchsetzung
irreversibel zu machen. Und dann wäre die gesamte Theorie in ihrer Konsequenz vielleicht nicht nur falsch, sondern ein rechtes Desaster. Das gilt
zum Beispiel für die Theorien über die »Aufhebung« der Gegensätze zwischen den Dyaden Arier/Nicht-Arier, Kapital/Arbeit oder Es/Über-Ich.

Viel sicherer sind da negative Theorien wie: »Wenn B, dann -F, also -B.«
Hier wird B ausgeschlossen, weil es zu -F zu führen scheint. Aber selbst
dann muß man vorsichtig weitermachen und auf umkehrbare Entscheidungen und Handlungen zurückgreifen.

Anhang

Wie Zukunft Gestalt annimmt

Hier sitze ich nun, mein PC auf dem Tisch des Zuges, während die tulpenbedeckte holländische Landschaft vorbeirollt. Es gibt keinen Ausweg. Sie bestehen einfach darauf, diese Herausgeber, daß ich über mich selbst schreibe. Ich versuchte, sie mit epistemologischen Delikatessen zu füttern: dem Bankrott der Internationalen Beziehungen im US-Stil – besonders an selbststilisierten »Elite«-Universitäten[1], wo die Disziplin Internationale Beziehungen ordentlich seziert, in Teile geschnitten und zwecks Selbstbedienung der US-Ideologie dekonstruiert wird. All das wurde abgelehnt, und dies ohne politischen Grund. Sie wollten schlicht einen Essay darüber, wie ich der Friedensforscher wurde, der ich vorgebe zu sein. Sie wollten, daß ich über *mich* schreibe. Eine strukturelle Theorie, aber nicht über Imperialismus und Gewalt, sondern über mich. Und ich nehme wahr, wie Redseligkeit der Zurückhaltung weicht, die in einer gewissen Schüchternheit im Wesen der Norweger begründet liegt, sich ihr sogar beugt. Damit vermischt sich die Befürchtung, daß hier die Offenheit, die ich als Sozialwissenschaftler versuche zu praktizieren – indem ich nicht nur Tabus breche, sondern mich (einige würden sagen: auf krankhafte Weise) von ihnen anziehen lasse –, an ihre innere Grenze kommt. Es ist nicht so sehr die Sorge, daß ich unehrlich und rechtfertigend sein könnte, als der Ausdruck eines Bewußtseins von Inkompetenz. Ich weiß einfach nicht, wie ich es machen soll! *Autobiographie*: der Ausdruck riecht, stinkt sogar nach Narzißmus.

Also lassen Sie mich mit einem Punkt außerhalb von mir beginnen, mit meinem Vater, der ein halbes Jahrhundert vor mir geboren wurde in einer kleinen Stadt nahe Oslo. Er stammte von der ältesten norwegischen Familie aus den Zeiten der Wikinger ab, einer Art von Adel. Er war praktizierender Christ, ein Leutnant der norwegischen Armee, die mobilisiert wurde, um den Schweden einen heißen Empfang zu bereiten, falls die Auflösung der Union 1905 nicht erfolgreich sein würde, und um die norwegische Neutralität 1914 zu schützen. Von seiner Ausbildung her war er Arzt.

---

[1] Der englische Ausdruck ist »place of excellence«, Ort herausragender Leistungen; d. Ü.

In den 20er Jahren war er Vize-Bürgermeister von Oslo für die Konservativen. Er machte einen Abschluß in Wirtschaftswissenschaften und versorgte gleichzeitig die Patienten, die in seiner Privatpraxis Schlange standen. Er war Chefarzt im Städtischen Krankenhaus von Oslo, ein Liebhaber Frankreichs und der französischen Sprache und ein göttlicher Geschichtenerzähler. Er war ein charmanter, lieber und liebenswürdiger Mann und wurde von seinem einzigen Sohn offenkundig geliebt.

Ich kam am Ende seiner Karriere. Er hatte Zeit für mich. Es gab fast nie ein schroffes Wort, keine Bestrafung, viel Belohnung. Sehr viel Liebe (soviel, daß ich – eher ineffektive – Selbstmordpläne machte für den Fall, daß er starb). Er sagte mir zwei Dinge: Ich sei auf mich allein gestellt, könne tun, was ich wolle und würde erfolgreich sein, wenn ich hart arbeitete. Und zum anderen: noblesse oblige[2]. Kurz: Oberklassen-Ideologie. Aber nicht der schlechtesten Sorte.

Er verzog mich sanft und mit Stil. Ich begann, Fragen zu stellen; er tat sein Bestes, mir zu antworten. Aber was wichtiger ist: Er ermutigte mich, weitere Fragen zu stellen – warum ist dies so, warum ist das so und warum soll ich das und das tun?

»Warum bist du ein Christ?«, fragte ich einmal meinen Vater. Weder seine Antwort noch die Bücher, die ein zwölfjähriges Kind lesen konnte, befriedigten mich. Am 24. Oktober 1945 war ich um 9 Uhr im Büro des örtlichen Priesters, um aus der Staatskirche auszutreten. Das war der Tag, an dem ich 15 Jahre alt wurde, das Mindestalter für diesen Unabhängigkeitsakt, und um 9 Uhr öffnete das Büro. »Typisch christlich«, bemerkte meine japanische Frau verständnisvoll, als sie 25 Jahre später davon erfuhr.

Zwei andere Vorfälle, etwas wichtiger, ereigneten sich auch an diesem Tag – einer in San Francisco, der andere in Oslo. Die Charta der Vereinten Nationen wurde unterzeichnet, wodurch ein neuer zentraler Friedensversuch aus der Taufe gehoben wurde. Und Quisling, unser lokaler Nazi, wurde als Verräter hingerichtet. Der Frieden war jung und frisch in diesem Herbst, ein halbes Jahr nach dem »Tag des Sieges«[3].

Ich vergalt es meinem Vater schlecht, indem ich zugunsten von Humanismus und, viel später durch Gandhi-Studien, zugunsten eines Hanges zum Buddhismus seinen Glauben verließ. Ich verließ ihn auch politisch. Sein Konservatismus war vom sanften Noblesse-oblige-Typ, und mein Vater tat viel im Bereich der Gesundheitspolitik, besonders in der präventiven Medizin. Aber das war nicht die allgemeine Haltung der sozialen Klasse, in der ich aufwuchs, einschließlich meines Schulunterrichts. Die

---

2   Adel verpflichtet; d. Ü.

3   V-E Day/V-Day: der Tag des Sieges im 2. Weltkrieg, der 8. Mai 1945; d. Ü.

allgemeine Vorstellung war, daß der Arbeiter zu dumm für etwas anderes als niedrige Arbeit sei, unmoralisch und gefährlich, ein potentieller Dieb und ein Triebtäter; es sei denn, daß er gerade aus Neid Revolutionen plante und schöne Häuser von bürgerlichen Familien wie meiner niederbrannte. Einige Leute wurden so geboren. Andere – wie wir – wurden für die höheren Sphären der menschlichen Existenz geboren: für das Kultivierte und Zurückhaltende im Leben, in der Lust und in der Liebe, und das etwas weniger Zurückhaltende in bezug auf Macht und Privilegien. So war es, und mehr noch, das war die Art, wie es immer bleiben sollte. »Damit eine Gesellschaft funktioniert, müssen einige Menschen oben sein und einige Menschen unten« – wie häufig habe ich das gehört, von sehr nahen Verwandten.

Ich entschied mich, es selbst herauszufinden. Mein Fahrrad brachte mich weiter und weiter weg von »unserem« Stadtteil Oslos, aufs Land und weiter. Ausflüge in soziale Räume, um den sozialen Körper und Geist zu erforschen, bevor ich mit etwas Erfreulicherem und Gegenseitigerem anfing: junge Mädchen zu erforschen. Im Rückblick klingt es so naiv, aber für mich waren diese sozialen Untersuchungen wichtig. Ich fand Menschen der Arbeiterklasse, die weniger von Sauberkeit und Ordnung und weniger von ihrem Besitz besessen waren, die statt dessen spontaner waren, die sangen und laut redeten, die bereitwilliger teilten und den Fahrradfahrer hereinbaten. Ihre angeborene Neigung zu stehlen, zu lügen und faul zu sein, materialisierte sich nicht. Ich fand auch heraus, daß sie sich über seltsame Sachen unterhielten: nicht, daß sie nicht etwas »erreichen« wollten, aber alle möglichen Dinge standen im Weg. Vor allem die Schulausbildung: Der Oberstufenabschluß war der Engpaß, das Nadelöhr, durch das alle Kamele gehen mußten. Aber Menschen der Arbeiterklasse mußten zum Familieneinkommen beitragen, bevor sie ihn erreichten – es blieb keine Zeit, um den Oberstufenabschluß zu machen.

Diese Erkenntnis traf mich an einem besonderen Punkt. Ich mochte die Schule überhaupt nicht. Während ich erfolgreich von Klasse zu Klasse trieb, verglich ich das, was gelehrt wurde, mit anderen Büchern und fand zu viele Diskrepanzen. Schule war Ideologie und ganz sicher nicht meine Ideologie – außer um Sprachen zu lernen, was von meinem Vater stark unterstützt wurde. Die Schule predigte evangelischen Lutherismus, norwegischen Nationalstolz, chronische Anglophilie und völlig unbrauchbare Mathematik. Irgendwie wurden selbst die faszinierendsten Themen staubig. Der Verdacht wurde zur Gewißheit: All dies wurde getan, um Menschen draußen zu halten, um einen Keil zu treiben. Sicherlich, Latein und Griechisch gab es nicht mehr, aber ihre Nachfolger gab es, und sie dienten dem gleichen Zweck.

Als ich sechzehn Jahre alt war, trat ich der Jugendsektion der Norwegischen Arbeiterpartei bei. Ich wurde sehr enttäuscht. Ich erwartete etwas von der Wärme, die ich außerhalb meines großbürgerlichen Zirkels gefunden hatte, und fand statt dessen Neid, Habgier und politische Tricks. Die Vorstellung, die die Oberschicht von der Arbeiterpartei hatte, war fast genau so verrückt wie die umgekehrte. Ich war nicht in der Lage, Brücken zu bauen – weder außerhalb noch in mir. Mein Interesse nahm ab (später kam heraus, daß der Chef der örtlichen Jugendsektion ein Informant der US-Botschaft war, ein Teil der örtlichen McCarthy-Operation. Kein Wunder, daß es nicht funktionierte.). Aber die grundlegende Orientierung, Solidarität mit den unteren Schichten der Gesellschaft, blieb. Und – ganz nützlich für einen Sozialwissenschaftler – ich lernte, daß soziale Dinge ganz allgemein nicht so sind, wie sie auf den ersten Blick erscheinen – und sicher nicht so sind, wie sie in den Schulen gelehrt werden. Lügen, Lügen, Lügen; ich wurde auch belogen. Und es gefiel mir nicht. Eine anhaltende Voreingenommenheit.

Wurde ich rachsüchtig? Vermutlich. Ich wollte zurückschlagen. Arme Lehrer. Ich saß arrogant hinten im Klassenzimmer mit tadellosen Zensuren in allen Fächern (außer in Christentum – dort hatte ich schlechte Zensuren wegen Mangels an Demut), feuerte meine Fragen ab und nagelte diese Gang von Hochstaplern fest, die sich als Lehrer ausgaben. Da diese weiser und sanfter waren als ich, fanden sie eine Lösung: Sie ließen mich unterrichten. Im Alter von fünfzehn Jahren war ich so etwas wie ein Lehrassistent, einschließlich der Pausen, wenn die gesamte Klasse in einer Ecke des Schulhofs meine »autorisierten« Übersetzungen und Antworten auf mathematische Probleme erhielt. Unnötig zu sagen, daß dies bedeutete, daß ich mich vorbereiten mußte. Ich hatte Verantwortung. Ich dachte auch, ich würde etwas Subversives tun. Die Lehrer waren jedoch glücklich: Meine Energien wurden konstruktiv genutzt; meine Klassenkameraden nahmen von mir bereitwillig Wissen an, das sie – erfolgreich – im Klassenzimmer mit einem Achselzucken abgetan hätten. Und es packte mich. Zusätzlich entdeckte ich, daß man aufblüht, wenn man herausgefordert wird, und wie man zusammenfällt, wenn man sitzt und passiv etwas aufnimmt, das andere bereits be- und verarbeitet haben.

In der Zwischenzeit waren die Internationalen Beziehungen in einer sehr konkreten Weise zu mir gekommen. Am 9. April 1940 marschierten grün uniformierte deutsche Soldaten durch die Straßen Oslos, nahe meinem Haus. Man könnte sagen, ich begann mit den Internationalen Beziehungen durch eine Begegnung der Dritten Art. Nicht daß die Deutschen, die gehorsam für ihr Naziregime marschierten, wirklich »unidentifiziert« waren – wenn sie auch das zweite Kriterium eines guten UFOs, »fliegend«, erfüllten: aber sie waren außerirdisch in dem schlichten Sinne, daß sie überhaupt nicht auf die Straßen Oslos gehörten und, mit Waffen vollgespickt, unsere erschreckte, verblüffte Obrigkeit vertrieben, die die Zivilgesellschaft in ihren Händen zurückließ.

Also schmeckten Internationale Beziehungen schlecht. Um so mehr, als die »Begegnung der Dritten Art«-Qualität von den Deutschen dadurch gesteigert wurde, daß sie meinen Vater einluden, ein Fahrzeug in Richtung auf das Tausendjährige Reich zu besteigen, zu einem Konzentrationslager nahe Oslo. Jeden Sonntag konnte ich in einiger Entfernung daran vorbeigehen, im Winter auf Skiern, um auf das Lager herunterzublicken. Unten waren Hunderte, Tausende Gefangene, die in Schwarz gekleidet waren, vereinzelt eine deutsche Wache in Grün, die sie mit einer Waffe in der Hand beobachtete. Einer dieser schwarzen Punkte war mein Vater. Einige der grünen Punkte waren nett, lernten wir später. Andere waren es eindeutig nicht.

Meine Mutter war phantastisch. Mit meinem Vater im Konzentrationslager und meinen beiden Schwestern als politische Flüchtlinge in Schweden war die Familie auf zwei Personen geschrumpft. Jeden Morgen griff ich mir die Zeitung, weil ich die schlimme Schlagzeile fürchtete: »Dr. Galtung wurde hingerichtet als Vergeltung für ...«. Das war einem Chefarzt-Kollegen von ihm passiert. Wir hatten Glück. Er kam zurück.

Meine zweite Begegnung mit den Internationalen Beziehungen fand 1949 statt. Ich war 18 und wurde, wie andere Männer in einem Land mit allgemeiner Wehrpflicht, zum Militärdienst eingezogen. Es war eine Begegnung der zweiten Art. Irgendwie gerieten Internationale Beziehungen, der »Ost-West-Konflikt« und all das in den Hintergrund, obwohl sie immer noch sichtbar waren – aus einer sicheren Entfernung. Was eindeutig im Vordergrund stand, war die Beziehung zu etwas, was *myndighetene* in meiner Sprache heißt, *Obrigkeit* im Deutschen: bei weitem der beste Ausdruck für etwas, das eigentlich nicht übersetzbar ist – »die Oberherren« oder so ähnlich. Meine zentrale Frage wurde: Stiftet das Ding, das man Militärdienst nannte, eine Beziehung zur norwegischen Obrigkeit und durch sie, als abhängiger Staat, zu den USA oder zum erklärten Feind, der Sowjetunion? Und was ist die Sowjetunion überhaupt? Sind wir wirklich bedroht? Ist das Töten für ein Land, das Militär, die Antwort?

1953 erhielt ich die Chance, dies herauszufinden. In einer der ersten Studentendelegationen aus dem Westen ging ich in die Sowjetunion. Stalin starb, als wir dort waren; tatsächlich erreichte uns die Nachricht seines Todes genau in der Stadt, in der er geboren wurde, in Gori in Grusinien. Die Geschichte ist schlicht. Nicht, daß ich nicht herausfand, daß das meiste der schlimmen, sogar gräßlichen Dinge, die über die Sowjetunion gesagt wurden, stimmte.

Der Punkt ist, daß ich noch viel mehr fand. Wieder einmal war ich das Opfer verblödender Propaganda geworden, einiges davon hausgemacht, viel davon als »His Master's Voice«, made in USA. Die Sowjetunion wurde als eine Einheit dargestellt, als eine Nation, und erschien als ein »Akteur« in etwas, das Internationale Beziehungen genannt wurde. Was mich aufregte, war nicht das *pars pro toto*[4]-Argument, das die schlechten Eigenschaften einiger Menschen in einem Land auch allen anderen zuschreibt. Vorurteile, mit anderen Worten. Das ist beinahe unvermeidlich; und zudem ist ein nachteiliges, stereotypes Merkmal, das in 80 Prozent der Fälle zutrifft, kaum zu ignorieren. Doch in der Konstruktion der dortigen Welt kamen überhaupt keine Menschen vor, weder gute noch schlechte, wie sie für gewöhnlich sind. Das einzige, was gesehen wurde, war der Nationalstaat und das System. Ich fand das verrückt. Alle diese reizenden Menschen, die von der Geschichte so schlecht behandelt wurden, wurden reduziert auf »UdSSR«. Punkt. Schlimmer als verrückt: dumm.

Die dritte Begegnung mit den Internationalen Beziehungen kam später. Es war eine Begegnung der ersten Art: ein Lehrbuch über Internationale Beziehungen. Ich werde nicht verraten, welches. Aber der Autor war ein vielbewunderter Europäer, und sein Ansatz wurde als so realistisch bejubelt, da er sagen würde, wie es wirklich wäre. Aber das Buch war nur eine Abstraktion, weit entfernt von jeder realistischen Vorstellung. Wo ich die Welt zweigeteilt sah in Regierungen und Bevölkerung, die auf der ganzen Welt die gleichen Probleme mit ihren Regierungen hatten – eins davon war, daß Regierungen dachten, sie hätten das Recht, junge Männer aufzufordern, ihr Leben zu geben für Gründe, die von Staaten definiert und den Medien propagiert wurden –, sah er die Welt geteilt in Staaten. Nicht daß er Unrecht hatte und ich Recht. Die Staaten waren sicherlich real. Aber sie waren nicht die einzige Realität der »Internationalen Beziehungen«. Politikansätze, die auf dieser Abstraktion basieren, können Realpolitik genannt werden, aber das macht sie nicht »realistisch«. Zudem macht jede Vorstellung, die die Welt als anarchischen Dschungel mit herumstreifenden egoistischen, habgierigen Nationalstaaten sieht, sie genau zu dem.

So wurde ich ein Kriegsdienstverweigerer aus Gewissensgründen und verriet meinen Vater zum dritten Mal, diesmal den Offizier in ihm. Nicht daß ich dachte, dies sei ein perfekter Standpunkt, der frei von jedwedem Widerspruch sei. Tatsächlich fügte ich dem Brief, der den Justizminister um Anerkennung als Kriegsdienstverweigerer aus Gewissensgründen bat,

---

4   Redefigur, die einen Teil als Ausdruck des Ganzen setzt; d. Ü.

die Bitte hinzu, die später das Thema meines Lebens wurde: »Um all dies weiter zu erforschen, möchte ich mein Leben den Friedensstudien widmen.« Damals, 1951, nachdem ich mich drei Jahre mit dem gequält hatte, was mein Vater mich gelehrt hatte: immer weiter zu fragen, hatte ich kaum eine Vorstellung, was Friedensstudien wirklich bedeuteten. Irgendwie habe ich genau das getan, dank der allgemeinen Wehrpflicht in Norwegen.

Das Lager für Kriegsdienstverweigerer aus Gewissensgründen war lächerlich. Ich absolvierte die zwölf Monate, in Anlehnung an die Länge des Militärdienstes, indem ich Bäume fällte, Gräben aushob, für jene kochte, die die ersten beiden Dinge beträchtlich besser beherrschten als ich, und weigerte mich dann, die zusätzlichen sechs Monate zu absolvieren, die dazu gedacht waren, die Aufrichtigkeit der Überzeugung der Kriegsdienstverweigerer aus Gewissensgründen zu testen. Ich wollte zu besseren Internationalen Beziehungen beitragen, während ich »meinem Land diente«. Ich bat um die Erlaubnis, in einem gegenseitig vereinbarten Friedensprojekt zu arbeiten. Die Bitte kam in ein Kabinettstreffen, wurde mir gesagt. Der Premierminister war dafür, aber die beiden Schlüsselminister für die NATO, der Außen- und der Verteidigungsminister, sagten nein. Ich sagte nein auf ihr Nein. Das Ergebnis waren sechs Monate im Bezirksgefängnis von Oslo, Kost und Logis wurden von *myndighetene* bezahlt.

Es war eine nützliche Erfahrung. Nicht daß es irgendwie angenehm war; das war es nicht. Aber das Thema meines Lebens erhielt eine solide Bestärkung durch die Möglichkeit, die Gefängnisgemeinschaft zu erforschen. Wieder war ich belogen worden. Nicht daß die Insassen so großartig gewesen wären; das waren sie nicht. Aber nur wenige waren Gauner, die meisten waren in der falschen Ecke der Gesellschaft geboren worden, und der Weg, der sie zur Kriminalität, Festnahme, Verurteilung und zum Gefängnis geführt hatte, war direkt und vorhersehbar. Von da an wurde der Weg kreisförmig, wieder draußen, wieder drinnen. Bei vielen kamen zu ihrer mißlichen Lage ernste Erkrankungen hinzu, vor allem schwere psychische Störungen. Niemand von ihnen schien damit beschäftigt, den nuklearen Genozid im Namen des Friedens zu planen, im Rückgriff auf eine sehr wacklige »Theorie«. Wenn sie Gauner waren, dann auf einem niedrigen Niveau. Bestrafung schien weder als allgemeine noch als individuelle Prävention zu wirken. Mein Fall war keine Ausnahme: Wie alle anderen kam ich eines schönen Frühlingstages heraus und wußte etwas über die Kluft im Verständnis zwischen den Machthabern und Menschen wie, *in casu*, mir.

Sie waren nicht gerade Revolutionäre, meine Mitinsassen. Eines Tages, als ich im Gefängniskrankenhaus arbeitete und den Boden putzte, kam ich zu zwei Mitinsassen, die mich fragten: »Wie lange hast du bekommen?« –

was die Art war, im Gefängnis zu fragen: »Was sind Sie von Beruf?« Ich sagte, sechs Monate, sagte etwas über Kriegsdienstverweigerung und erwiderte die Frage. Die Antworten deuteten Mord an, und ich erkannte die Gesichter aus den Schlagzeilen der Zeitungen vor einigen Jahren. Also putzte ich mich weg von ihnen und wieder zu ihnen hin, zufällig hinter einen Schrank. Ich hörte ihre Unterhaltung. Mörder A zu Mörder B: »So ein Typ, eh, der nicht bereit ist, seinem eigenen Land zu dienen.« Bürgerlicher »patriotischer« (auch patriarchalischer) Konventionalismus mitten in Verbrecherland.

Mein Vater kam einmal im Monat, so sanft, liebenswürdig und unterstützend wie immer. Und ich fing an, darüber nachzudenken, was ich von diesem außergewöhnlichen Mann gelernt hatte. Jetzt, da ich in dem Alter bin, in dem er war, als ich ein kleiner Junge war, verstehe ich es besser. Ich fasse zusammen:

- Liebe deine Kinder, wie sie sind. Unterstütze sie, versuche nicht, dich in ihnen zu klonen (es ist wahrscheinlich, daß du sowieso keinen Erfolg haben wirst).
- Belohne deine Kinder reichlich, wenn sie etwas Positives tun, und sage ihnen sanft, wenn sie etwas falsch machen. Bestrafe sie nicht. Greife niemals zur Gewalt.
- Ermutige Selbständigkeit. Gib ihnen den Glauben an sich selbst. Wenn du ihnen sagst, daß sie große Dinge tun können, ist es wahrscheinlich, daß sie es tun werden.
- »Möge dieser kleine Junge weder die Füße derer lecken, die über ihm sind, noch auf jenen herumtrampeln, die kleiner sind« – das waren die Worte, die ausgesprochen wurden, als ich vom besten Freund meines Vaters getauft wurde, der ein konservativer Offizierskollege und später kommandierender General der norwegischen Streitkräfte war, als die Nazi-Invasion 1940 kam. Kein schlechtes Motto.
- Im Leben sind die Dinge kombinierbar: Medizin und Wirtschaftswissenschaft, eine berufliche Karriere und Politik. Keine unberechtigte Selbstbegrenzung!
- »Prophylaxe ist die halbe Therapie.« Aber um zu wissen, wie einer Krankheit (man lese: der Gewalt) vorgebeugt werden kann, brauchst du Professionalität; um es verwirklichen zu können, brauchst du Politik. Kombiniere, sei eklektisch.

Ist es notwendig, darauf hinzuweisen, daß die grundlegenden Zutaten von Friedensstudien hierin bereits enthalten waren? Und daß die Kriegserfahrung, die mir unter anderem meinen Vater weggenommen hatte, mir zwei

Probleme aufgezwungen hat: Wie vermeidet man Krieg und Besatzung? Und wie kämpft man am besten, wenn die Besatzung trotzdem kommt?

Da ich weder Christ noch Konservativer noch Militär bin, könnten die Leute annehmen, daß die Bedingungen zu Hause irgendwie stürmisch waren. Das waren sie überhaupt nicht. Sie waren besser denn je. Ich habe von meinem Vater wahrscheinlich gelernt, keinen völlig unnötigen Streit vom Zaun zu brechen, sondern mich auf die großen Konflikte zu konzentrieren. In einer Sache wollte ich ihn nicht verraten. Er war Arzt. Das war auch sein Vater. Meine Mutter war Krankenschwester. Ihr Vater war norwegischer Generaldirektor für Gesundheit. Mein Onkel schickte meinem Vater zu meiner Geburt ein Telegramm: »Ein Arzt ist geboren.« Fast jeder übte Druck auf mich aus, der sich soweit verstärkte, daß ich es selbst für selbstverständlich hielt. Im Alter von zwölf Jahren las ich medizinische Lehrbücher. Im Alter von 13 Jahren nahm mein Vater mich mit in den Operationssaal. Chemie folgte, indem ich mich in einige Universitätsvorlesungen stahl. Das Ergebnis war offensichtlich: Im Alter von 16 Jahren wußte ich in meinem Innern, daß ich kein Arzt werden würde. Meine Leidenschaft lag anderswo: ein Teil von mir in den Naturwissenschaften, besonders Chemie; ein anderer Teil in den Sozialwissenschaften jeglicher Art. Aber ich wollte meinen Vater nicht zum vierten Mal verraten! Also sagte ich etwas vage, daß ich mit Chemie so beginnen würde, daß es auch Teil eines medizinischen Studiums sein könnte.

Kein Problem. Mein Vater hatte alles lange vor mir verstanden. Zudem erzählte er mir ausführlich von den Nachteilen des medizinischen Berufes. Dem Snobismus, der Arroganz. Den Dingen, die Mediziner vorgaben zu verstehen (ich war das einzige Kind in der Nachbarschaft mit intakten Mandeln – mein Vater nahm nur die Mandeln anderer heraus, nicht die seines eigenen Sohnes. »Es gibt einen Grund, warum sie da sind. Nur weil wir nicht verstehen warum, ist das noch kein Grund, das Messer zu benutzen.«). Die Habgier, die Widerwilligkeit, sich für angemessene präventive Medizin zu engagieren, »weil sie sehr viel mehr Geld mit kurativer Medizin verdienen.« *Prophylaxe ist die halbe Heilung*, stimmte mein Vater an. Die meisten Kollegen stimmten in diesen Chor nicht ein.

Ein langes und meist wundervolles Studentenleben folgte, eine parallele Reise an zwei Fakultäten, die das – zu der Zeit – Nicht-Kombinierbare kombinierte. Chemie verschwand von der Tagesordnung, da ich es schon vorzeitig konsumiert hatte.[5] Mathematik, angewandte Mathematik, Physik

---

5 Intellektuelle Überreste dieser Auseinandersetzung können in Kapitel 4 meines Buches *Methodologie und Ideologie. Aufsätze zur Methodologie* (Band I, Frankfurt/M. 1978) gefunden werden.

und Statistik an der einen Fakultät (Dissertation: *Stochastic Relation Matrices*); Philosophie und Soziologie an der anderen (Dissertation: *The Prison Community*). Der Weg war lang und manchmal qualvoll, auf jeden Fall gewunden. Nach acht Jahren Studium, die von Intuition geleitet waren, fragte mein Vater diskret, ob ein Ende in Sicht sei. Wäre er heute noch am Leben, könnte ich ehrlich sagen: nein. Nie. Forschen heißt: immer erneut suchen.[6] Es kann kein Ende geben, aber es gibt Stationen auf der Strecke.

Als begeisterter Reisender, Radfahrer, Anhalter, Motorradfahrer (daß ich jene fünf Jahre überlebt habe, ist ein Wunder), der überall Autos fuhr, im Motorboot die herrliche norwegische Küste rauf und runter fuhr, kleine Flugzeuge (die fürs Reisen sehr unpraktisch sind) steuerte und mit großer Freude Sprachen verschlang, fühlte ich, ich hatte die notwendigen Empfehlungsschreiben für einen internationalen Nomaden. Zusätzlich hatte mein gewundenes Studium mich als intellektuellen Nomaden ausgewiesen. Kurz, der Friedensforscher begann Gestalt anzunehmen, indem die Welt zu seinem Heimatland wurde und er nach Einblicken in die Probleme von Frieden und Gewalt über alle Grenzen der Disziplinen hinweg jagte. Aber etwas Wichtiges fehlte. Inter- oder transnational und inter- oder transdisziplinär zu sein ist gut. Aber dies sind Mittel, nicht Ziele. Das Ziel ist *Frieden mit friedlichen Mitteln* – die Abschaffung von Krieg und solchen Dingen.

Wie dem Frieden näherkommen?

Wie bereits erwähnt, gelobte ich (mir – kein anderer war besonders interessiert), mich den Friedensstudien zu widmen. Die erste wirkliche Chance kam im Frühling 1953, als ich einen weiteren bemerkenswerten Mann traf, den Philosophen Arne Naess, Professor an der Universität Oslo. Die norwegische Regierung der Arbeiterpartei hatte, um die linke Opposition zu beschwichtigen, ein »Entwicklungshilfe«-Fischerei-Projekt in Kerala begonnen.[7] Arne hatte die ausgezeichnete Idee, dies als gegenseitigen Austausch zu gestalten, und stellte die ungefragte und unbeliebte Frage: Was können wir von Indien lernen? Seine Antwort: Gandhi. Da Arne von der Politik Gandhis in den 30er Jahren fasziniert war, machte er eine Vorlesungsreihe und benötigte dafür einen Assistenten. Dieser Assistent war sehr bereitwillig ich. Ich arbeitete hart und vervollständigte unser gemeinsames Manuskript, sehr angemessen, als ich gerade im Gefängnis saß, im

---

6   Unübersetzbares Wortspiel des englischen Textes: Research is *re-search*; d. Ü.

7   Das sich später als Desaster herausstellte; vgl. mein Buch *Development Assistance: Its Rise and Fall*.

Winter 1954/55. Sowohl Arne wie ich veröffentlichten später unabhängig voneinander Bücher zu Gandhi (meines heißt: *Gandhi Today*[8]).

Ich lernte vier Dinge aus der Begegnung mit diesem Lichtzeichen in unserem finsteren Jahrhundert. Daß die Gewalt, die schnell mit einer Kugel tötet, und die Gewalt, die langsam durch Hunger und Krankheit tötet, beide schlimm für die Opfer und die Hinterbliebenen sind. Ich lernte Optimismus: daß Gewalt beseitigt werden kann, wenn man ihre Ursachen kennt. Ich lernte Strukturalismus von Gandhi: daß die Ursache in der falschen Struktur liegt, nicht in dem bösen Akteur auf der anderen Seite. Und ich lernte, daß Gewaltlosigkeit Nicht-Kooperation mit der falschen Struktur bedeutet, während man zur gleichen Zeit die alternative Struktur beschreibt und sie aufbaut, soweit das möglich ist; nicht indem man gegen den Akteur der anderen Seite handelt (darin mag ich jedoch nicht so gut sein. Ich ziehe eine Grenze gegenüber dem Faschismus, gegenüber allen Menschen, die andere entmenschlichen und die eine so hohe Einschätzung von sich selbst haben, daß sie denken, sie hätten das Recht auf jede Art von Ausrottung und Ausbeutung anderer). Mein Aufenthalt im Gefängnis war ein Versuch, dies zu praktizieren. (Zehn Jahre später erhielt ich die Belohnung: die Stimme der Justizministerin am Telefon, die fragte, ob ich Kriegsdienstverweigerer aus Gewissensgründen als Forschungsassistenten akzeptieren würde. Große Feier. Heute ist das in ganz Westeuropa etwas Alltägliches.)

Mit zwei Äquivalenten des US-amerikanischen Ph. D. als Legitimation, einem in Mathematik, einem in Soziologie, wurde ich als Dozent der Columbia-Universität im Fachbereich Soziologie angefordert, der damals in seiner Lazarsfeld-Merton-Blüte war. Drei große Jahre in der Nähe zweier großer Sozialwissenschaftler. Einer hatte mich für mathematische Soziologie vorgesehen, der andere für allgemeine Sozialtheorie. Meine Absicht war, die Konflikte um Antisemitismus und Rassismus zu studieren – »nicht besonders chic«, sagte einer von ihnen –, und ich arbeitete für die Anti-Diffamierungs-Liga in jener großen Zeit, als das amerikanische Judentum progressiv war. (Ein Minidialog zwischen zwei Kollegen, der mir später erzählt wurde: »Ist Galtung jüdisch?« »Ich glaube nicht. Aber er ist aufgeweckt genug, um Jude zu sein.«)

1959 nahm ich mir von der Columbia-Universität ein Semester frei und gründete mit vier anderen das, was später das Internationale Friedensforschungsinstitut Oslo (International Peace Research Institute, Oslo – PRIO) wurde. Dabei wurden wir von meinem geliebten Guru Otto Klineberg ausgezeichnet beraten und erhielten die Anfangsfinanzierung von der

---

[8] Es wurde 1955 unter dem Titel *Gandhis politiske etikk* in Norwegen veröffentlicht.

Person, die hinter dem schnellen Wachstum der norwegischen Sozialwissenschaften stand, Erik Rinde. Ich erinnere mich gut an den netten Spitzenbeamten des Erziehungsministeriums, der mir mitteilte, daß dem zugestimmt worden war, aber, erstens, was für ein häßlicher Name »Friedensforschung« doch sei, und, zweitens: Ich würde natürlich in die USA zurückkehren, um das zu studieren, was dort bisher in diesem Bereich erarbeitet wurde, um davon eine für die norwegischen Verhältnisse angemessene Kopie herzustellen.

Er machte keine Scherze, er machte intellektuelles Babysitting, wobei er besonders besorgt war, daß ich mit diesem häßlichen Untersuchungsfeld eine vielversprechende Karriere zerstören könnte. Nun, das war ein Rat, den wir nicht annahmen – und nicht nur, weil ich wußte, daß es auf diesem Gebiet kaum etwas von den USA zu lernen gab. (Und das ist auch heute noch so. Tatsächlich haben die Amerikaner große Schwierigkeiten, mit ihrer Rolle in der Welt zurechtzukommen; sie sind nicht in der Lage, sich eine friedliche Welt vorzustellen, in der die USA die Rolle eines Landes unter vielen spielen; sie sind nicht gut darin, in den Begriffen von Gleichheit, Gerechtigkeit und Kampf gegen ihre eigene Vorherrschaft und Ausbeutung zu denken. Es ist kostspielig, eine Supermacht zu sein.)

Wir waren fünf junge Norweger, übten Selbständigkeit, machten unsere ersten Schritte in Gebiete wie allgemeine Konflikttheorie, der Prozeß der Entwicklungshilfe, Duelle als überholte gewaltsame Konfliktlösungsmechanismen, die Struktur der Nachrichtenkommunikation, Diplomatie-Modelle, die Theorie und Struktur von Gipfeltreffen, die Wirkung von imperialistischen Strukturen, und so weiter.[9]

Ausgebildet in Mathematik und Soziologie, hatte ich die Absicht, nach Strukturen zu suchen, wo immer ich sie finden konnte, mit Vorliebe komplexe Strukturen, und das Innere der nationalstaatlichen Billardkugel zu erforschen. Indem ich das tat, wuchs meine Unzufriedenheit mit dem Mainstream der Theorie Internationaler Beziehungen stetig, besonders in der Form, wie sie von der Supermacht entwickelt wurde, den Vereinigten Staaten. Eine Einladung vor einigen Jahren an eine der Elite-Universitäten, einen »Ort herausragender Leistungen«, gab mir die umfassende und frische Gelegenheit zur Feldforschung am US-amerikanischen Stamm der Internationalen Beziehungen. Ich will die Leser nicht mit intellektuellen Horrorgeschichten langweilen. Aber ich möchte dem meine Position hinzufügen: weder Mainstream noch Gegentrend, noch beide, noch weder-noch. Die Suche geht weiter. Das System der Internationalen Beziehungen

---

9   Für meine Beiträge zu diesen Feldern der etwa ersten 15 Jahre vgl. meine *Essays in Peace Research,* Vol. 1–5, Kopenhagen 1975–80.

ist komplex, und das zwischenstaatliche System ist nur ein Teil davon. Es zu fetischisieren hätte schlimme intellektuelle und politische Konsequenzen. Es zu vergessen birgt auch erhebliche intellektuelle und politische Risiken. Eine davon könnte die Naivität sein, die fürchterliche Macht zu vergessen, die von Regierungen akkumuliert wurde und von ihnen freigesetzt wird, wenn sie für etwas kämpfen, das sie als ihre »Interessen« definieren (so hätte ich nie geglaubt, daß die Vereinigten Staaten so viele Millionen Menschen in verdeckten Aktionen ermorden würden, nur im Namen des nationalen Interesses.) Ein weiter Horizont bedeutet, viele Standpunkte und Perspektiven zur gleichen Zeit zu haben. Ausreichend viele, um die Welt sowohl als Beziehungen zwischen Staaten als auch zwischen Völkern zu sehen – und als vieles mehr. Natur. Struktur. Kultur. Aber vor allem: Menschen. Du. Ich. Die zusammenarbeiten und nicht nur die ganze Zeit gegeneinander kämpfen.

Das ist nicht so einfach, aber auch nicht so schwer. Aber ich lasse hier die Forschungsunternehmungen beiseite, bis auf vier Punkte. Wenn du auf einem sensiblen Gebiet arbeiten willst, und »Frieden« ist sicherlich subversiv auf dem Gebiet und im Zeitalter des Kalten Krieges, dann versuche, deine Finanzierung aus vielen unterschiedlichen Quellen zu erhalten; sichere dich ab, indem du zumindest international, wenn schon nicht national akzeptiert bist; sei offen und ehrlich, mache nie irgendwelche »geheimen Untersuchungen« (ein Widerspruch in sich, denn Wissenschaft ist per definitionem öffentlich, um intersubjektiv zu sein); und arbeite hart, tu dein Bestes, denn das Gebiet verdient es; Dilettantismus, eingebaute Selbstzensur oder vertraulicher Umgang mit den Reichen und Mächtigen werden nicht weiterhelfen.

Aber immer noch fehlte etwas Wesentliches. Ich hatte die nationale Gesellschaft von unten gesehen, aus dem Gefängnis betrachtet. Noch hatte ich aber nicht die Weltgesellschaft von unten gesehen. Meine damalige Frau, ein großartiges und engagiertes norwegisches Mädchen (die später eine norwegische Politikerin werden sollte), und ich reisten durch Nordamerika, einschließlich Mexiko, was einen ersten Blick von weiter unten eröffnete. Ein Besuch auf Kuba, im Juni 1960, war jedoch lehrreicher: Ich entdeckte, daß beinahe alles, was in den USA gesagt wurde, mit einigen Ausnahmen, schlimmer als Lügen war: ein Versagen, intellektuell mit den Themen zurechtzukommen, wie sie weiter unten in der Welt-»Gemeinschaft« gesehen wurden.

Die richtige Chance kam 1962. PRIO war eingerichtet. Die Ansicht hatte sich durchgesetzt, daß Frieden in einer internationalen und interdisziplinären Weise erforscht werden konnte. Wir warteten auf einige neue Verträge bezüglich der Finanzierung. Die UNESCO bot mir eine Lehrtätigkeit in Methodologie in Santiago, Chile, an. Meine Aufgabe war es, junge lateinamerikanische Sozialwissenschaftler in »modernen« sozialwissenschaftlichen Methoden zu unterrichten, indem ich ihnen das mir wohlvertraute Evangelium vorbetete, das Chi-Quadrat-Evangelium. Die Studenten waren absolut brillant. Sie sprachen über so seltsame Dinge wie Ausbeutung und Imperialismus, die ich in meiner Columbia-Phase gelernt hatte, als »leere Slogans« anzusehen. »Modernisierung«, »Wirtschaftswachstum« waren objektive und garantiert wertfreie Wörter.

Ich lernte enorm viel von ihnen, diesen jungen Männern und Frauen aus ganz Lateinamerika. Also blieb ich drei Jahre länger in Lateinamerika, aus purer Liebe zu dieser Region. Meine Studenten stellten seltsame Fragen wie: Was hat Chi-Quadrat je für die armen Menschen getan? Natürlich gab es Antworten für solche nörgelnden, ungebildeten, ideologischen Fragen – aber sie klangen zunehmend weniger überzeugend in meinen Ohren. Zahllose Reisen überallhin erbrachten die Details. Am Ende war der Handel klar. Meine Studenten erhielten Chi-Quadrat. Ich erhielt etwas Kenntnis darüber, wie die Welt funktioniert. Wie immer erwischte die Erste Welt den besseren Teil; die Dritte Welt wurde kurz abgefertigt.

Der eigentliche Test kam 1965. Als ich auf dem Weg zu meiner zweiten Anstellung in Santiago durch Princeton reiste, wurde ich gebeten, beim Camelot-Projekt über die Schnittstelle zwischen Konflikt und Entwicklung mitzuarbeiten, da ich Lateinamerika, die spanische Sprache und die dortigen Sozialwissenschaftler kannte und im Bereich Konflikt- und Entwicklungstheorie arbeitete. »Eine kleine Wochenendkonferenz in Arlington, Virginia, ein bescheidenes Honorar von 2000 $ (1965 gar nicht so bescheiden) als Zeichen unserer Wertschätzung«, sagte der Brief, der in meinem Büro in Santiago etwas später ankam. Das paßte mir gut: die Hypothek unseres Hauses in Oslo konnte von dem UNESCO-Gehalt nicht voll bezahlt werden, obwohl die Vereinten Nationen sicher viel für die Baubranche in der ganzen Welt getan haben. Aber dann fiel ein kleiner Schnipsel aus dem Briefumschlag: »Der Zweck dieses Projektes, das vom Verteidigungsministerium unterstützt wird, ist es herauszufinden, wie die US-Armee Armeen befreundeter Regierungen in Zeiten der Krise helfen kann.«

Da stand ich nun. Spät in der Nacht in meinem Büro. Der endgültige Beweis, daß meine Studenten recht hatten. Nicht nur, daß die Vorstellung eines interventionistischen Imperialismus real war (als ob irgendjemand, der mit der Geschichte der USA vage vertraut ist, das jemals bezweifeln könnte). Sondern es schien auch eine grundsätzliche Kompatibilität zwischen der US-amerikanischen Sozialwissenschaft im allgemeinen und dieser besonderen Art, Internationale Beziehungen zu praktizieren, zu geben

– genauso wie es eine grundsätzliche Kompatibilität zwischen neoklassischer Wirtschaftswissenschaft und Militärdiktatur zu geben scheint.

Ich schaute auf die Liste der US-amerikanischen Sozialwissenschaftler, die an diesem Projekt beteiligt waren. Jede Menge Leute mit Auszeichnungen, eine Liste der Top 20. In meinem Inneren wußte ich, daß die Antwort nicht nur »nein« sein würde, sondern, daß dieses Camelot bekämpft werden mußte. Mein Herz schmerzt immer noch ein wenig, wenn ich an die schöne Möglichkeit, die Hypothek abzuzahlen, denke. Aber mein Kopf hatte ein anderes Problem: War ich verrückt oder sie, oder wir alle, oder keiner? Also schrieb ich an alle einen Brief mit der Bitte, das zu erklären, und sagte, daß ich eine eher düstere Einschätzung dieses Projektes hätte. Nur zwei machten sich die Mühe zu antworten. Einer davon war ein Hauptorganisator, der sagte, daß er es bei einer anderen Gelegenheit »erklären« würde (was er niemals tat); der andere sagte: Also schau, Johan, verstehst du nicht, daß das der Weg ist, auf dem wir nicht nur Millionen Dollar bekommen, sondern das dringend benötigte Ansehen für die Sozialwissenschaften?

Ich begann mit der Arbeit und machte Überstunden. Ich wußte, dies war in Übereinstimmung mit meiner UNESCO-Mission, die Sozialwissenschaften in Lateinamerika zu verbreiten. Wenn Sozialwissenschaftler auf frischer Tat in diesem Projekt ertappt wurden, wäre das das Ende für viele gewesen oder zumindest für jene, die nicht bereit waren, ihre Kenntnisse und Forschungsergebnisse an irgendjemanden zu verkaufen. Aber ich war, zu Recht, nicht sicher, ob die UNESCO es auch so sehen würde, wenn ein mächtiger Mitgliedsstaat auf der anderen Seite stand. Die benötigten Dokumente waren jedoch zur richtigen Zeit auf dem Tisch des chilenischen Präsidenten, und es gab einen Zornesausbruch; der US-amerikanische Präsident (Lyndon Johnson) gab eine Erklärung ab und strich das Projekt; es gab Anhörungen; es gab Panik.[10] Meine Studenten zollten mir die größte Ehre: »Wir wußten, daß wir Ihnen trauen können.« Meine Kollegen waren weniger heiter – wegen des schönen Geldes für das Projekt, das verloren war. Aber, unnötig zu sagen: Washington startete das Projekt irgendwo anders, unter einem anderen Namen und benutzte Sozialwissenschaftler, um kleine Leute auszuspionieren. Die Verräter erhielten ihr Geld auf die eine oder andere Weise. Das ist so üblich. Im Namen von Patriotismus, nationalem Interesse oder der Hypothek für ihr Haus. Oder im Namen von allem auf einmal.

---

10   Mehr dazu siehe in: »After Camelot« in meiner Publikation *Papers on Methodology*, Kopenhagen 1979.

Nachdem ich aus Lateinamerika zurückgekehrt war, folgten Jahre der Konsolidierung. PRIO war in guter Verfassung. Wir wurden zu einem Zentrum der Aufmerksamkeit, mit Besuchern aus der ganzen Welt, wurden sogar in Touristeninformationen zusammen mit dem Vigeland-Skulpturenpark aufgeführt. Exzellente Kollegen, Assistenten, Studenten, von denen viele eher von der intellektuellen »Gärung« angezogen wurden als von der Kompliziertheit der Friedensstudien, die soviel schwieriger sind als die Kriegs-, Konflikt- und Entwicklungsstudien. Ein Gefühl, angekommen zu sein, lagerte sich in Seele und Körper ab. Das begann mich zu ängstigen.

Politisch war nichts erreicht worden, kein Friede, nur eine Menge Friedensforschung. Mein Land war und ist ein abhängiger Staat; das war mein Hauptunglück. Großzügig, nett und sanft in vielfacher Weise, eine Stütze der sich entwickelnden Forschungsbemühungen, mit wunderbaren Menschen, und davon viele. Aber es war ein abhängiger Staat, der sich nicht in die unbekannten Gewässer des Friedens wagte, sich nicht gegen die führende Supermacht engagierte, gegen jene, deren Morden sich auch nach dem eindeutig faschistischen Angriff auf Vietnam fortsetzt. Es machte mich krank, die Unehrlichkeit bei norwegischen Politikern zu beobachten, die die wenigen übriggebliebenen Kommunisten mit allen Formen der Verachtung überhäuften, weil diese ein wenig langsam erkannten, was Stalinismus bedeutete, die aber gleichzeitig unfähig waren zu sehen, was die Vereinigten Staaten unter den verschiedenen Präsidenten im Ausland taten. Wenn ich als Schwede, Finne geboren worden wäre – ein blockfreies Land, das bereit und in der Lage war, sich einzusetzen! Aber wir können unseren Geburtsort nicht wählen. Noch können wir die Zeit unserer Geburt wählen. Das war mein zweites Unglück: mehr als 40 meiner inzwischen 67 Jahre im völlig unnötigen »Kalten Krieg« verbracht zu haben.

Die Meinungsumfragen waren eindeutig genug: Unterstützung für die NATO, aber nicht für die US-amerikanische Außenpolitik (ein Widerspruch, den die Amerikaner oft nur schwer verstehen können, der jedoch von entscheidender Bedeutung für das Verständnis der »Alliierten« in Westeuropa ist). Aber die abhängigen Regierungen wenden alle Arten von Tricks an, um die Bindung an die USA aufrechtzuerhalten. Das Niveau an Autismus war auf beiden Seiten bemerkenswert; es kümmerte wenig, was die andere Seite tat. Ich sehnte mich nach neuen Horizonten.

Die Chance ergab sich im Januar 1968. Die UNESCO suchte einen Berater für ein japanisches Projekt über Technologieentwicklung in Japan, ein Zwei-Monats-Job. Ich wurde angesprochen, aber antwortete, daß ich erstens nichts über Japan wüßte und zweitens nichts von Technologie verstünde.

Für die UNESCO waren das Argumente, die dafür, nicht dagegen sprachen: ein unvoreingenommener Berater. Ich reiste über Saigon an, wo ich einen jener US-Botschafter erlebte, der seine Expertenmeinung zur »Situation« abgab: die Pazifizierung ginge gut voran, die Zahl »unserer« Dörfer nähme zu, der Vietcong läge am Boden, »kein schlechtes Zeichen«. Die Tet-Offensive startete drei Tage später; ich war zwei Tage zuvor abgereist.

Japan schlug bei mir wie ein Blitz ein. An jenem Sonntagmorgen war eine junge, aufgeweckte, schöne Vertreterin der japanischen UNESCO-Kommission am Flughafen, geschickt, um den Ausländer an seinem ersten Tag zu begleiten. Wir sind nun etwa 30 Jahre verheiratet, und es gibt keine Person, von der ich soviel gelernt habe und immer noch lerne. Ein Ost-West-Projekt dieser Art ist nicht so einfach, aber es ist auch nicht unmöglich. (Zwei wunderbare Kinder sind immer noch optimistisch, daß sie ihren Vater erziehen können.) Ich hatte die Gesellschaft von unten aus der Gefängniszelle, die Welt von unten in den lateinamerikanischen Slums gesehen. Nun begann ich, die gesamte okzidentale Erfahrung von außen zu sehen.

Wir machten zahllose Hochzeitsreisen. Aber die wichtigste war eine Autofahrt von Neu-Delhi nach Oslo im Frühling 1969. Als wir uns Europa näherten, sagte Fumiko: »Du legst häufig die Weltstruktur in zehn bis fünfzehn Minuten dar. Kannst du mir die Geschichte Europas in der gleichen Weise darstellen?« (Mein ältester Sohn kam später mit der gleichen Frage; er mußte am nächsten Tag eine Geschichtsprüfung bestehen.) Ich arbeite immer noch daran. Aber es rief das hervor, was ich als den wichtigsten Teil meiner Arbeit ansehe: die Untersuchung von Zivilisationscodes, von Kosmologien, wie ich sie nenne, und dadurch die Untersuchung der kulturellen Gewalt, die direkte und strukturelle Gewalt legitimiert, was der zentrale Punkt von Friedensforschung ist. Um nur ein Beispiel zu nennen: die Vorstellung, ein Auserwähltes Volk zu sein – wie sie zum Beispiel von den Juden, den Christen und den Moslems praktiziert wird; und im Orient von den Shintoisten; heute in amerikanischen, russischen und burischen Varianten, gestern in deutschen, britischen und französischen. Und morgen?

Aber hier, liebe Leser, ende ich – falls Sie immer noch da sind, heißt das. Nicht daß es nicht noch mehr zu berichten gäbe oder daß die Reise irgendwie vorbei wäre; es kann sein, daß sie noch gar nicht angefangen hat. Es gibt immer noch Tulpen auf den Feldern, viele – um sie zu genießen, von ihnen zu lernen und sie zu bewundern, nicht um sie zu pflücken und zu töten. Aber ich habe getan, was ich tun wollte und was ich letztendlich den Herausgebern versprochen habe: ihnen zu erzählen, wie ich denke, wie ich codiert bin und wie ich diesen inneren Code erhalten habe – weil ich nicht denke, daß ich damit geboren wurde. Für diesen Zweck wirkt der frühe Teil eines Lebens wie der frühe Teil des Lebens einer Kultur: prägend. Die Gestalt der zukünftigen Dinge ist schon da, bereit, sich den Umständen entsprechend zu entfalten. Nicht daß Codes nicht verändert werden können. Aber das verlangt viel. Und dieser Code hat mich auf einen Kurs gesetzt, der immer noch der meine ist, in Richtung auf das einzige Ziel der Internationalen Beziehungen, das der Mühe wert ist: die Abschaffung des Krieges als sozialer Institution. Schickt ihn in den Abfluß der Geschichte, laßt ihn der Sklaverei und dem Kolonialismus Gesellschaft leisten, dort, wo er hingehört. Zusammen mit dem Patriarchat, den Auserwähltes-Volk-Vorstellungen und einigen anderen.

Hier sitze ich also, diesmal an Bord eines Flugzeuges in Richtung auf mein geliebtes Hawai'i. Mit diesen Vereinigten Staaten komme ich klar. Nicht wegen der Palmen, der Berge und des Ozeans (wir Norweger können nicht lange ohne die beiden letzteren leben; ich, der ich verwöhnt bin, muß alle drei haben). Ich denke nicht, daß ich naiv bin in bezug darauf, wie Washington ein friedliches Königreich »annektierte«, seine Kultur zerstörte und seine Einwohner auf einen Bruchteil dessen dezimierte, was sie einmal waren, und dem Archipel eine Rolle im sinkenden US-Imperium gab. Aber ich liebe die Menschen der pazifischen Hemisphäre, nicht die Händler des pazifischen Beckens und ihre willigen Diener, über die Wirtschaftswissenschaftler reden; sondern ihre wunderbare Heterogenität, die immer noch viel von der Vielfalt zeigt, die die Menschheit in der Lage ist zu produzieren. Möge sie symbiotisch, gerecht werden. Möge sie blühen. Möge Pazifik einfach »friedlich« bedeuten. Möge eine kleine Anstrengung, ein Trainingsprogramm für Professionelle auf diesem Gebiet, ein Diplom Friedensstudien an der Universität von Hawai'i (als erstes in der Welt nicht nur ein Diplom mit ein wenig Friedensstudien) ein kleiner Beitrag dazu sein.

Warum? Weil unsere Disziplin, Friedensstudien, mündig geworden ist. Wir haben etwas zu sagen. Frieden kann gelehrt werden. Menschen können ausgebildet werden. Wir haben lange genug Gelder, Papier und Tinte konsumiert. Es ist Zeit zurückzuzahlen. Um unsere Kapazität zu erhöhen, das zu tun, worum es bei Friedensstudien geht: *Frieden mit friedlichen Mitteln.*

Und ich bin stolz darauf, ein kleiner Teil dieses Strebens der Menschheit nach Sicherheit, ökonomischer Gerechtigkeit, Freiheit und Sinn zu sein – allesamt wesentliche Bestandteile des Friedenspaketes. Ich war privilegiert, das ist klar. Ich hatte bisher ein faszinierendes Leben. Aber alle sind willkommen, an dem Kampf für Frieden teilzunehmen. Und alle haben etwas beizutragen, wenn die grundsätzliche Entscheidung erst einmal gefallen ist.

Nachweise

Die NATO-Osterweiterung oder: Der Beginn des Zweiten Kalten Krieges

Eine etwas längere Version dieses Textes erscheint in: European University Center for Peace Studies/EPU (Hg.): *Schlaininger Schriften zur Friedens- und Konfliktforschung, Band 1: Is small beautiful – Die Leopold Kohr-Vorlesungen 1997*, Wien 1998. Übersetzung: Wolfgang Dietrich.

Entwicklungsziele und -prozesse

Engl. Veröffentlichung in: *Forum for Utviklingsstudier*, Nr. 1 (1990).